JN044453

家康VS秀吉
小牧・長久手の戦いの城跡を歩く

Kenta Naiki
内貴健太――【著】

風媒社

はじめに

天正12年（1584）、尾張国（現在の愛知県西部）を中心に羽柴秀吉と織田信雄（のぶかつ）・徳川家康の間で勃発した戦いが「小牧・長久手の戦い」です。その名称にもなっている「小牧」や「長久手」だけが戦いの舞台になったわけではありません。全国の大名や土豪らが、秀吉対信雄・家康の図式に組み込まれ、全国を二分する戦いへと拡大しました。関ヶ原の戦いにも比肩する「天下分け目の戦い」とみる認識もあります。その中で両軍は、現在の東海3県の広範囲で複数の戦いを繰り広げました。それら局地戦において最大の激戦となったのが長久手の戦いになります。家康はこの一戦で勝利を収め、その実力を全国に知らしめました。しかし、肝心の信雄は、自身の領国である伊勢の大半を秀吉に占領され、これ以上長期の対陣は堪えがたかったのか、秀吉との講和を決意します。講和条件は、信雄・家康側から人質の差し出し、信雄領も一部割譲するといった内容でした。軍事的勝利を収めた家康でしたが、事実上敗北する形で戦いは幕を下ろし、最終的に家康は秀吉に臣従するという結末を迎えます。そのため、小牧・長久手の戦いは「結局、どっちが勝ったの?」と感じる方も多くいらっしゃるはずです。大局的には秀吉の勝ち、局地戦では家康の勝ちといった具合でしょうか。しかし、のちに家康が豊臣政権下でも別格の地位を保てたのは、やはり小牧・長久手の戦いにおける大規模な局地戦で秀吉を圧倒したその強さにこそあったのだと思います。ただ、忘れてはならないのは、家康が勝利した背景には、例えば戸木（へき）城で蒲生氏郷（がもううじさと）を相手に戦い抜いた木造（こつくり）氏、岩崎城の戦いで池田恒興（つねおき）を足止めした丹羽氏、岡崎別働隊の進軍を密告した篠木・柏井衆など、一連の戦いや出来事が引き金になっているということです。小牧・長久手の戦いは広範囲に、そして長期間にわたったがゆえに複雑な様相を呈しています。この頃の史料は比較的豊富に残されていますが、局地戦については、まだまだ実態が明らかになっていません。同時代史料だけでは詳細がつかめないため、編纂物や合戦記、家譜なども参考にしますが、戦闘の日時や経過、参戦武将も史料ごとで異なるのが実情です。また、それらの多くは家康と家臣団の活躍が目立ち、家康が秀吉に勝利した記念すべき戦いであることも前提に史料を読み解かなければなりません。現地に遺されたものからアプローチを試みるにも、小牧・長久手の戦いに関連する城や砦については、小牧山城のように遺構が残っているほうが珍しいといった状況でもあります。ですが、地元には今でも戦いにまつわる「伝承」が残されていることがあります。

本書は東海3県の小牧・長久手の戦いゆかりの地を歩いて、歴史を体験してもらうガイドブックとして執筆しました。私の探訪記のようなものでもありますが、これまで調べた伝承などを盛り込む形で現地を紹介しています。実際に足を運んで、城の規模や距離感、そこから見える景色など自分の目で確かめてみてください。家康、秀吉といった当事者目線で辿ってみてください。その土地に刻まれた歴史や「人」の生きた証をきっと身近に感じるはずです。家康と秀吉の両雄が知略を尽くし、直接対峙した小牧・長久手の戦い。本書を御供に戦いの舞台へ出陣していただけると幸いです。

令和5年9月

内貴健太

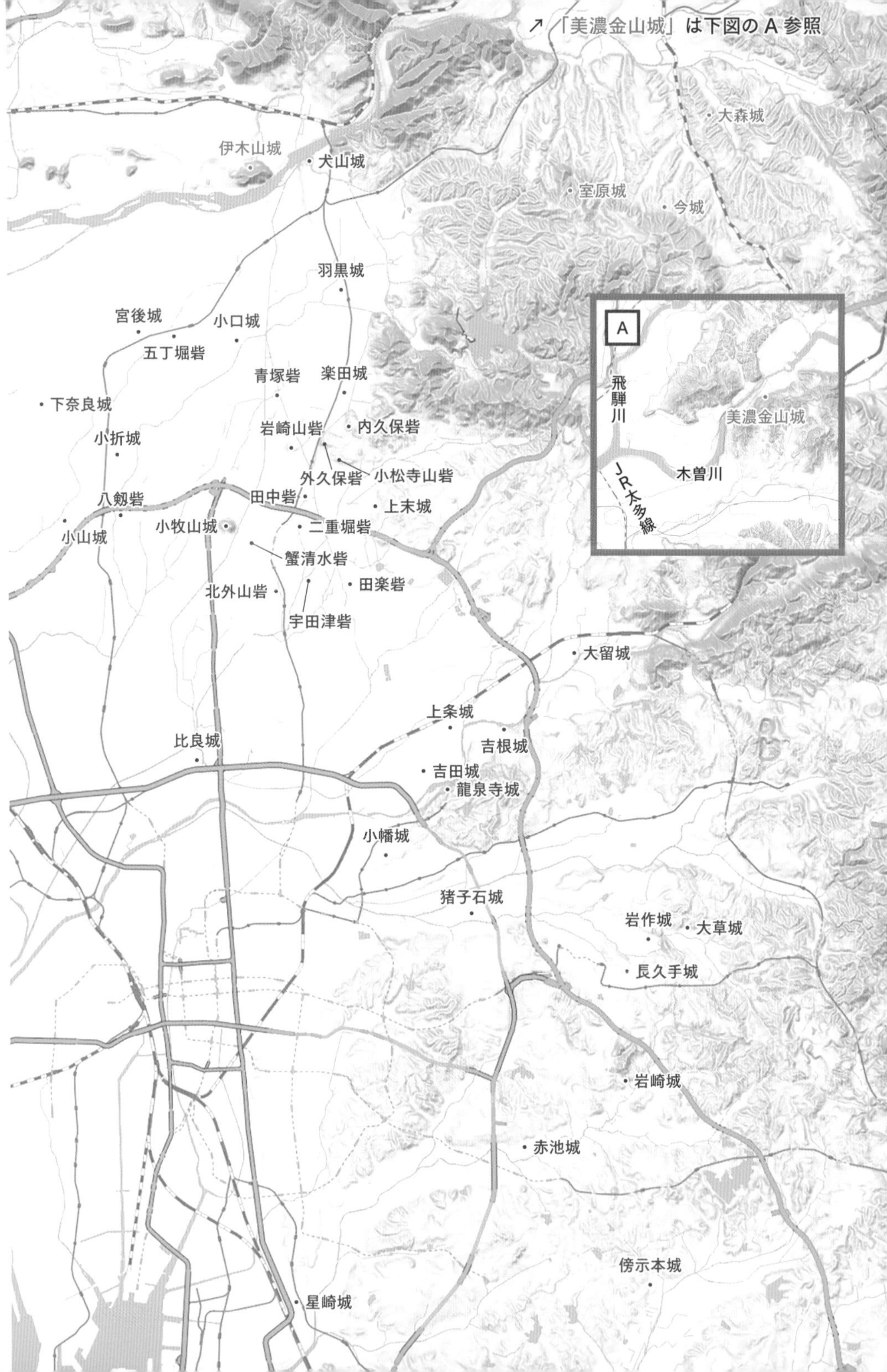

↗「美濃金山城」は下図のA参照
大森城
伊木山城
犬山城
室原城
今城
羽黒城
宮後城
小口城
五丁堀砦
青塚砦
楽田城
下奈良城
岩崎山砦
内久保砦
小折城
外久保砦
小松寺山砦
八剱砦
田中砦
上末城
小山城
小牧山城
二重堀砦
蟹清水砦
北外山砦
田楽砦
宇田津砦
A
飛騨川
美濃金山城
木曽川
JR太多線
大留城
上条城
吉根城
比良城
吉田城
龍泉寺城
小幡城
猪子石城
岩作城
大草城
長久手城
岩崎城
赤池城
傍示本城
星崎城

小牧・長久手の戦い　主な城跡位置図　岐阜・愛知
伏屋城
墨俣城（石碑）
河田城（石碑）
黒田城
大野城
氷取城
大浦城（推定）
竹ヶ鼻城（石碑）
奥城
大赤見城
一宮城
加賀野井城
（石碑）
二子砦屋敷
苅安賀城
重吉城
吉藤城
東宮重城
今尾城
松ノ木城
駒野城
高須城
清須城
長久保城
赤目城
前田城
大野城
蟹江城
下之一色城
（石碑）
東起城
地理院地図 Vector に加筆

小牧・長久手の戦い　主な城跡位置図　三重
長島城
桑部城
縄生城
萱生城
柿城
羽津城
浜田城
楠城
峯城
神戸城
亀山城
国府城
津城
城山城
奥佐田城
宮山城
川方城
木造城
戸木城
回佐田城
(推定)
牧城
(推定)
松ヶ島城
地理院地図 Vector に加筆

家康VS秀吉　小牧・長久手の戦いの城跡を歩く◉目次

【愛知】……53

【岐阜】

三重

三重県桑名市
長島町西外面

長島城

ながしまじょう

織田信長と長島一向一揆

長島城と聞くと、かつて信長を長期にわたって苦しめた「長島一向一揆」が頭に浮かぶのではないだろうか。本願寺派寺院の願証寺が自治する領域となっていた長島。本願寺は一向宗の一大拠点であり、その頂点に本願寺第11世・顕如が君臨していた。彼が信長に敵対したことで、それに応じた長島の一向宗門徒らも蜂起。その門徒たちが籠った城こそが長島城であった。

元亀元年（1570）から始まった信長と一向宗門徒との争いの中で、信長は弟の信興や家臣の氏家卜全を失った。天正2年（1574）、信長は九鬼水軍も動員して陸と海から城を完全に包囲した。兵糧攻めに耐えきれず降伏する者もいたが信長はこれを許さず、火を放って城内の老若男女を皆殺しにした。そんな凄惨な歴史が残る城でもある。

長島城とはどのような城であったのか。『信長公記』には「尾張国河内長島と申すは、隠れなき節所なり。濃州より流れ出づる川余多有り。岩手川・大滝川・今洲川・真木田川・市の瀬川・くんぜ川・山口川・飛騨川・木曾川・養老の滝、此の外、山〱の谷水の流れ、末にて落ち合ひ、大河となつて、長島の東北西五里・三里の内、幾重ともなく引き廻し、南は海上漫々として、四方の節所申すは中〱愚かなり」と記されている。

多くの河川が入り乱れ、川中には無数の中洲が形成されていた。これが「七島（長島）」と呼ばれた由縁であるが、このような天険の地に長島城は存在したのである。

長島城跡周辺図

小牧・長久手の戦いの発端となる事件

天正12年（1584）には、織田信雄が本城としていた。信長亡き後の清須会議で信雄は尾張国を相続、清須城を拠点としていたが、天正11年（1583）の賤ヶ岳の戦いで織田信孝が自害した後、信雄は尾張・伊勢・伊賀の3国を領有した。その際、本拠を清須城から長島城に移した。

天正12年（1584）に信雄が羽柴秀吉に通じる自身の三家老を殺害したのも

この城である。まず、秀吉のターゲットとなったのは信雄であり、小牧・長久手の戦いは信雄の領国、北伊勢で開始された。当初は秀吉も信雄も長島近辺が主戦場になると想定していたと思われる。信雄の家臣・佐久間正勝をはじめ中川定成といった犬山城主までもが桑名方面に出陣している点、また徳川家康の先鋒・酒井忠次や松平家忠らが3月14日に桑名に到着している点からも明白であろう。

「十四日、辛卯、桑名へ出陣候処、犬山城池田紀伊守取ていちへ川より帰り候、酒左ハ被返候」（『家忠日記』）

羽柴秀吉の伊勢攻略

序盤は羽柴軍の蒲生氏郷ら先遣隊との間で戦いが繰り広げられる。氏郷は筒井順慶や滝川一益らと共に近江や大和、伊勢、伊賀といった各地の兵を率いて伊勢を侵攻。信雄方の峯城や神戸城、松ヶ島城などを次々と陥落させ、早い段階で伊勢の大部分を攻略した。伊勢における戦いは秀吉の圧勝であった。

秀吉としてはこの勢いで長島城まで迫ることができたかもしれないが、池田恒興の犬山城占拠をきっかけに尾張方面からの侵攻に路線を変更していく。かつて信長が苦戦した長島を戦場とすることに、秀吉も懸念があったのではないだろうか。それに当時、北伊勢の一向衆門徒が秀吉に敵対する動きがあった。

10月下旬、小牧や蟹江からの尾張侵攻が失敗に終わった秀吉は、再度伊勢に出陣。信雄の城を落しながら北上を続け、長島に迫った。秀吉はいよいよ長島城を攻略するた

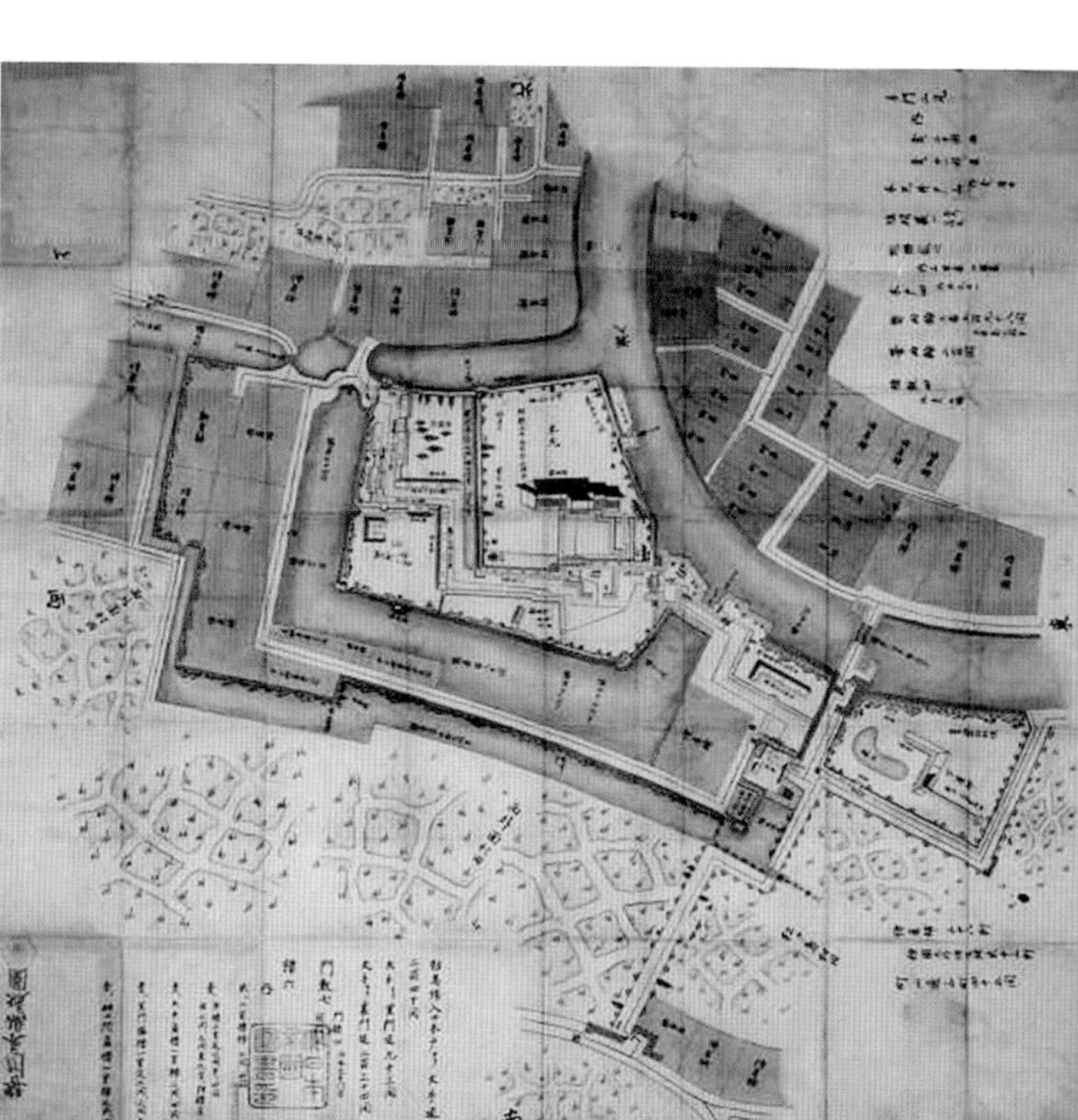

勢州長島城図　桑名市輪中の郷蔵　桑名市教育委員会提供

めの城や砦を構築し始めたのである。「今度北伊勢へ秀吉出馬、敵城一ヶ所アルニ付、城あまた被申付也、然処三介殿ヨリ懇望ニヨツテ和平ニ相調」（『顕如上人貝塚御座所日記』）。最終的に信雄がこの動きを見て取って、講和を申し出たというのが結末だ。

そんな長島城も天正13年（1585）に起きた天正大地震で壊滅してしまった。

長島城に遺されたもの

現在、城跡は長島中部小学校・長島中学校の敷地となっている。長島城が近世城郭として整備されたのは江戸時代になってからのことだ。小学校の敷地内には城の本丸隅に位置していた樹齢300年を超えるクロマツ（長島の大松）が今でも聳え立っている。戦国時代に多くの人々が炎に包まれた悲劇の城とは誰も想像つかないほど、今では閑静な住宅地に姿を変えた。

長島城の絵図にも描かれているが、小学校の東側を流れる長島川はかつて水堀として利用されていたものと思われる。

また、大手橋の石垣は橋を架ける際に多少改変されているだろうが、現存する貴重な長島城の遺構の一つである。その他、長島城の大手門の一部が蓮生寺の山門として移築されており、面影を残している。長島城を訪れた際は、城跡から東に位置する願証寺にもぜひ立ち寄ってほしい。以前の願証寺跡は明治時代の河川改修工事で水没してしまったが、寺縁のある寺が「願証寺」を引き継ぎ、現在に至っている。

長島川

蓮生寺に移築された旧大手門

願証寺

長島の大松

三重県桑名市
城山台

桑部城（くわべじょう）

蜂須賀正勝の陣城

桑部城は室町時代末期に築かれたと伝わる。北城と南城があったとされ、『勢陽五鈴遺響』などの地誌類には城主として毛利次郎左衛門、大儀須（おぎす）若狭守の名が残る。永禄10年（1567）、信長の伊勢侵攻により両城とも滅ぼされてしまったとされる。

そんな桑部城は小牧・長久手の戦いの際、羽柴軍が長島城に迫るための拠点として改修されることとなった。諸史料からは、11月6日に秀吉が桑部城に家臣の蜂須賀正勝（はちすかまさかつ）を配置したことが確認できる。

「秀吉卿北伊勢表御出勢之事 同十一月六日勢州羽津着陣有て、（略）桑部之城に蜂須賀彦右衛門尉を城守と定らる」（『太閤記』）

桑部城全景　桑名市教育委員会提供

城山伝承の碑

桑部北城跡

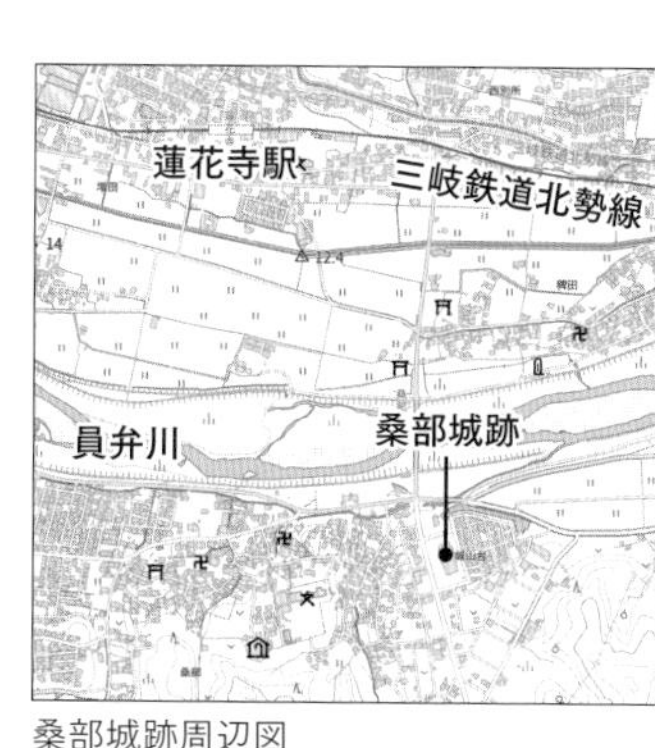

桑部城跡周辺図

桑部城に遺されたもの

桑部城は大規模な堀切によって画され、北の曲輪（くるわ）が桑部北城、中央の曲輪が桑部南城と呼ばれていた。かつては領主の城館であったと考えられている。主郭と推定される北城の全周は土塁で囲まれ、南城も北側以外は土塁が設けられていた。（↓20ページに続く）

矢田河原（三重県桑名市矢田磧）

秀吉と信雄の講和

天正12年（1584）10月下旬、秀吉は再び伊勢に出陣。信雄の城を落しながら北上を続け、長島城攻略のための付城を構築する。この動きを見た信雄は、11月11日、秀吉に講和を申し入れた。「然処、信雄種々御懇望候、（略）何ニも不被相構、秀吉可為次第由御理候間、無事之儀令同心候」（津田小八郎宛天正12年11月11日付羽柴秀吉朱印状）。その後、秀吉と信雄は矢田河原において会見し、15日までには講和が成立した。「信雄卿与秀吉卿於矢田河原有御対面、互疎意不可有之旨被迎合」（『勢州軍記』）。信雄が離脱し、大義名分を失った家康は16日に三河に帰国。約8ヶ月に及ぶ戦いは終結した。講和条件は、信雄が伊勢（北伊勢五郡を除く）・伊賀を割譲、家康も人質（次男・於義丸（後の結城秀康））を差し出すという内容で、事実上、織田・徳川方の敗北を意味するものであった。

両者が会見した矢田河原

江戸時代の町割り時まで町屋川が流れる河原であったが、のちに桑名藩士の屋敷地となり、今となっては「矢田磧（やだかわら）」の地名にその面影を残すのみである。「旧ト員弁川ノ下流町屋川ノ岸ニ按シテ地ヲ続ケリ、今ハ矢田民屋連リテ河原ノ形勢モナシ、然トモ村落ノ西ニ矢田河原ノ旧名ヲ遺セリ」（『勢陽五鈴遺響』）

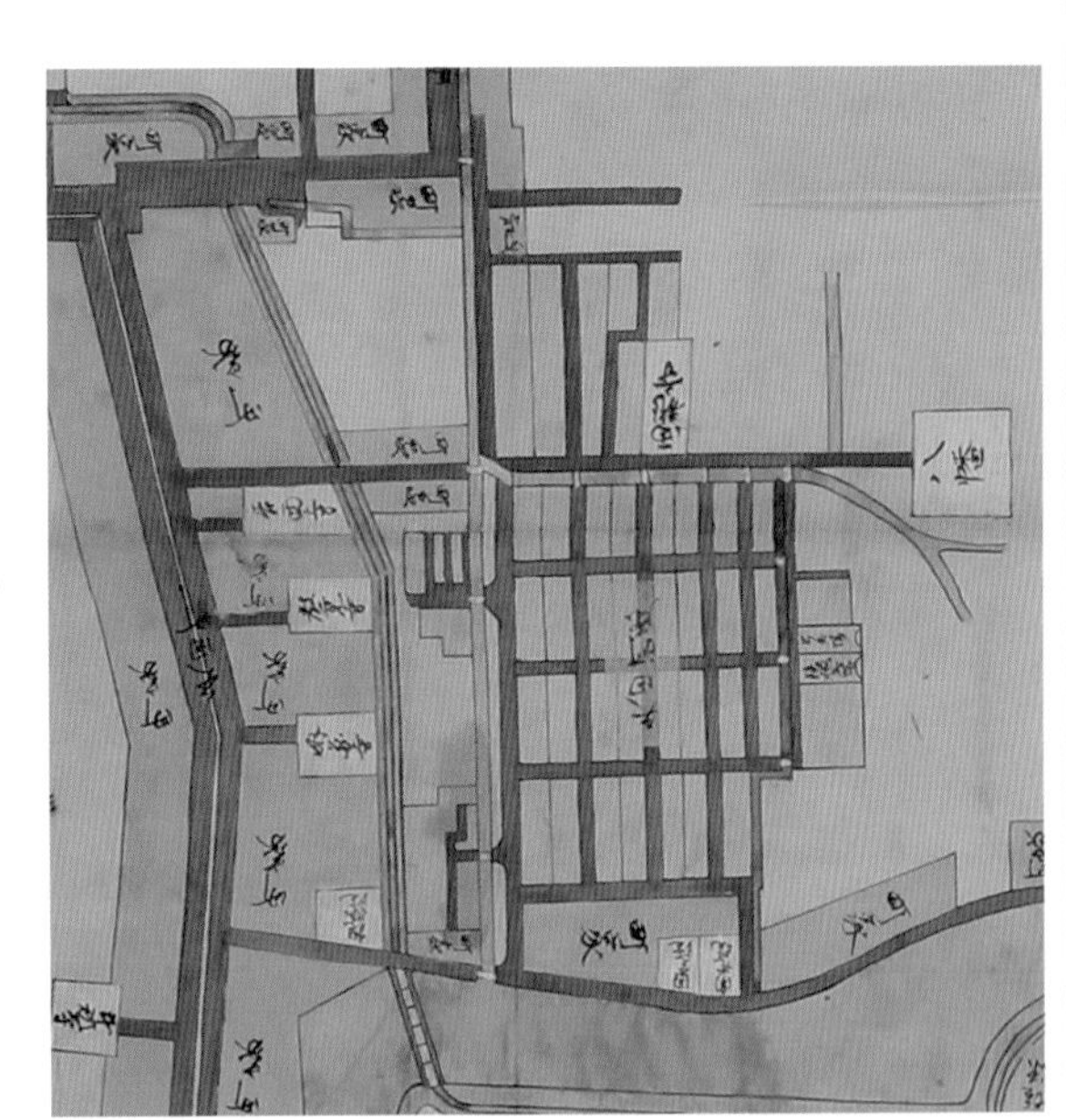

矢田河原　文政年間桑名市街之図　桑名市博物館蔵

小牧・長久手の戦いと桑名城

関東から来た伊藤武左衛門実房（さねふさ）が現在の桑名城付近に城館を設けたのが始まりとされる。永禄10年（1567）、信長の北伊勢侵攻後、桑名は信長の家臣・滝川一益の支配下となり、天正11年（1583）の賤ヶ岳の戦い後は信雄領となった。天正12年（1584）7月3日、織田・徳川方が蟹江城を奪還した後、家康は5日に桑名に入り、それから船で神戸・松ヶ島を巡視、帰路は白子（しろこ）

（現・鈴鹿市）を経て、浜田城の普請を命じ、滝川雄利を配置した。この時、桑名城は石川数正が守備していた。伊勢の偵察を終えた家康は13日には清須に帰っている。「七月五日、神君桑名へ軍ヲ発シ、当城ヲ石川数正ニ守シメ、神戸へ御渡海有テ、（略）神君松ガ島ノ敵地ヲ巡視シ玉ヒ、白子ヲ歴テ三重郡浜田ニ砦ヲ築カシメ」（『武徳編年集成』）。10月下旬、長島城に迫る秀吉を迎え撃つため、桑名城には酒井忠次、石川数正らが派遣されている。「天正十二甲申年冬、（略）桑名の城には家康公の侍酒井左衛門尉・石川伯耆守両人を入置き」（『勢陽雑記』）

近世の桑名城

慶長6年（1601）、桑名に入封した本多忠勝（ただかつ）は桑名城を大改修、近世城郭へと変貌させた。同時に城下の町割りや東海道の整備、七里の渡しも設定された。江戸時代の桑名城については絵図や史料も豊富に残されているが、忠勝が改修する以前の桑名城については未だ明らかではない。桑名城の縄張りは本丸を中心に南に二之丸、北に三之丸が配置される構造で、複数の櫓が備えられていた。かつては天守も存在したが、元禄14年（1701）の火災で城郭のほとんどが焼失してしまった。しかし、その後の時代も桑名城は伊勢の要城としての地位を保ち、徳川幕府を支え続けた。現在、城跡の中心は本多忠勝像でも有名な「九華（きゅうか）公園」となっているが、本丸北東隅には天守台、本丸の西側と南側には堀、七里の渡し跡近辺には石垣と、所々に残されたものがある。現地を訪れる際は、桑名城絵図（桑名市博物館で絵図〔複製〕の購入可能）などを用意するといいだろう。絵図を片手に往時の姿を想像しながら歩いてみてほしい。

七里の渡し周辺

矢田磧

九華公園

桑名城 石垣

北城の土塁には天正期の改修と見られる部分もあるが、主要な虎口は平入り虎口という単純な構造であり、蜂須賀正勝が一時的な砦として利用しただけで、改修も一部にとどまっていたのではないかとする見方もある。

平成7年（1995）に北城の発掘調査があり、土塁に含まれる遺物から構築されたのは戦国時代と判明。柱穴と思われる土坑も検出された。それまで曲輪や堀・土塁の遺構をよく残していた桑部城であるが、土地区画整理事業により現在は住宅地となっている。コープみえ桑名センターが建つ台地に城跡の名残を感じる程度だ。そこから南西にある「しろやま西公園」には、桑部城の歴史を記した「城山伝承の碑」が建てられている。

三重県三重郡
朝日町向陽台

柿城

かきじょう

佐脇氏の居城

柿城主は室町幕府奉公衆の佐脇氏とされる。弘治3年（1557）、柿城主・佐脇宗喜は近江六角氏の家臣によって攻め滅ぼされた。この時の柿城攻めで、六角方は堀を埋める人夫を徴収しようとしたが、難航したとする記録があり、戦いの一端を伝えている。

「勢州柿城塡草俵人足事、為御雇、火急可被遣之条、不及異儀、地下人百姓悉家別罷出可持之、於難渋者」（『近江国守護六角義賢奉公人奉書案』）。そんな柿城は小牧・長久手の戦い時、再び戦場となり、秀吉と信雄の間で攻防戦が行われた。6日には秀吉が柿城を攻略したと伝えている。「今日桑名表相動、桑部・柿多構相拘候条、則乗取」（加藤孫六宛天正12年11月6日付羽柴秀吉朱印状）

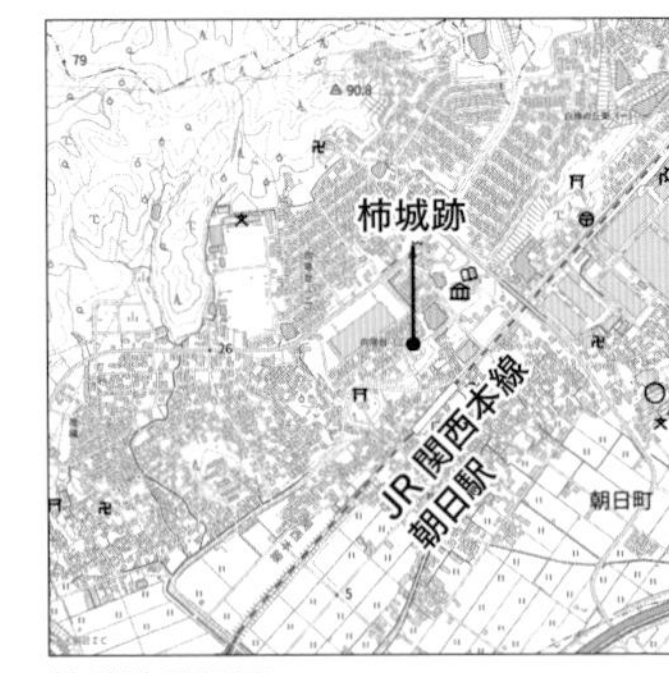

柿城跡周辺図

柿城に遺されたもの

柿城跡は朝日丘陵の東端に位置する。現在、城跡の西側は住宅地や商業施設となっているが、開発以前は大きな谷であり、北側も深い谷が入り込むという天険の要害であった。『桑名御領分古城跡之図』によれば、南と西は谷で、北と東は田畑と記されている。

丘陵の頂部に主郭が置かれ、北と東の丘陵斜面に曲輪群が展開した。土地区画整理事業に伴い、平成17年（2005）から城跡の南側と西側の谷地形を利用した堀を中心に発掘調査が行われた。その結果、主郭南西部に大手道や土塁の一部、帯曲輪状の平坦地も確認された。現在、城跡は公園として保存され、主郭周囲には土塁が残存している。

柿城跡公園

主郭

三重県三重郡
朝日町縄生

縄生城（なおじょう）

秀吉の陣城

戦国時代は北勢四十八家の栗田氏の居城であったが、信長による伊勢侵攻後は、滝川一益の支配下となった。そんな縄生城は小牧・長久手の戦い時、秀吉の陣城として改修されることとなる。

秀吉は11月6日に縄生城の普請を命じ、**「今日桑名表相動、（略）縄尾・桑部両所普請申付候」**（加藤孫六宛天正12年11月6日付羽柴秀吉朱印状）。その翌日には自身も縄生城に在陣している。秀吉がこの城で越年して長島城を攻めようとする姿勢を見せた際、信雄が講和を懇願してきたと秀吉の書状には記されている。**「此表之儀、長嶋・桑名押詰、城々数ケ所相拵、即縄生城ニ秀吉令越年、長嶋一着申付候ハん躰を信雄被見及、就懇望、令同心相済候条之事」**（伊木長兵衛尉宛天正12年11月13日付羽柴秀吉朱印状）

縄生城跡周辺図

縄生城に遺されたもの

城跡はJR関西本線と近鉄名古屋線に挟まれた丘陵地に位置していた。昭和38年（1963）頃から採土作業が始まり、同43年（1968）には完全に姿を消し、宅地化されてしまった。その時の話では、丘陵東部から曲輪のような平坦面、山頂部から井戸跡が確認され、大量の川原石も出土したそうだ。

縄生城跡付近

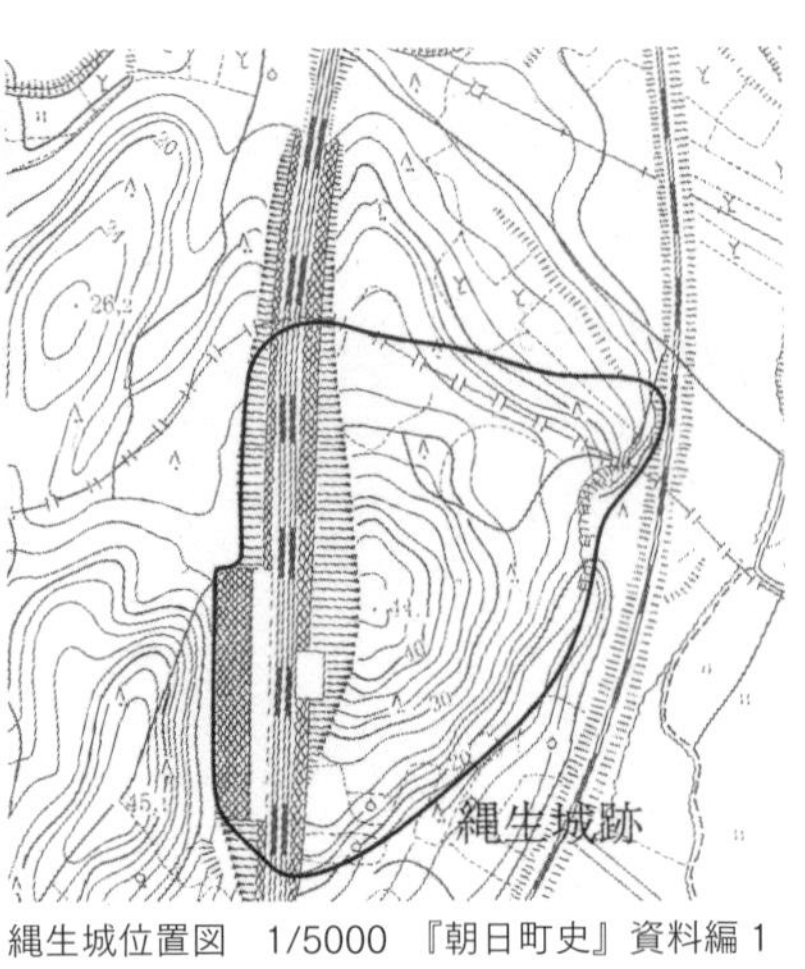

縄生城位置図　1/5000　『朝日町史』資料編１

また、『桑名御領分古城跡之図』からは、縄生城が複数の曲輪で構成されていたことがわかる。西側は谷と記され、これは旧地形とも合致する。丘陵山頂部に本丸があり、最も東には土塁で囲まれた長方形の曲輪が配置されている。かつて丘陵の東で確認された平坦面はこの曲輪のことであろうか。城の規模として、北は城山遺跡まで広がっていた可能性もある。

秀吉が信雄を追い詰めた城、ここで秀吉は勝利を見据え、講和条件でも練っていたのであろうか。

三重県四日市市
楠町本郷

楠城（くすじょう）

楠十郎正盛と加賀野井城の悲劇

楠城の築城年代は、南北朝時代ともいわれ、信濃国諏訪の豪族・諏訪十郎貞信（正信）が初代城主であったと伝わる。以後、2代・3代と諏訪氏が続いたが、応永19年（１４１２）に楠正威が入り、楠氏がこの城を引き継いだ。

永禄11年（１５６８）、信長の伊勢侵攻により、代々この地を治めていた楠氏

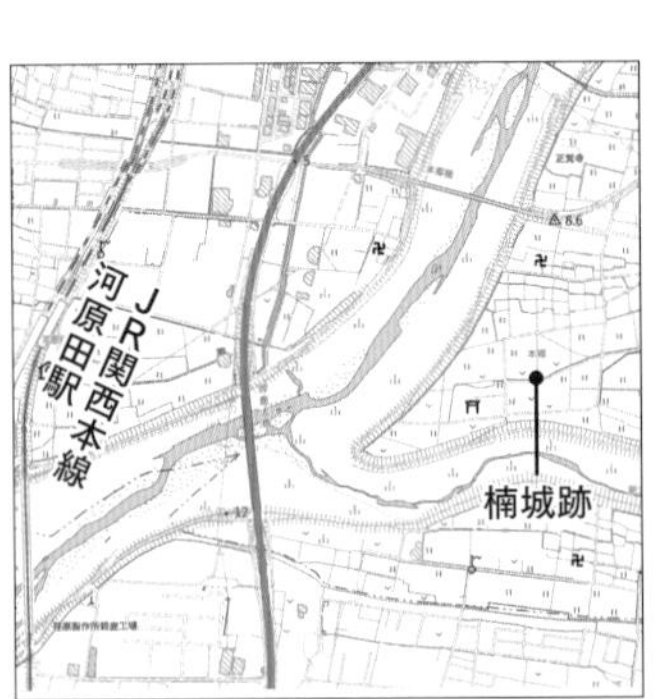

楠城跡周辺図

は降伏。小牧・長久手の戦い時、8代目城主の楠十郎正盛は信雄に従った。4月には伊勢の大部分が秀吉に占領され、楠城も同じく落城した。城主の正盛は伊勢から撤退した他の地侍とともに、加賀野井城に加勢として入ったが、秀吉が5月7日に加賀野井城を攻略。「彼加賀野井城、去七日攻崩、大将分二者、勢州住人采女後藤・峯與八郎・あげき平三・楠十郎・千草常陸介、（略）其外城中者一人も不漏刎首候」（毛利右馬頭宛天正12年5月9日付羽柴秀吉書状）。大将分の者は首を一人残らず刎ねられ、正盛も生け捕りにされたのち若くして殺害された。享年16歳であったという。「久須ハ生年十六歳、是モ無双ノ若衆ナリシヲ、同フ氏郷ノ手へ生捕テ首ヲ斬ル」（『氏郷記』）

楠城跡

楠城に遺されたもの

楠城は鈴鹿川が本川と派川に分かれるその内側に位置し、東はすぐ伊勢湾という河川や海に囲まれた要害の地にあった。

現在、城跡には「楠城址」の石碑と案内板の他、往時を物語るものはない。以前、付近の土木工事がされた際には、山茶椀や古い石塔などが出土したといわれる。明治40年頃、城跡に残っていた老松に代わり、クスノキが植えられ、今では樹齢100年余の巨大なクスノキとなっている。楠城の名にふさわしい立派な大木は、楠氏が生きた証を今に伝えている。

楠村神社

楠十郎正信の碑

楠氏ゆかりの寺社

楠城跡から西に歩くと、楠氏が崇めていたと伝わる楠村（くすむら）神社がある。神社は「風呂屋（古屋か）」という小字に位置し、ここも楠城の一部にあたる。

少し離れるが、楠

城主の菩提寺である正覚寺には、楠十郎正信の碑が建てられ、その脇に楠城主の墓もある。旧庄屋岡田邸を改修した楠歴史民俗資料館には、楠氏の紹介パネルや楠城跡から出土した遺物も展示されているので、こちらも見逃せない。

楠城の遺物

三重県四日市市
萱生町

萱生城

かようじょう

佐久間正勝の普請

萱生城の築城年代は定かではない。永禄11年（1568）、城主の春日部俊家は近隣の土豪とともに信長と戦った。天正元年（1573）まで籠城戦を続けたとされるが、城兵の負傷や兵糧不足により落城したという（『勢陽五鈴遺響』）。

天正12年（1584）には、信雄が秀吉の伊勢侵攻に対処すべく、家臣の佐久間正勝を蟹江城から派遣して城の普請をさせている。「六月中旬、（略）信雄、佐久間正勝ヲ以テ同郡萱生ノ要害ヲ築カシム」（『武徳編年集成』）。また、守将として信雄の家臣・天野雄光の名もみられる。「勢州之内かようと申所に、御取出御普請丈夫に被仰付候、かように天野佐左衛門被為置と承候」（『尾州表一戦記』）。

萱生城跡周辺図

しかし、正勝が萱生に出たことを好機として、蟹江城は滝川勢に占拠されてしまうことになった。正勝はこの時、伊勢湾の海上にて兵船（九鬼水軍か）を確認、大野城の山口重政に使を出して知らせようとした。また、重政も萱生の正勝のもとに蟹江城の危急を伝えようとしている。「正勝、萱生より重政がたへ再三使を遣していはく、（略）六月十六日早天に、重政大野を出て萱生に行かむとする、是近辺の無為なる事を正勝に知らせんかためなり」（『山口家伝』）。萱生城にいた正勝の動向が垣間見える。

萱生城に遺されたもの

萱生城は朝明川の南岸に位置し、急峻な台地上に築かれていた。現在、城跡は暁学園の敷地となっている。昭和38年（1963）の校舎建設で、城の遺構のほとんどは失われてしまったが、この時作成された測量図から消失前の形状を知ることはできる。それによれば、二つの曲輪で構成され、主郭と想定される曲輪の中央部には四周に堀を伴う天守台状の方形土壇が確認できる。曲輪の周囲には土塁が巡らされており、今でもその一部が残存している。もう一つの曲輪とは大規模な堀で分断されていた。

現在見学できるものとして、高等学校の駐車場の北側には、案内板や地元有志が建てた「萱生城殉難者供養碑」、「山神」の銘が刻まれた石碑、柱止めの基石などがある。また、そこには「髪のびの井戸」と呼ばれる井戸も残されている。萱生城が織田軍に攻められ、落城が迫った時、女人衆は城と運命をともにした。それ以来、この井戸に姿を映す者は髪が伸びると言い伝えられてきたという。

ちなみに私が井戸をのぞいたときは土や落ち葉で堆積していた。井戸や石碑を見学したい場合は、事前に暁学園に許可を取るようにしてほしい。以前、暁学園の方に敷地内を案内してもらった際、萱生城がいかに要害の地にあるか、

萱生城跡

土塁の一部

萱生城縄張図　『四日市市史』第３巻 史料編考古II

肌で感じたのを覚えている。曲輪周囲の崖を見ると、容易に落城しなかった理由も納得できた。

校舎の上階から周辺の景色を眺めた時、萱生城の普請にやってきた正勝の気持ちが少しわかったような気がした。この城をさらに改修して難攻不落の城にする、そんな思いを掻き立てられる城だったのではないだろうか。

髪のびの井戸

供養塔

三重県四日市市
鵜の森一丁目

浜田城

はまだじょう

滝川雄利が籠った城

文明2年（1470）、浜田城は赤堀三家の田原美作（みまさか）守忠秀によって築かれたと伝わる。2代目・田原元綱の代で信長の家臣・滝川一益に攻められ落城した。元綱の子・重綱は信雄に属し、天正12年（1584）の小牧・長久手の戦いに参戦したが、加賀野井城の戦いで討死。その後、信雄が家臣の吉村氏吉に出した書状によれば、7月には浜田城が改修されたことがわかる。「**浜田取出申付、出来次第可帰城候**」（吉村又吉郎宛天正12年7月10日付織田信雄判物）。

10月になり秀吉が伊勢に出陣、長島に北上する過程で浜田城は戦場となった。10月28日、秀吉は信雄の家臣・滝川雄利が守る浜田城を包囲、付城を複数構築し

浜田城跡周辺図

石碑

ている。「敵城浜田与申城を瀧川三郎兵衛持候間、則執巻、付城四五ヶ所可申付内存候」（惟住越前守宛天正12年10月28日付羽柴秀吉書状）

土塁

堀の名残

浜田城に遺されたもの

現在、城跡は茶室を備えた鵜の森公園となり、公園内の鵜森神社には忠秀以下4代の霊が祀られている。社伝によれば、慶長以後万治以前（1596～1658）の間に、田原氏の旧臣らが城跡に鵜森大明神を創立したことに始まるという。

浜田城の遺構であるが、神社の北・南・西側には土塁が残存しており、特に本殿裏の土塁の残存具合は良好だ。神社南側の土塁の外には人工の池があり、その窪みからは堀の名残がうかがえる。櫓台は田原稲荷大明神の社殿辺りで、現状3mほどの高さが確認できる。また、境内には大きな「浜田城址」の石碑、案内板が設置されている。その脇にある冠木門は平成になって建てられたものだ。

門に城跡の雰囲気を感じつつ、公園を一通り散策したら、休憩に茶室「泗翠庵」で季節の和菓子と抹茶なんていかがだろう。

羽津城（はづじょう）

三重県四日市市
羽津山町

秀吉の繋ぎの城

上野国（現・群馬県）の田原氏は田原景信の代で伊勢に移り、赤堀（現・四日市市赤堀）の地に城を構えた。景信は長男の盛宗を羽津、次男の秀宗を赤堀、そして三男の忠秀を浜田に配した。彼らはのちに北伊勢で勢力を拡大する赤堀三家で知られる。羽津城は15世紀後半、盛宗によって築城されたといわれるが、6代近宗の時、信長の伊勢侵攻により滅ぼされてしまった。

羽津城跡周辺図

そんな羽津城は小牧・長久手の戦いの際、秀吉の手で改修され、信雄方の滝川雄利が籠る浜田城を攻略するための城となった。秀吉の書状には北伊勢において羽津・萩原・泊・河尻の4ヶ所の砦が完成した旨、さらに攻め寄せるため、11月5日に羽津へ着陣したことを伝えている。「此表之儀、先書如申候、羽津・萩原・泊・河尻四ケ所取出、大夫出来候、猶以為可押詰、至羽津昨日寄馬」（加藤孫六宛天正12年11月6日付羽柴秀吉朱印状）

石碑

土塁

羽津城に遺されたもの

城は垂坂丘陵東部の台地に位置しており、今でも周辺に比べて高台になっているのがわかる。城の主郭部は羽津城山町公園となり、近鉄名古屋線で分断された形となっているが、おおむね形態は把握することができる。『桑名御領分古城跡之図』には、主郭周囲の堀や虎口、複数の曲輪が描かれている。

近鉄線で分断された主郭部

高台 公園南側より

城の規模について、宝永8年（1711）の『羽津村指出帳』には「西東三十八間、北南三十四間 城主赤堀右京」とある。現在、ほとんどの遺構が失われており、城の全貌はわからなくなってしまっているが、主郭西側に土塁の一部が残存する。公園から出て民家のほうから土塁を見ると、よりその高さを感じることができるだろう。少し変わった尖塔（せんとう）型の城址碑が立ち、城の面影がわずかに感じられる羽津城。

秀吉はこの場所で、目前まで迫った長島城をどのように攻略するか、その算段を立てたのであろうか。

秀吉が戦勝祈願した志氏神社

志氏（しで）神社は北伊勢を中心に崇敬を集める歴史ある神社だ。創始年代は明らかでないが、社伝では垂仁天皇の頃からとする。天正12年（1584）11月、秀吉は羽津に着陣してから志氏神社に立ち寄って戦勝祈願をし、太刀一振を奉納したと伝わる。神社の所在するところは古墳時代前期に築造された前方後円墳であり、今でも後円部と北、西側の周濠の跡がわずかに残っている。

志氏神社

神戸城

かんべじょう

三重県鈴鹿市
神戸五丁目

神戸城は国人領主である神戸氏の居城であったが、信長の三男・信孝が神戸氏の養子となり、信孝がその後居城としたことで有名だ。天正8年（1580）頃、信孝が城の修築を行い、石垣を持つ城へと変貌させたといわれる。

小牧・長久手の戦いの開戦

そんな神戸城は小牧・長久手の戦い時、峯城などと同じく北伊勢における信雄方の拠点の一つとなった。当時は信雄の家臣・神戸正武（林与五郎）が城を守備していた。天正12年（1584）年3月9日、信雄方の神戸正武や佐久間正勝らが秀吉方の関氏が守備する亀山城に攻撃を仕掛けた。「（天正十二年春三月）、神戸与五郎率五百余之軍兵発向於亀山表」（『勢州軍記』）、「（三月）九日、信雄ノ長臣佐久間駿河守正勝及ビ山口半左衛門重政五千余亀山城ニ押寄、城下ノ商屋ヲ放火シ」（『武徳編年集成』）。

亀山で戦闘が開始されたことを受け、信雄は桑名に着陣していた水野勝成に次の戦場として想定される神戸への加勢を要請している。「水野藤十郎（勝成）、申刻桑名まて著陣之由、則神戸江加勢として」（土方彦左衛門宛天正12年3月13日付

神戸城跡周辺図

天守台石垣

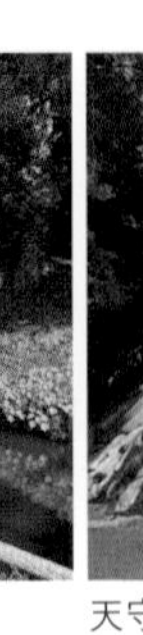

水堀

織田信雄書状）。しかし、正武は味方の峯城が落城したことを知り、城から撤退してしまう。「嶺ノ城落タリシカバ、是ヲ聞伝テ神戸ノ城ニ篭リタル、林与五郎モ城ヲアケテ濃州へ落ユキ」（『東武談叢』）。神戸城も20日までには落城し、羽柴方の滝川一益に奪われてしまった。

神戸城に遺されたもの

現在、城跡は神戸公園として整備され、神戸高校の敷地にもなっている。公園駐車場の南側に信孝時代のものとされる天守台の石垣が残存する。石垣は自然石を用いた野面積で、よく見ると石塔の基礎や台座などが転用されているのがわかる。その他、本丸周囲では土塁や水堀などを見ることができる。

江戸時代以降、城は何度か改修されているため、小牧・長久手の戦い時の様子について詳しいことはわからない。ただ一つ言えることは、神戸正武はこの城から亀山に向け出陣し、伊勢における戦いの火蓋が切られた。本書を手にした皆さんであれば興奮せずにはいられないことだろう。

三重県鈴鹿市
国府町

国府城
こうじょう

国府氏の居城

律令制度下で国ごとに置かれた国司の役所を「国衙」、国衙が存在した都市域は「国府」と呼ばれる。伊勢国にはこの地に国衙が置かれていたため、国府の名が残ったものと思われる。その後、正平22年（１３６７）、亀山城主・関盛政の次男・盛門が国府氏を称して居館を構えた。信長の伊勢侵攻後、国府氏は信長に従う。

天正12年（１５８４）、8代目国府城主・国府次郎四郎盛種は信雄に属した。「一　伊勢篭城事　信雄卿之御方、（略）国府次郎四郎楯篭於国府城」(『勢州軍記』)。小牧・長久手の戦い時、羽柴軍の蒲生氏郷の攻撃を受け、国府城は落城。盛種は逃れたが、加賀野井城の戦いに参戦し討死した。

国府城跡周辺図

国府城に遺されたもの

国府城は鈴鹿川南岸の台地上に存在した。現在、城跡は竹藪や畑地となっており、城の北側には堀や土塁が残っている。住宅建築に先立ち発掘調査が行われ、その結果、3条の溝(堀と推定)が見つかり、室町時代の遺物が出土した。案内板から先に立ち入りはできないが、城跡近辺を歩くと周囲は崖であり、国府城がいかに大規模な城で、且つ要害の地に築かれていたかがよくわかるだろう。

かつては城跡の西側に「本丸」という地名が残り、また地元では「城山」と呼ばれていたそうだ。

国府城跡

亀山城

かめやまじょう

三重県亀山市本丸町

関氏の居城

文永2年(1264)に関実忠が若山(現・亀山市若山町)の地に築城したと伝わる。天正11年(1583)の賤ヶ岳の戦い前哨戦では、激しい攻防戦が繰り広げられた。この時は織田信孝・柴田勝家に呼応した滝川一益の城となっていた。亀山城には数棟の櫓、堀や柵などが配さ

亀山城跡周辺図

れ、堅固な造りであった。この時の羽柴軍による亀山城攻めは、鉱夫に坑道を掘らせて櫓を掘り崩す、地下から襲撃するといった「モグラ攻め」が行われたことでも知られる。イエズス会宣教師ルイス・フロイスの書簡にも珍しい城攻めの方法として記録されている。

さらに、『柴田退治記』には「亀甲」という現在の装甲車のような攻城兵器が導入されていたと記されている。賤ヶ岳の戦い後は一益が伊勢国を去り、支配体制も変化する。亀山は蒲生氏郷の領地となったが、後に氏郷の与力となった関一政に与えられた。これにより関氏は亀山の地に復帰することとなった。

亀山城の籠城戦

天正12年（1584）3月6日、秀吉に内通していた信雄の家老が長島城で殺害されたことを機に、秀吉は諸将に出陣を命じる。同9日、信雄方の神戸城主・神戸正武（林与五郎）ら約5百の軍勢が羽柴方の関盛信・一政が守備する亀山城に攻撃を仕掛けた。羽柴軍先手として出陣した蒲生氏郷らの援軍が来るまで、亀山城では籠城戦が繰り広げられる。盛信が亀山の町を焼き払い、関勢が煙に紛れて弓・鉄砲を撃ちかけ、槍や長刀を持ちわめき叫んで戦ったため、神戸勢は敵の数がわからず混乱し敗走したとされる。「万鉄廻謀敵近之時、於亀山町屋放火、関父子纔二三十人紛煙打出与神戸勢之五百余揉合」（『勢州軍記』）。秀吉が関一政に宛てた書状からも関勢が防戦したことがうかがえる。「其城へ取懸候處、堅固相踏無異儀候由、尤候 当城在之と八失念候つる」（関兵衛宛天正12年3月12日付羽柴秀吉書状）。その後、蒲生軍が到着したことで形勢は逆転、今度は信雄方の峯城を攻める拠点となった。

近世の亀山城

現在、城跡の大半は小学校や市街地となっているが、本丸東南隅の多門櫓や石垣、外堀の一部などが良好な状態で残っている。特に江戸時代後期の多門櫓は県内に唯一現存する城郭建造物だ。文禄から慶長年間に築かれたと考えられる野面（のづら）

古城

多聞櫓と石垣

露心庵跡

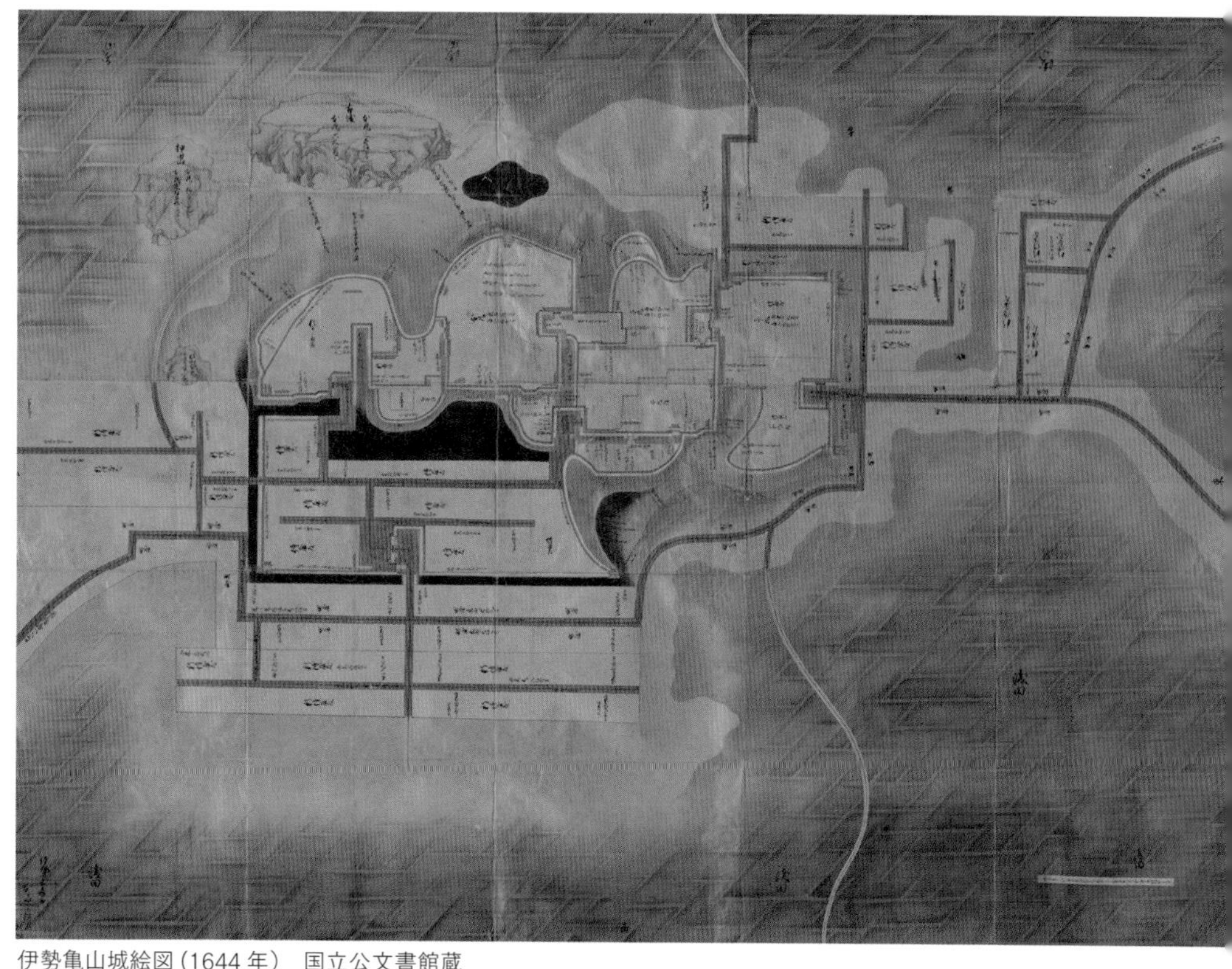

伊勢亀山城絵図（1644 年）　国立公文書館蔵

積の石垣も圧巻である。だが、これらは天正18年（1590）頃に岡本良勝が修築したとされるもので、小牧・長久手の戦い時の亀山城については、範囲や構造などもわかっていない。

関氏が若山に築いた亀山城（「古城」と呼ばれる）は近世亀山城の本丸の北西にあったとされる。亀山市が行った発掘調査では、近世亀山城の下層から戦国期に遡る堀などが見つかっている。関氏の亀山城を一部踏襲する形で、近世亀山城が築かれていたのであろうか。

また、亀山城と一緒に東海道の宿駅・亀山宿を歩いてみるといい。街道沿いには古い町屋が点在し、宿場町の面影を感じることができる。亀山宿の東端にあった露心庵跡（現・亀山市栄町）付近は、神戸正武が亀山城に攻め寄せた際、戦闘が行われた場所とも伝わる。この戦いでの戦死者が葬られていた塚の近くに、関氏一門の露心が仏庵を建立したため、この名称で呼ばれたそうだ。

三重県亀山市
川崎町

峯城

みねじょう

天正の戦乱の舞台

亀山を本拠としていた関氏の分家・峯氏の居城。峯城も亀山城と同様、賤ヶ岳の戦い時に激戦の舞台となっている。滝川一益の甥・滝川益重が守備していた峯城を羽柴軍が包囲、その後しばらく攻防戦が続いた。しかし、籠城戦の末、峯城も兵糧が尽きて開城したという。

戦いの後は信雄の統治下となり、峯城には信雄の家臣・佐久間正勝が入城した。小牧・長久手の戦い時も正勝が城を守備し、再び羽柴軍を迎え撃つ拠点として機能することとなった。

峯城における攻防戦

信雄方の攻撃に耐えていた亀山城のもとに、羽柴軍の蒲生氏郷や堀秀政・滝川一益ら約1万の軍勢が到着する。これを受け、亀山城攻めに加わっていた正勝らも峯城まで退却、今度は逆に羽柴方の激しい攻撃を受けることになる。

「十四日、辛卯、北伊勢亀山堀久太郎・長谷川藤五郎・滝川・ひの、掃部働候て、尾州衆おひはらい、嶺の城迄のき候由候、三百余被討捕候」（『家忠日記』）。

峯城での戦闘の一部始終が記された史料には「一益命シテ一斎ニ進ミ城兵ヲ追ヒ附入ニシテ城ヲ抜ントス城兵能戦ヒ城際ニテ大返シテ奮戦ス」（『大三川志』）とあり、正勝らが城の内外で奮戦している様子が見て取れる。

しかし、羽柴軍の猛攻に耐えきれず峯城は数日のうちに落城、これにより秀吉の伊勢国内への侵攻を許してしまう形となった。この峯城攻めには亀山城で籠城していた関勢も加わり、秀吉は関一政らの戦功を称え、その勝利を賞している。

「昨日巳刻、於大峯表被為一戦、息時首数多取勝由神妙之至候」（関右兵衛宛天正12年3月15日付羽柴秀吉書状）。その後、峯城は羽柴軍の手で改修され、浅野長政や岡本良勝らが留守居として在城した。

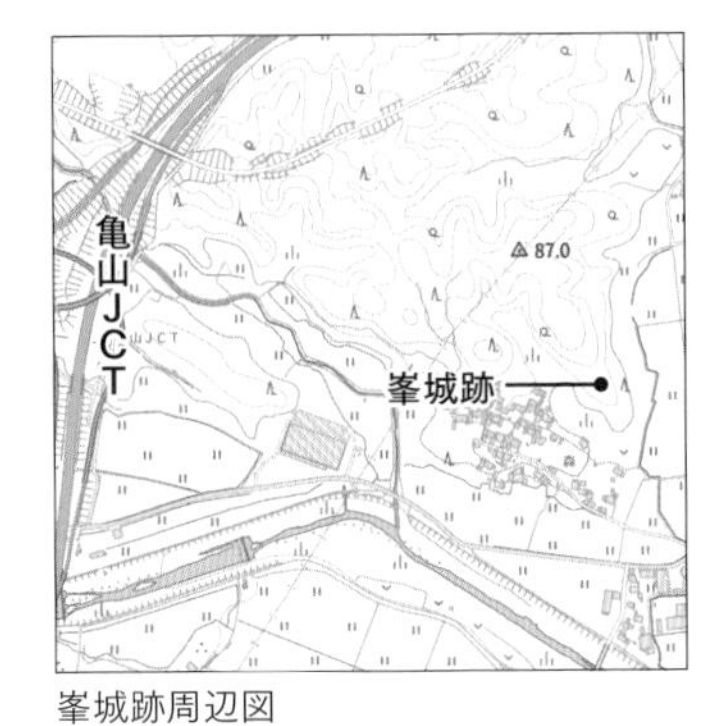

峯城跡周辺図

峯城に遺されたもの

現在、峯城周辺は激しい戦闘が行われたとは思えないほど、のどかな田園風景が広がっている。登城口から先に進んでいくと、山の中から急に土塁などの遺構が姿をみせる。峯城には櫓台や屈曲する土塁、桝形虎口といった遺構が残る。これらは天正11・12年頃に導入されたものと考えられている。

見所は多いが、特に伝天守台や櫓台は、下の曲輪から見ると、かなり高低差もあり圧巻だ。峯城は歩きやすい山城ではあるが、場所によって草木が茂っているところや崖になっているところがあり、危険なエリアも多い。そのため、山城の散策に適した装備はもちろん滑落しないよう足元にも注意したい。

これは筆者の経験談であるが、散策途中に獣たちの雄叫びを聞いたことがある。森の中には戦士たちが籠城しているので、複数の軍勢（仲間）で攻めることを推奨する。

がもじ（がもじい）がくる

近江から亀山に通じる安楽峠を越えた周辺（野登や川崎など一部地域）には、昔から言うことを聞かない子どもや泣き止まない子どもに対して「がもじがくるぞ！」と脅す風習があるという。

「がもじ」とは、峯城を攻めた「蒲生氏」が訛（なま）って転化したものと伝わる。氏郷は城攻めに際して、周辺の村々を焼き払ったとされる。村人たちはその時の恐怖から氏郷を怖い存在として語り継ぐようになったのであろう。

全景

虎口付近

伝天守台

蒲生氏郷画像　東京大学史料編纂所所蔵模写

三重県津市
丸之内

津城（つじょう）

（別名：安濃津城）

織田信包が築いた城

伊勢上野城（現・津市河芸町）を本拠としていた信長の弟・信包（のぶかね）は、岩田川の北に安濃津城を築き、天正8年（1580）に完成させた。信包はこの時、五重の天守を建てたといわれる。安濃津は伊勢湾岸の重要港湾の一つであり、信包はここを領国支配の拠点とした。

小牧・長久手の戦いが北伊勢で開戦してから時を待たずして、羽柴軍先手の蒲生氏郷が信雄方の諸城を次々と攻略。信雄領が侵攻されていく中、安濃津城の信包は秀吉に呼応した。信包は松ヶ島城攻めにも参戦しており、信包の手勢が城下を焼き払ったと諸史料には記されている。「織田上野介殿ノ手ヨリ早侍町へ火ヲカケテ雲井遥ニ焼上ル」（『氏郷記』）。南伊勢攻略のための足掛かりを手に入れた秀吉は伊勢侵攻をさらに加速させていく。その後も信包は安濃津城を守備し、有事に備えた。秀吉が分部光嘉に宛てた書状には、伊勢上野城（あるいは安濃津城）に敵が出陣してきた場合は、秀吉自身が出馬して討ち果たす旨が記されている。

また、安濃津城において油断のないよう信包へ伝えている。分部光嘉は信包の家臣で、信包が安濃津城に本拠を移した後、伊勢上野城の城代を務めていた。

「神戸表敵相動付而、早々注進尤候、其表敵居陣候者、出馬可討果候、追々人数遣候、今日我々至坂本相越候、其許無御由断可被仰付之由、民様へ可被申入候」

（分部與三左衛門尉宛天正12年7月9日付羽柴秀吉書状）

津城跡周辺図

津城に遺されたもの

現在見られる津城は主に藤堂高虎が改修した後の姿である。慶長13年（1608）、高虎は伊予国今治から伊勢・伊賀の領主としてこの地に入った。高虎といえば、築城の名手として有名であるが、津城では高虎の代表的な石垣ともいえる直線的高石垣を見ることができる。

他にも幅の広い水堀や複数の櫓を備え、城下町も整備された、まさに近世城郭のお手本ともいえる城であった。ちなみに、高虎以前の遺構も本丸南側に残存してい

石垣と水堀

る。本丸の南に行くと小さな公園があり、そこでは石垣の旧隅部を確認でき、石垣が拡張されているのがわかる。ごみ箱を正面に左側の石垣が高虎以前の野面積石垣であり、これは津城最古の石垣にあたる。

城跡は「お城公園」として整備されており、市街地にも関わらず遺構が良好な状態で残っている。公園の東側には模擬櫓が建てられ、津城のシンボルとして親しまれている。

戦国時代から明治時代といった様々な積み方の石垣、矢穴や刻印など石材の加工痕を確認することができる石垣の博物館、津城。そんな津城の変遷を感じつつ、水堀で日向ぼっこしている亀を眺めながら、のんびりと園内を散策してみるのもいい。

模擬櫓

石垣拡張部分

三重県津市
木造町

木造城

こつくりじょう

北畠氏分家・木造氏の居城

貞治5年（正平21年、1366）、伊勢国司・北畠顕能（きたばたけあきよし）の三男・顕俊が木造城を築き、木造氏を名乗った。次第に勢力を増した木造氏は、領内に牧城や川方城など支城を築いて分家させ、本城への守りを強化した。9代・具政（ともまさ）の頃、信長の伊勢侵攻に際し、具政・長政父子は北畠氏に従うか信長に従うか決断を迫られた。結果、木造氏は信長に属し、北畠家を継いだ信長の次男・信雄に仕えることとなった。

小牧・長久手の戦いでも、木造一族は信雄方として参戦し、蒲生氏郷らと激戦を繰り広げることになる。羽柴軍を迎え撃つにあたり、具政は木造城ではなく、戸木城に兵を集め籠城することを決めた。そのため、木造氏が長らく居城としてきた木造城は、秀吉の大軍を前になすすべもなく開城という数奇な運命をたどる。

「具政ハ木造の城に楯篭りしか、（略）戸木の城へ一所に篭城すへき也とて、具政木造の城を開て、戸木の城に楯篭る」（『木造記』）

木造城に遺されたもの

木造城は雲出（くもず）川北岸の微高地にあり、周囲は沼など湿地帯が広がっていた。城の遺構は耕地整理で消滅してしまい、今は畑地にある土盛りに「木造城址」の石碑が立つのみである。

昭和42年（1967）、木造氏末裔と地元有志の協力で整備され、碑が建立された。この辺りが本丸・二の丸の推定地にあたり、平成5年（1993）の道路

石碑

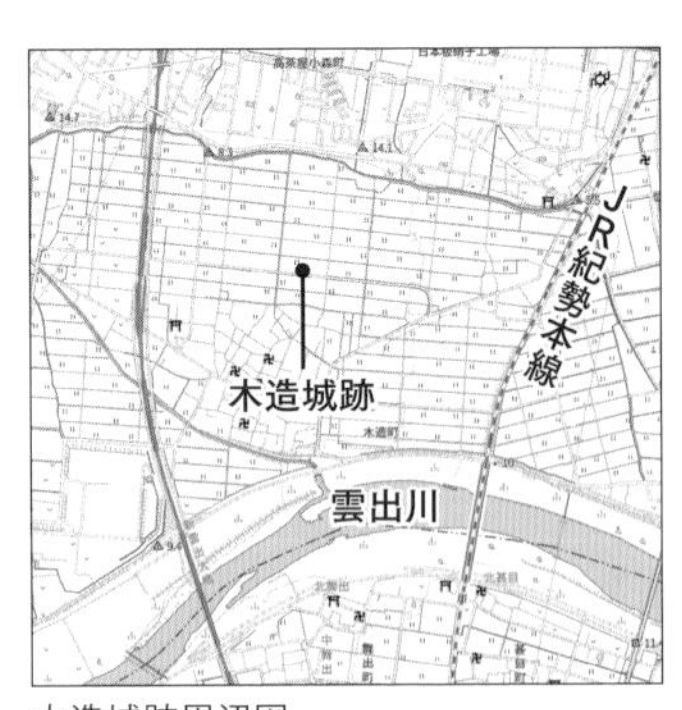

木造城跡周辺図

整備に伴う発掘調査では大規模な堀も検出されている。ここから南方に１４０ｍほど歩くと、興正院跡の土塁がＬ字状に残されている。これは木造城の遺構として貴重なものだ。木造城の古絵図によれば、木造城は本丸と二の丸で構成され、周囲に武家屋敷が配置されていたことがわかる。

旧道も残っていることから、古絵図と現在地を照らし合わせて城下町を歩いてみると、賑わう町の光景が浮かんでくるかもしれない。

Ｌ字状の土塁

石碑が立つ土盛り

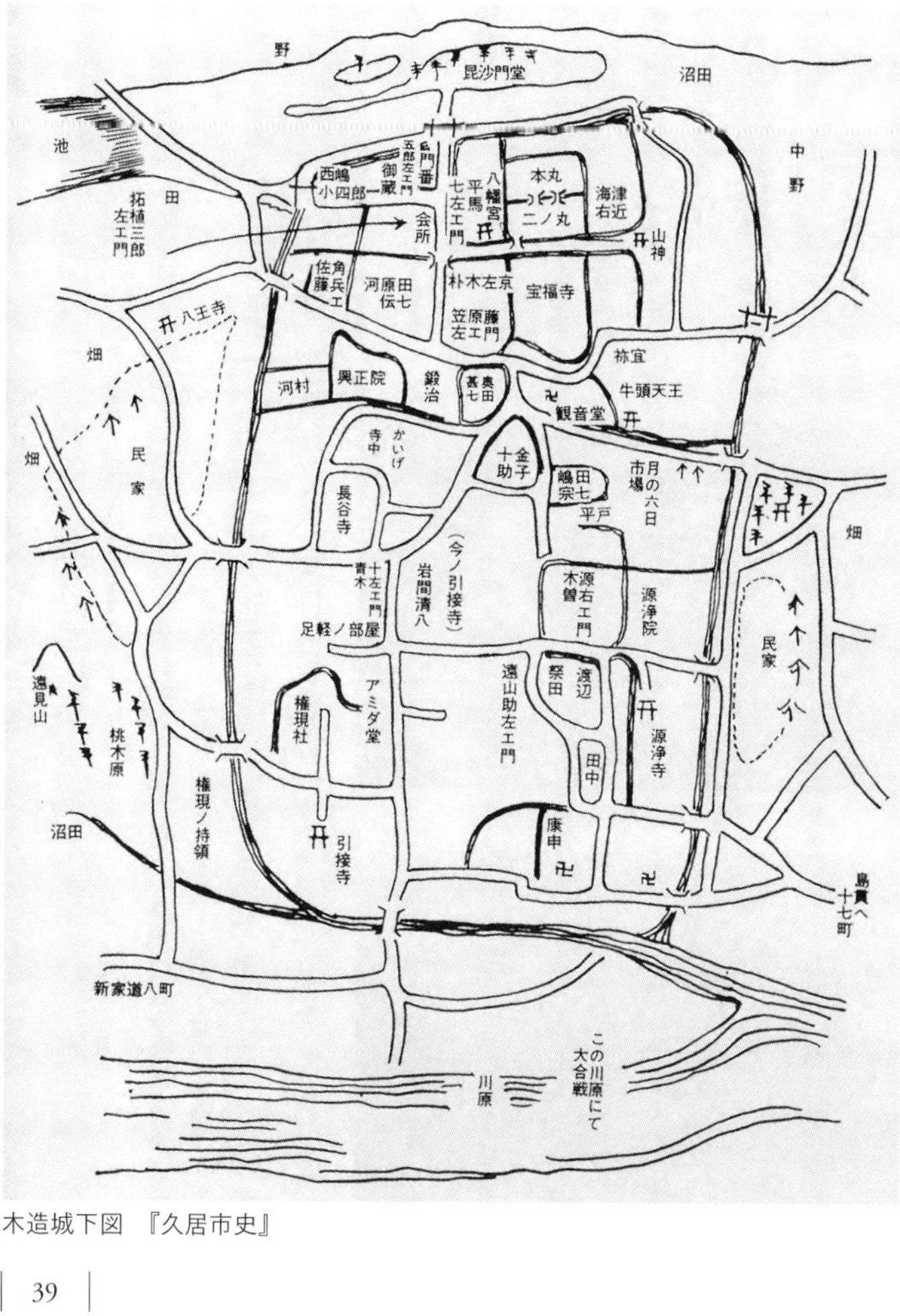

木造城下図　『久居市史』

三重県津市
牧町

牧城
まきじょう

牧氏の居城

文安4年（1447）、木造康重が分家して牧城を築いて以来、川方城とともに木造氏の西の支えとなった。

「康重卿ノ牧ニ城ヲ構ヘテ此所ニヲラシム依之家号ヲ牧ト号スルナリ持康卿ヨリ田中与七、笠原次郎右兵門ヲ付ラル移従ハ文安四年丁卯卯月廿二日ナリ」（『木造軍記』）。

天正12年（1584）5月3日、蒲生軍が牧城に押し寄せ、牧康信らが防戦したが遂には敗れ、自焼して戸木城に逃れた。翌日、蒲生氏郷が牧城に入り、ここに陣を敷いた。

「天正十二年五月三日蒲生弥五左衛門手勢六百余ヲ催シ押寄セケル、牧城ニハ牧康信、家老田中、笠原等侍共ヲ励マシ不惜身命防キ戦ケン、（略）城中小勢防ギ難ク、牧殿舎ヲ自焼シ戸木城ニ退キケル、翌四日氏郷牧城ヲ攻メ取リ此処ニ陣ス」（『戸木篭城合戦記』）

牧城跡

牧城は八柱神社に続く台地上に位置した。かつて城跡は「御殿山」と呼ばれ、長らく畑地であったそうだが、現在は宅地となっている。城の遺構こそないものの、立地からは城の面影を見ることができる。

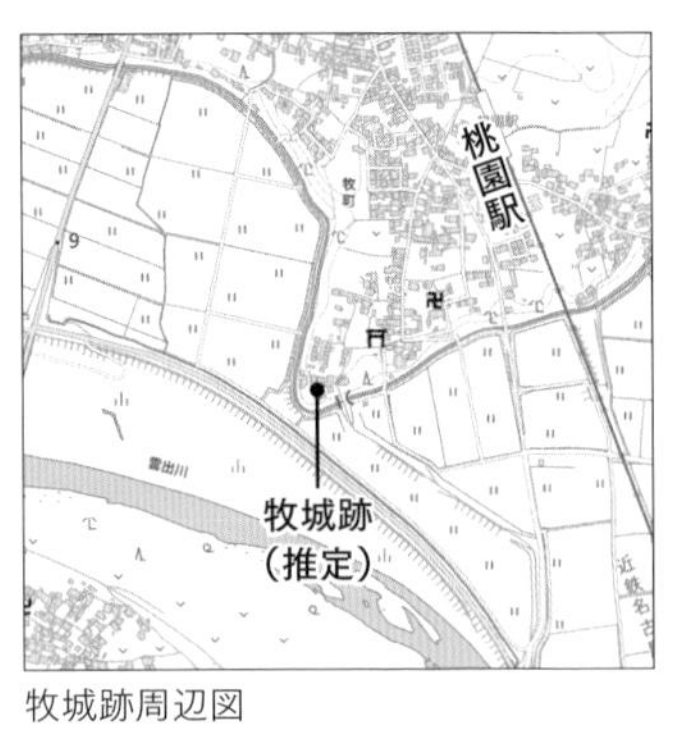

牧城跡周辺図

三重県津市
川方町

川方城

かわかたじょう

川方氏の居城

明応5年（1496）、木造氏6代・政宗が築いた城は弟・康親に与えられ、康親はのちに川方氏を称した。以来、川方氏の居城となり、周囲には諸侍の屋敷が開かれたという。

天正12年（1584）5月、蒲生氏郷は戸木城の支城・牧城を攻め落とし、西進して同じく支城・川方城に迫った。しかし、川方城には戸木城から援軍が送られており、氏郷は城攻めを断念する。

「河方之城ニは戸木之城ゟ加勢之侍数多相篭りけれハ、暫く落城すべき躰ならぬハ、味方之身損し、（略）氏郷下知して引取なり」（『木造記』）。

5月28日、氏郷は川方城に夜討ちをかけた。川方城主・川方隼人佐ら川方勢の応戦むなしく15人が討死、城は落城した。

「同二十八日、蒲生飛騨守氏郷河方之城え、蒲生弥五左衛門・同忠左衛門を大将として、夜討に入給ひける、（略）寄手いきをも継せす相戦けれは、城中不叶して、漸と戸木引取なり、川方篭城之侍河方玉右衛門を始として、雑兵十五人討死ス」（『木造記』）。隼人佐はその後、戸木城に入り、具政らと最後まで戦い抜いた。

川方城に遺されたもの

川方城は雲出川用水のすぐ北、旧街道沿いの栄松寺南西にあり、戸木城と木造城の中間に位置する。現在、城跡周辺は宅地となっているが、竹藪の中にはL字型の土塁が見事に残っている。土塁の上から南の断崖を見ると、容易に近づくことができない城であったことがよくわか

川方城跡周辺図

川方城跡

る。城の北と東側の構造ははっきりしないが、失われてしまった部分も多いと思われる。城の西側にある二重土塁の辺りから栄松寺前の道辺りまでが東西の範囲であろうかと、川方城の規模や立地を確認しつつ、在りし日の姿を想像していた。

「本城ハ河方部落ノ南方ニアリ周囲塁壁ヲ築キ、（略）南ハ松雑木林ノ間ナリ断崖ニシテ雲出川ノ長流田圃ノ中ヲ激ス、北一帯ノ平野ヲ俯瞰シ野辺河方ニハ諸侍居住ス、屈竟ノ要害ニ構フ」（『河方城隼人佐記』）

土塁

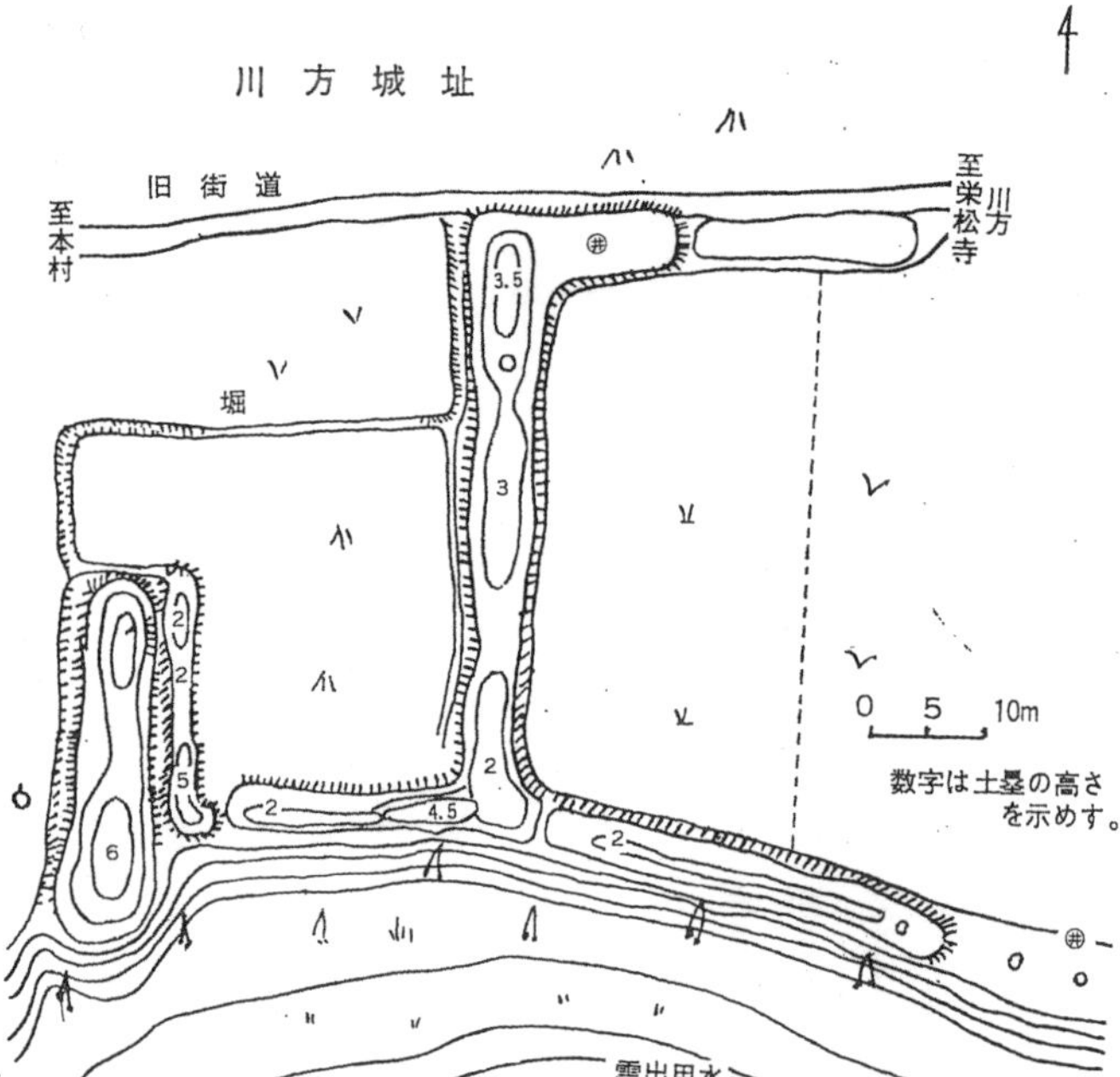

川方城址　『久居市史』

三重県津市
戸木町

宮山城／城山城

みややまじょう／しろやまじょう

戸木城の北の備え 宮山城

宮山城は戸木城と同様、天文年間（1532〜55）に木造具政が築いた城と伝わる。天正12年（1584）5月、蒲生氏郷が木造氏を攻めた際、家所帯刀が風早池の西に陣取り、これを受け木造方の柘植彦次郎・田中道京・海津六郎左衛門らが応戦した。しかし、木造勢は敗れ、宮山城は5月20日に落城した。「家所帯刀ハ北之手にて、風早之池之西に陣取しか、戸木之城より宮山風早大明神也、要害を搆出張しけるを、はて一合戦可励とて、織田信兼と内談ヲ究メ、合図を定、扱手勢を催し、同五月二十日ニ宮山を攻らる、なり、（略）惣軍攻懸りけれは、木造勢破れ軍に成て、本城え引取也、帯刀攻取て、則此山陣取となり」（『木造記』）。家所帯刀は、奪い取った宮山城を戸木城攻めの拠点とした。

戸木城攻めの付城？ 城山城

秀吉は戸木城攻めに入る前、織田信包（小島民部少輔説あり）や田丸直昌に戸木城に対する付城の普請を命じている。「一　木造取出事、ニケ所、民部少輔殿可被仰付事、一　執出一ツ、田丸殿可被申付事、一　同一ツ、榊原可被申付事、以上　右取出之儀、各被相談、城中者一人も不遁之様、普請大夫ニ可被仰付候」（民部少輔・田丸中務丞・榊原宛天正12年4月12日付羽柴秀吉覚書）。城山城はこの時に築かれた砦の一つであった可能性が高い。戸木城の戦いに関する史料には、攻め寄せた羽柴方の織田信包・蒲生氏郷らの布陣が記されている。城山城は出てこないが、この地点にいた人物として信包の家臣・分部光嘉の名が確認できる。さらに、木造家の史料には、付城の城番をしていた諸将が記されているが、その中には分部光嘉、そして宮山城の家所帯刀の名がみられる。「信兼より之ハ分部左京亮・中尾内蔵允・守岡金介・家所帯刀にて、此等を付城に置き」（『木造記』）

宮山城・城山城に遺されたもの

敏太（とした）神社北側の裏山は標高約40ｍの丘

宮山城／城山城跡周辺図

陵となっており、その最高所に宮山城は築かれている。かつて東側は深い谷であったが、今は谷が埋められ住宅地となっている。北東には風早池という溜め池、西には稲代川（大谷川）が流れるという天険の地に城は存在した。しかし、戸木城の出城として大きな役割を果たしていた宮山城は蒲生軍に占拠され、今度は戸木城攻略のための付城という形になり、戸木城に籠る木造勢にとっては大変な脅威となった。宮山城に用いられた築城技術から、蒲生軍の手で城が改修されたとの見方もある。神社境内の左側にある山道を登っていくと、突如土塁が姿を現す。土塁で囲まれた大手道と思しき道は迷路のように折れ曲がり、多方向から狙われている感覚に陥る。稲荷社の祀られている場所が主郭であり、四方の土塁と空堀の一部は良好に残っている。主郭東側の虎口を出ると正面にはII郭、そこから左手に進むとまた土塁と堀による桝形状の通路に出る。宮山城がいかに「折れ」を多用した技巧的な城であったかがよくわかるはずだ。

城山城は宮山城の東方約８００m、標高約35mの丘陵頂部に位置する。東西約50m、南北約80mという小規模な城ではあるが、堀と土塁が方形にめぐり、折れを用いた複雑な構造となっている。主郭の外に広がる曲輪も方形を基本とし、東西南北の四区画に分かれる。宮山城と類似した形をしていることから、宮山城の改修とほぼ同時期に造られたと考えられている。現在、城跡には堀や土塁の一部が残存しているが、未整備の状態のため立ち入りはおすすめできない。

宮山城 空堀

宮山城 主郭

宮山城 空堀と土塁

城山城 土塁

三重県津市
戸木町

戸木城

へきじょう

木造氏の居城

伊勢における信雄方の城が次々と落とされ、羽柴軍の侵攻が順調に進んでいく中で、秀吉は木造具政・長政らが籠る戸木城の攻略に手こずることとなった。

天正12年（1584）6月に羽柴方の蒲生氏郷が南伊勢の領地を得て松ヶ島城に入城した。信雄を追い込む秀吉の戦略の一環として、信頼の厚い氏郷がこの地を任されたのである。しかし、南伊勢には木造氏など信雄方の抵抗勢力が残存していた。そのため、氏郷にとって木造氏との戦いは南伊勢平定の戦であったともいえる。木造氏には本城の木造城があったが、少数の手勢を木造城と戸木城に分けるのはよくないというので、要害の地にある戸木城に籠城することに決めた。

「具政ハ木造の城に楯篭りしか、具政申けるは、僅の勢を二ツに分て、両城に篭り候而者、大敵防き難かるへし、如何有へしと相談し給へハ、具康、尤也、左あらバ要害よく得は、戸木の城へ一所に篭城すへき也とて、具政木造の城を開て、戸木の城に楯篭る」（『木造記』）（＊具康は長政との説も）

難攻不落の城 戸木城

知将で知られる氏郷でさえ攻略できず、信雄方で唯一、戦いが終結するまで落ちなかった戸木城、そこで繰り広げられた戸木城の戦いとは一体どのようなものであったのか。戸木城は天文23年（1554）に木造具政の隠居所（戸木御所）として造営され、天正年間に長政の改修を受けたとされる。南に雲出川が流れ、西は深い谷、北は深田という自然地形を生かして築かれた城であった。

さらに東には大きな堀を設けることで四方の守りを固めていた。「南ハ雲出川城下を流れ、（略）、西ハ谷ふかくそひえ、いなしら川の水湛たり、北は深田にて人馬の行歩自在ならず。東一方は広野渺々として（略）、其内に堀きりの難所を構へし故、大軍たやすく攻入べき様はなし」（『勢陽雑記』）

戸木城跡周辺図

戸木城の戦い

天正12年（1584）5月に入り、蒲

生軍は木造氏の支城である牧城・川方城・宮山城などを落城させ、戸木城に迫った。木造軍約1千人に対して、蒲生氏郷は織田信包を総大将として、約2万の大軍で全方向から攻め掛かった。しかし、具政・長政を含む木造勢の抵抗は激しく、戦いは長期化することになる。木造勢は籠城しつつも、度々巧みな戦術をとり蒲生軍を翻弄した。

8月には、鵜飼のふりをして敵を油断させ攻撃を仕掛けた。9月には、百姓の姿で雲出川南の水田に出向き、稲を刈って兵糧にしようとした。この時、蒲生軍も木造勢の動きを把握しており、そこで小競り合いが起きるが、木造家の家臣・中川庄蔵の奮戦の前に敗走した。氏郷は敵ながら庄蔵の武勇を称え、槍を褒美として贈ったという。しかし、蒲生軍に取り囲まれ、度重なる戦闘で木造方は家臣も次々と討死、兵糧の確保にも苦しんでいた。

このタイミングで蒲生軍としても一気

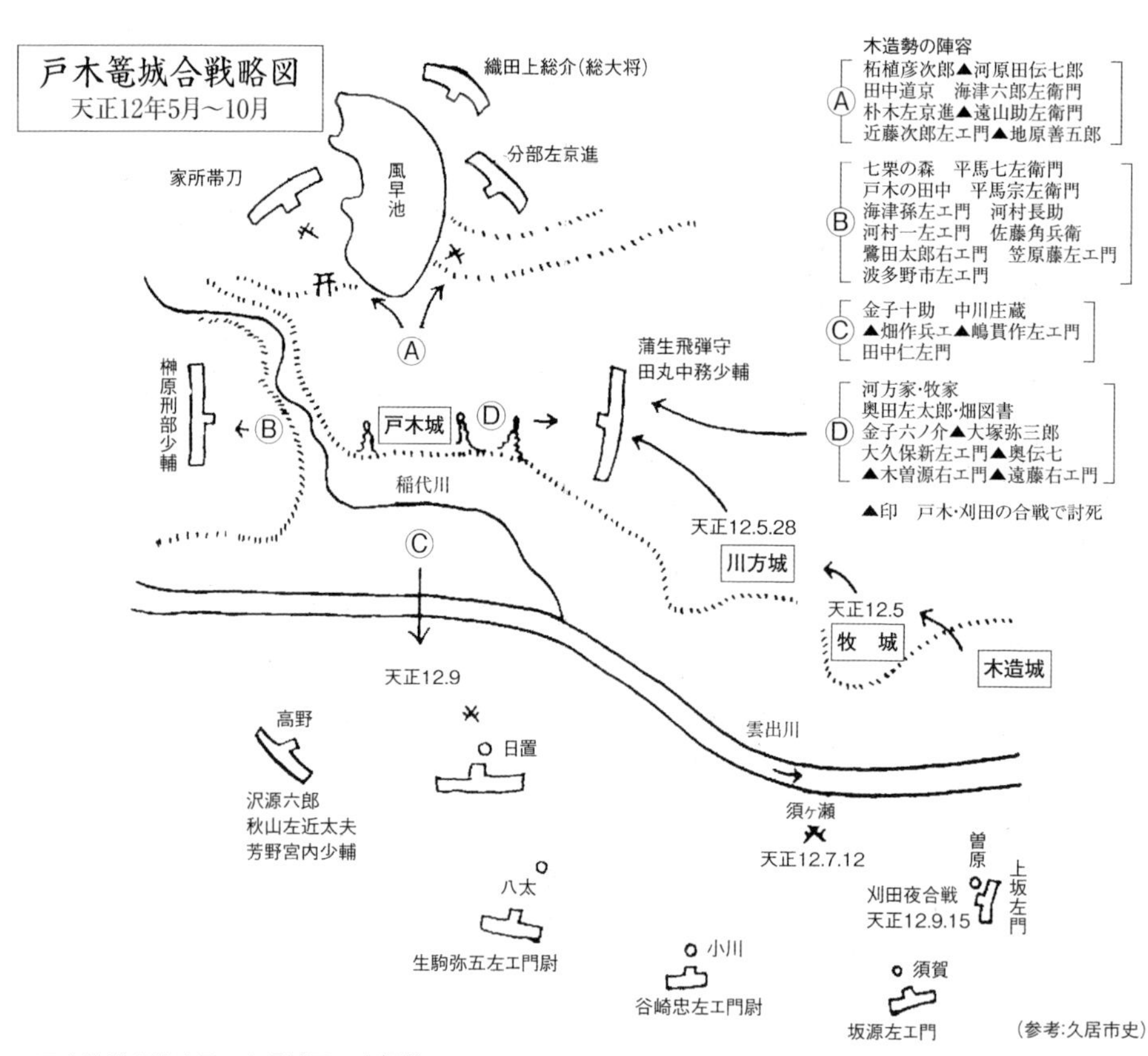

戸木篭城合戦略図　久居城下の会提供

に攻め落としたかったはずだが、そんな折、秀吉と信雄が和睦したのである。ここまで籠城戦で耐え抜いてきた戸木城もついに開城した。氏郷は自領を平定した後、木造家旧臣のうち勇士を召し抱えたといわれる。「一騎当千の勇士、其外隣郷に有合ふ遊客のあぶれ者共、猛威を一度に震ひしかば、寄手毎度利を失ひ、攻屈してぞ見へける」(『勢陽雑記』)

戸木城に遺されたもの

そんな激戦の舞台となった戸木城跡には戸木小学校が建っている。昭和52年(1977)に小学校建設に伴う発掘調査が行われており、大小の溝跡や堀の跡などが発見された。昭和初期には土塁が残存していたとのことだが、現在遺構はなく、戸木小学校敷地内に城址碑と案内板が立つのみである。(関係者以外立入禁止)

少数で大軍を迎え撃ち、最後まで戦い抜いた戸木城。この戦いに計り知れない魅力を感じるのは私だけであろうか。壮絶な戦いが繰り広げられ、且つ難攻不落の城であったにも関わらず、それを物語るものが今何も残っていないというのは悔やまれるが、今後新たな史料が発見され、戦いの実像が明らかになることを願っている。

戸木城全景

石碑

戸木城址　『久居市史』

戸木城発掘調査風景　三重県埋蔵文化財センター蔵

三重県津市
白山町佐田

口佐田城／奥佐田城

くちさだじょう／おくさだじょう

蒲生氏郷と小倭衆との争い

天正年間（1573〜92）、口佐田城は小倭衆（おやまと）の森長越前守の居城であったとされる。蒲生氏郷が南伊勢の所領を得て松ヶ島城に入城した頃、戸木城の木造氏だけでなく、小倭衆もまた氏郷に従わない勢力の一つであった。

天正12年（1584）8月14日、氏郷は戸木城攻めの最中、数千の軍勢を率いて小倭衆の討伐に向かった。口佐田城は氏郷に攻められ、城兵は悉く討死、森長越前守も敗走した。しかし、蒲生軍も家臣らが戦死するという甚大な被害を出した。「蒲生飛騨守同八月十四日率数千之軍兵発向於小倭表、（略）先氏郷囲口佐田城也、諸勢到塀際之時、敵打出於青地之手及合戦、（略）敵悉討死矣、城ノ大将盛長越前守引退」（『勢州軍記』）。

奥佐田城は小倭衆の堀山次郎左衛門の居城であった。口佐田城と同じく奥佐田城が蒲生軍に包囲された際、伊賀にいた元伊勢国司の次男・北畠具親が仲介となり、城を開城させたという。

城主の堀山次郎左衛門も退去し、これにより小倭は羽柴方に平定される結果となった。「氏郷奥佐田の城を取巻、（略）北畠具親卿伊賀国よりはせ来り安保大蔵少輔を使としてあつかハる、により、城主堀山次郎左衛門尉城を渡して引退と云々」（『勢陽雑記』）

口佐田城・奥佐田城に遺されたもの

諸史料に小牧・長久手の戦い時の城主の名は確認できるが、両城とも築城時期、築城者は不明である。口佐田城跡は白山

口佐田城跡（推定）

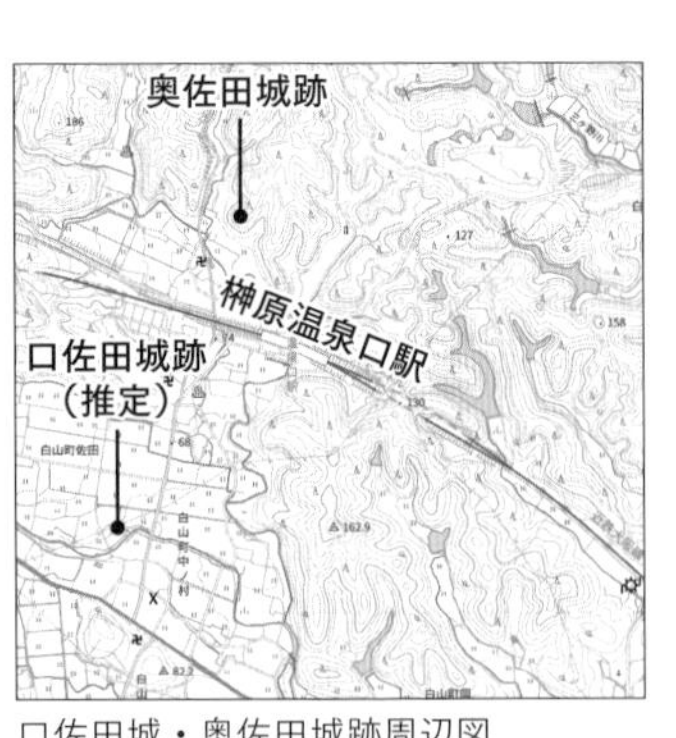

口佐田城・奥佐田城跡周辺図

町佐田の蓮台寺東側といわれるが現地に遺構はない。明治の頃までは高台となっていたそうだが、現在は宅地や畑となり、その形跡は見られない。

ちなみに、平成10年（1998）に行なわれた発掘調査では、建物や井戸跡が発見されている。奥佐田城は近鉄榊原温泉口駅から北方の山の上に存在した。土塁に囲まれた曲輪跡や虎口などが確認できるはずだが、未整備のため立ち入りは難しい。

奥佐田城を望む

三重県松阪市
松ヶ島町

松ヶ島城

まつがしまじょう

松ヶ島城の攻防戦

永禄10年（1567）頃、北畠具教が信長の侵攻に備えて、この地に松ヶ島城の前身となる細首城を築城した。

天正7年（1579）に具教の養子に入った信長の次男・信雄が細首城を改修、松ヶ島城と改称し本城とした。信雄が長島に本拠を移した後は家老の津川義冬が城主となっていた。しかし、天正12年（1584）3月6日、義冬は秀吉に内通したとして、信雄に殺害されてしまう。

それからまもなく、信雄の家臣・滝川雄利が伊賀・小倭衆など数千の軍勢を率いて松ヶ島城に押し寄せ、城の明け渡しを求めた。その後、松ヶ島城を手中に収めた雄利は、同じく信雄の家臣・日置大膳や家康から派遣された服部半蔵らとともに、約三千の兵で城の守りを固めた。

「天正十二年甲申伊勢松ヶ島二、三月十六日ゟ同廿九日迄、羽柴下総殿（滝川雄利）・日除大膳殿・伊賀者籠城仕候」（『伊賀者由緒并御陣御供書付』）

峯城や神戸城など信雄方の諸城を攻略した羽柴軍の蒲生氏郷は、その勢いで3月15日には松ヶ島城へ押し寄せる。「角

松ヶ島城跡周辺図

テ秀吉ヨリ松ヶ島へ討手ニ差向ラレシ諸大名、数万ノ軍兵ヲ雲霞ノ如クタナヒキ、三月十五日松ヶ島へ押寄、二重三重ニ取巻ケリ」（『氏郷記』）。

しかし翌日、秀吉の命で氏郷を含む大勢は尾張方面に移動、残留した羽柴秀長や筒井順慶、織田信包、九鬼嘉隆、田丸直昌らの軍勢が城を攻めた。秀吉の書状からは、九鬼嘉隆率いる九鬼水軍による海上封鎖も含め、城が約2万の羽柴軍に包囲されている様子がわかる。「船手之義者、九鬼、其方此人数以、船を寄、これも柵もかりを結せて、不北様ニ可被仰付候」（田丸直息宛天正12年3月17日付羽柴秀吉書状）。

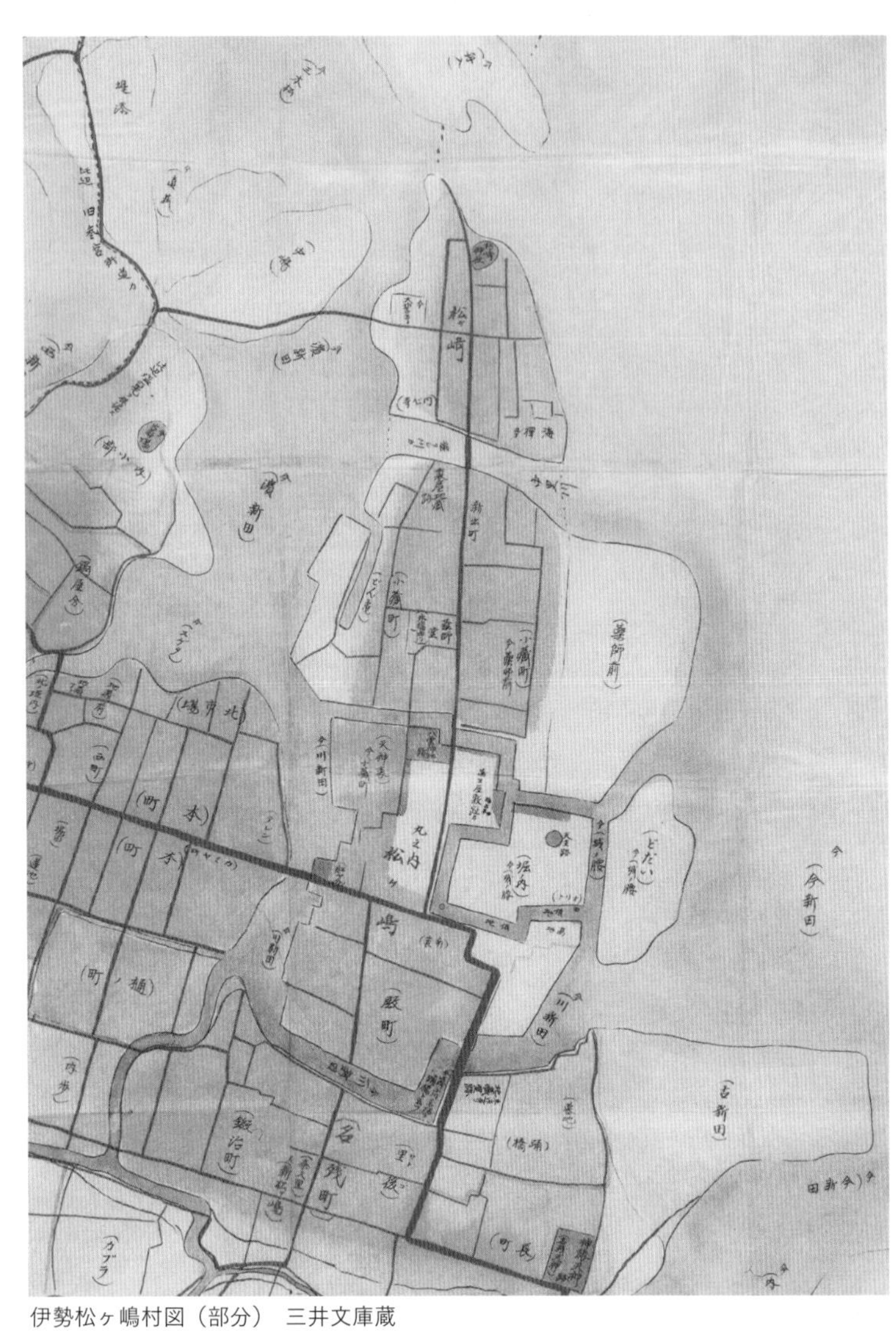
伊勢松ヶ嶋村図（部分）　三井文庫蔵

包囲されて5日後の20日には天守を残すのみとなっていたようだ。「松賀嶋一城瀧川三郎兵衛尉相籠居申候を、市場儀者不及申、惣城乗破、天守計江追上、弐万余ニてとりまかせ置申候事」（池勝入宛天正12年3月20日付羽柴秀吉書状）。松ヶ島城への補給路が断たれたこともあり、4月には秀吉方の手に落ちてしまった。

城主の滝川雄利を助命して、明け渡された城を受け取るよう秀吉からの指示も出されている。6月には氏郷が南伊勢の領地を得て、松ヶ島城に入城した。

松ヶ島城に遺されたもの

城の規模や構造も定かではないが、明治時代初期に作成された『伊勢松ヶ嶋村図』には「堀ノ内・天主跡・丸之内・殿町」といった地名の表記が見られる。絵図からは、松ヶ島城が伊勢湾から引き込まれた水堀で区画されているのがわかる。特に「堀ノ内」は三方を水堀で囲まれ、その中に「天主跡」も確認できることから、本丸に相当すると考えられる。「丸之内」や「殿町」が二の丸・三の丸であろうか、おそらくこの辺りまでが城の中枢部なのであろう。「丸之内」には「蒲生屋敷」があるのも見て取れる。氏郷は天正大地震による城の倒壊や領国経営の面から、新たに松坂城を築城し本拠地を移した。その際、松ヶ島城の部材も再利用されたといわれる。

城跡からは金箔の瓦片や鯱瓦、天目茶碗などの遺物が出土している。現在、松ヶ島城の遺構は失われており、周辺は畑地や宅地となっているが、「天守山」と呼ばれる約20m四方の台地状の地形が唯一残されており、当時の面影を漂わせている。ここは県指定史跡にもなっており、本丸天守台の跡と考えられている。

現地には案内板と地図があり、それを参考にすれば、現在地が水堀で囲まれた区画にいることがよくわかるだろう。天守山に登って当時の海岸線を想像しながら周囲を見渡してみてほしい。秀吉軍の大軍勢があなたの目には映るだろうか。

天守山

蒲生氏郷邸宅跡

松ヶ島城跡出土鯱瓦
松阪市教育委員会蔵

【コラム】九鬼嘉隆と水軍

九鬼水軍の導入

志摩地方で勢力を拡大した九鬼氏は海賊衆として知られ、中でも信長に仕えた九鬼嘉隆は水軍を率いて数々の戦功を挙げた。その功績により、嘉隆は志摩国の大名となる。そんな嘉隆は小牧・長久手の戦いにも参戦している。嘉隆は初め信雄に仕えていたが、滝川一益を通じて羽柴方に寝返ったとされる。「此人（九鬼大隅守）ハ信雄ニ随フ筈ナレ共、秀吉ノ武威ニ恐レテ随心ス滝川ト申合セテ軍船ヲ支度ス」（『小牧陣始末記』）。

九鬼水軍の動向として、3月17日には松ヶ島城の海上封鎖、4月8日には三河中入り作戦で三河国沿岸を襲撃している。「船手之義者、九鬼、其方此人数以、船を寄、これも柵もかりを結せて、不北様ニ可被仰付候」（田丸直息宛天正12年3月17日付羽柴秀吉書状）。「九鬼右馬允も船手ニて彼国へ差遣候事」（惟越州宛天正12年4月8日付羽柴秀吉書状）。また、4月17日には三河に侵入し、渥美半島を放火するなど、家康に対して嫌がらせともとれる行動を起こしている。「天正十二甲申 四月十七日、九鬼殿舟百艘ニて出、内海ヲハタサシ、吉五（胡）迄放火、面ハ和地迄放火」（『常光寺年代記』）。6月16日には、滝川一益とともに伊勢湾から蟹江城に侵入した。このように秀吉は小牧・長久手の戦い時に九鬼水軍を度々導入し、陸海両面から織田・徳川領への侵攻を図っている。

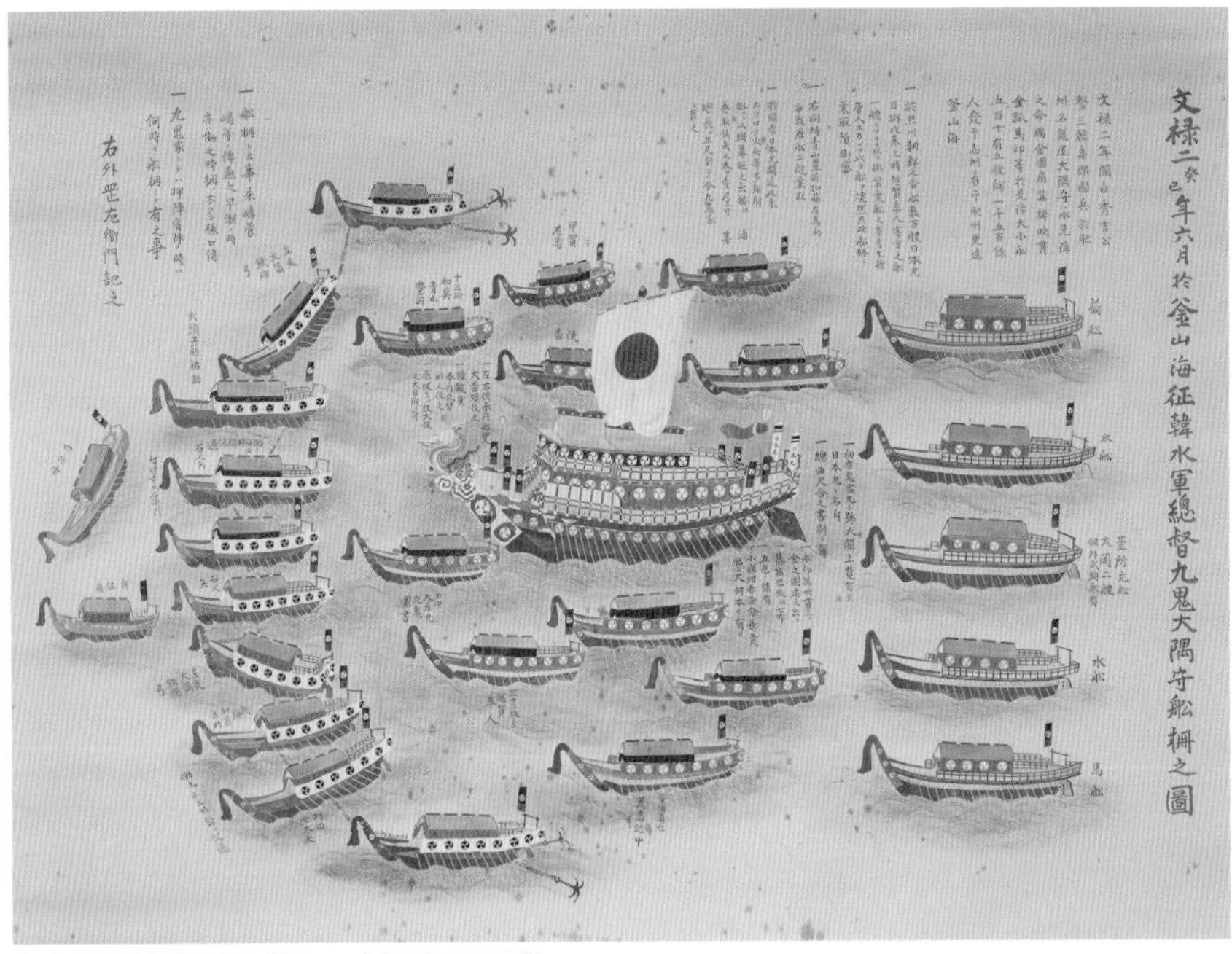

九鬼大隅守船柵之図（模）　大阪城天守閣蔵

愛知

愛知県犬山市
犬山北古券

犬山城
いぬやまじょう

犬山城 『小牧山合戦史跡写真帖』 小牧市図書館蔵

池田恒興の犬山城占拠

築城に関しては諸説あるが、天文6年（1537）に織田信長の叔父・信康が木之下城から城を移して築いたと伝わる。天文16年（1547）、信秀の稲葉山城攻めで信康が討死した後、子の信清が城主となった。信清が信長と対立したことで犬山城は攻められ落城。その後、信長の家臣・池田恒興が入城した。本能寺の変後は信雄領となり、信雄の家臣・中川定成に預けられた。小牧・長久手の戦いが始まってまもなく、定成は伊勢に出陣、留守居として叔父・清蔵主（せいぞうす）が城を任されていた。

清蔵主戦死ノ地
『小牧山合戦史跡写真帖』
小牧市図書館蔵

犬山城周辺図

天正12年（1584）3月13日の夜、池田恒興・元助らが木曽川を渡り、犬山城背後の急峻な崖側から城に侵入した。池田軍は木曽川を挟んで犬山城の対岸にある宇留馬（うるま）（鵜沼）の川辺に待機し、戌の刻（19～21時頃）に20艘の船で川を渡り、城の水ノ手口から攻め入ったとされる。「十三日ノ夜、勝入父子宇留馬河辺ニ至リ、暫ク猶予ス、兼

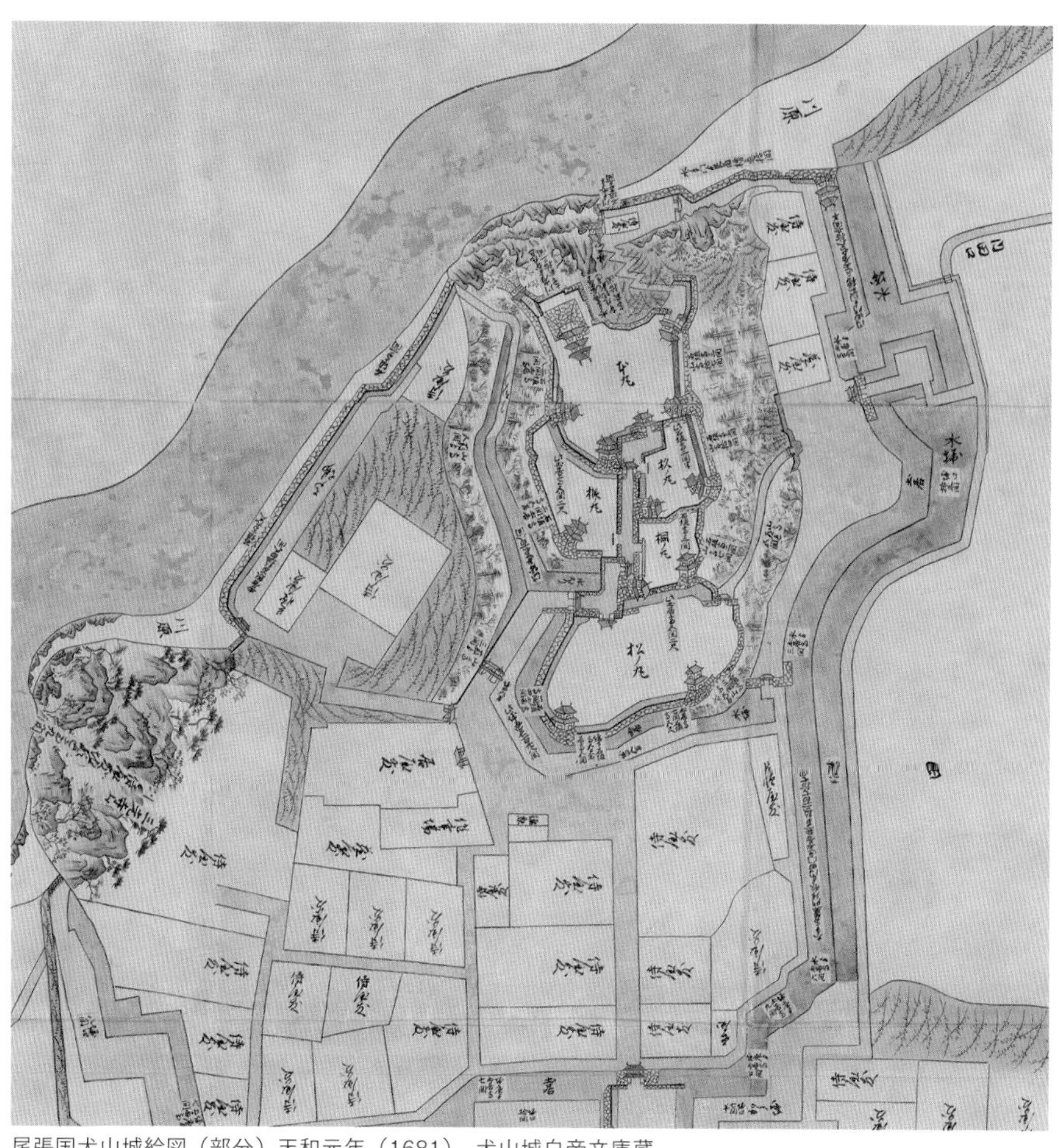
尾張国犬山城絵図（部分）天和元年（1681）　犬山城白帝文庫蔵

テ獵船廿艘用意シ、大豆戸ノ渡迄遣ハシ置ケレハ、戌刻ニ及テ、池田紀伊守元助等是ニ乗テ河ヲ渡シ、朦朧タル夜ヲ幸トシテ、犬山城ノ坂下水ノ手ロヨリ忍入、関ヲ発シケレハ、城中大ニ周章ス」（『武徳編年集成』）。かつて犬山城主であった恒興は少数でも城を落とす方法や本丸に最短で至るルートなどをすべて把握した上で木曽川から攻める作戦を実行したのだろう。清蔵主は池田軍を相手に奮戦するも討死、犬山城はわずか一日で落城してしまった。「勘右衛門尉か叔父清蔵主、竪横十文字に切て廻り、八字に追廻ししか共、多勢人替々々攻入、終に清蔵主をも打捕てけり」（『太閤記』）。この恒興の犬山城攻略は、秀吉にとって尾張侵攻の足掛かりとなる手柄であったため、秀吉が恒興の母（養徳院）に対して、恒興に尾張国を与えることを約束した書状もある。これにより秀吉は3月27日には尾張国内に入り犬山城に着陣した。

犬山城に遺されたもの

犬山城といえば、尾張徳川家の付家老・成瀬家の城で知られ、「国宝」の現存天守は全国的な知名度がある。だが、小牧・長久手の戦い時、犬山城代であった清蔵主が池田軍を相手に敢闘したことにもどうか注目してほしい。現在、犬山城の城前広場には清蔵主が戦死したと伝わる場所に顕彰碑が立っている。ここは素通りされてしまう印象であるが、犬山城での戦いを物語る上で貴重な場所だ。『犬山里語記』によれば、清蔵主の討死場所は「西谷坂口」であったという。西谷とは城山の西の麓のことである。この辺りで清蔵主は息絶えたのであろうか。清蔵主が住職を務めていた龍泉院に墓があり、山門の前には案内板も設置されている。また以前、犬山市の特別な許可のもと、犬山城背後の水之手櫓周辺を視察した。断崖の近くには本丸に通じる七曲道があり、ここは池田軍が通った可能性も考えられる裏ルートであるが、真相は謎に包まれている（現在、七曲道は立入禁止エリア）。ここから池田軍の気持ちで本丸に至ることは叶わないが、後堅固の構造や木曽川に着目して犬山城を見てみると、また新たな一面に出会えるかもしれない。

犬山城 空撮　犬山市観光協会提供

天守方面から見た七曲道
犬山城白帝文庫提供

中川清蔵主 顕彰碑

愛知県犬山市
羽黒城屋敷

羽黒城

はぐろじょう

梶原家ゆかりの地

磨墨塚史跡公園。巨大な馬の遊具がある公園の名称や地名からピンとくる人もいるかもしれない。羽黒は源頼朝の愛馬「磨墨」と密接な関わりを持つ場所だ。磨墨は頼朝から梶原景季（景時の嫡男）に与えられ、元暦元年（1184）の京都宇治川の戦いの折、佐々木高綱の名馬「池月」と先陣争いをしたことで知られる。頼朝に仕えた有力御家人の一人である梶原景時は頼朝の死後、鎌倉から追放された。京に向かう途中で襲撃に遭い、景季や景高（景季の弟）ら一族は悲惨な最期を遂げる。そんな中、景時の孫・景親は家臣に守られ、磨墨を伴って乳母・隅の方の生地であるこの地に落ちのびた。隅の方が亡くなると、時を同じくして磨墨も死んでしまった。その磨墨を弔った塚が「磨墨塚」と伝わる。その後、建仁年間（1201～1204）に景親がこの地に城を構えたことに始まり、信長に仕えて羽黒3千石の領主となる景義の代まで梶原家の居城となった。しかし、本能寺の変で景義が信長に殉死したことで断絶した。

羽黒城趾　『小牧山合戦史跡写真帖』
小牧市図書館蔵

戦火に巻き込まれた羽黒

天正12年（1584）3月17日に起きた八幡林の戦いにより、羽黒一帯は戦火に見舞われ、羽黒城も焼失してしまった。「羽黒ニ旧塁アリ、森カ先手ハ八幡林ニ備ユ、羽黒ノ前方ニ梶原某ト云フ者居ル由、今ニ於テ其跡ヲ梶原屋舗ト云フ」（『小牧陣始末記』）。その後、秀吉は山内一豊らに命じて、城を再構築させた。諸史料には、一豊や堀尾吉晴らが城を守備したとある。「秀吉築羽黒旧塁使山内猪右衛門伊藤掃部助堀尾吉晴守之」（『豊臣秀吉譜』）。

羽黒城跡周辺図

長久手の戦い後も、羽黒城の普請と城番について油断なく行うよう秀吉から指示が出されている。「其許普請番等不可有油断候」（伊藤掃部介・山内伊右衛門宛天正12年5月15日付羽柴秀吉書状写）

羽黒城に遺されたもの

城跡は羽黒駅北西に位置する。古墳と思われる土盛りを一部利用して、城は築かれていた。平成24年（2012）には発掘調査が行われ、堀や土塁といった城跡に伴う遺構も確認されている。調査で確認された城の北側に残る堀と土塁に関して、堀は圃場整備の時に埋め立てられ、道路として整備されてしまったが、土塁はまだ残存している。また、梶原家の菩提寺である興禅寺の境内にも一部土塁があり、残存具合は良好である。

八幡林の戦いで寺は焼失したが、慶長7年（1602）、犬山城主・小笠原吉次の寄進によって、城主の居館付近に興禅寺が再興された。寺の墓地ではかつて居館内で祀られていたと伝わる五輪塔も見ることができる。

現在、城跡は竹藪となっており、散策時期には十分注意したい。私が夏場に訪れた際、おびただしい蚊の軍勢を引き連れて歩いた記憶がある。

石碑

羽黒城 遠景

梶原一族の五輪塔

興禅寺に残る土塁

八幡林古戦場

愛知県犬山市羽黒八幡

八幡林の戦い

池田恒興が犬山城を占拠した後、森長可が約3千の兵を率いて犬山から南下、秀吉の家臣・尾藤甚右衛門知宣らとこの地に布陣した。一方、家康は長可の進軍に対応するため、桑名方面に向かっていた酒井忠次・奥平信昌ら約5千の兵を派遣、信雄の家臣・天野雄光が案内役を務めた。徳川軍は3月17日未明には羽黒（現・犬山市羽黒高橋付近）に到着、陣を整え夜が明けるのを待った。両軍は川を隔てて対陣していたが、奥平隊が森軍の騎馬武者を狙撃したのをきっかけに、川を越えて攻めかかった。「信昌先鋒ノ第一タリ、（略）時ニ長可ノ卒馬上ニ其陣前ヲ周旋シテ令ヲ布ク、其状甚タ勝レリ、信昌ノ曰ク、誰カ渠ヲ討ツ者アラン、奥平喜七郎声ニ応シ銃ヲ放テ之レヲ斃ス」（『奥平家譜』）。奥平隊と森軍の間で激しい戦闘が行われる中、酒井隊は森軍の側面に回り込み、攻撃を仕掛けた。一説によれば、この時忠次は「轆轤引」戦法で森軍を攻め立てたといわれる。酒井隊と奥平隊が交互に攻めかけては撤退を繰り返し、森軍の陣形を崩すというものだ。「轆轤引は酒井ハ右、奥平ハ左備へなり、酒井右の方より進て掛りけるに、森か人数いれて居る故に進ミ掛る所を、酒井勢暫く戦て、引退を急に追来る時に左の方より、奥平勢進ミ掛る故、酒井勢を追捨、奥平方へ切て掛れは、酒井勢取て返し討て掛る故、森か勢崩立て敗軍す」（『長久手合戦記』）。不意の攻撃を受けて混乱した森軍は後退し、体勢を整えようとするが、敗走と勘違いして逃げ出す者が続出した。大須賀康高の部隊は八幡林東の山麓沿い（現・犬山市羽黒朝日）に伏兵として待機、金山へ逃れようとする森軍を襲撃した。長可は討死覚悟で戦おうとするが、家臣らが必死になだめ、金山に引き上げたといわれる。この戦いで森軍は3百余が討ち取られたと記録に残る。

天野周防守が森軍を襲う様子　『犬山視聞図会』　国文学研究資料館蔵
https://kokusho.nijl.ac.jp/biblio/200018467/

古戦場に遺されたもの

現在の犬山市立羽黒小学

羽黒川　『小牧山合戦史跡写真帖』　小牧市図書館蔵

八幡林　『小牧山合戦史跡写真帖』　小牧市図書館蔵

両軍合戦地　『小牧山合戦史跡写真帖』　小牧市図書館蔵

西軍ノ屯セシ八幡林ノ東面　『小牧山合戦史跡写真帖』　小牧市図書館蔵

八幡林古戦場（羽黒八幡宮）

羽黒朝日　『小牧山合戦史跡写真帖』　小牧市図書館蔵

校付近一帯が八幡林古戦場にあたる。両軍は川を隔てる形で対峙していたと諸史料に記されるが、これは五条川（幼川）のことだと思われる。現在、川は八幡林の北側を流れているが、天保12年（1841）の『羽黒村絵図』には、現在の流路とは異なり、八幡林よりも南側を流れるよう描かれている。江戸時代に起きた洪水で川筋が変わってしまったらしい。また、この戦いで周辺にあった羽黒城や興禅寺などが戦火に巻き込まれて焼失したと伝わる。このあたり一帯は、昭和20年代まで松林が広がっていたそうだが、今は学校や閑静な住宅地となり、昔の面影は残っていない。しかし、羽黒八幡宮が鎮座するスギ林の中では、わずかに古戦場の雰囲気を感じることができるので、戦場の真ん中に立って当時の光景を思い浮かべてみてほしい。

野呂塚（愛知県犬山市羽黒前川原）

八幡林古戦場の東側に「野呂助左衛門之碑」と刻まれた大きな石碑がある。野呂助左衛門宗長は、森長可の家臣で豪傑として知られた人物だ。八幡林の戦いで長可が敗走するとき、助左衛門は追ってくる徳川勢の前に立ちふさがり、大太刀を振るって敵を蹴散らした。助左衛門は次々と押し寄せる新手を前に奮戦したが、最終的に松平家信に討ち取られた。討死場所は現在の羽黒段ノ上あたりと伝わる。そんな父の姿を見た嫡男の助三郎も父の敵を取るため戦ったが命を落とした。助三郎はこの戦いが初陣であったとされる。「野呂助左衛門、羽黒山際ニて取て返し、追来る敵七八騎突倒て、犬山の方へ引とらんとするを、奥平の手ゟ又七八騎追懸る、（略）其身も疲れけれハ、大息つきて居ける処ニ、（略）度々の戦ニ心力労れ、野呂助左衛門・助三・汲田九助等一処ニて、終ニ討死ける」（『森家伝記』）。

大正7年（1918）、野呂父子を供養した野呂塚に当時の羽黒青年会が顕彰碑を建てた。昭和14年（1939）頃までは、犬山市立東部中学校付近に「助左衛門戦死跡」と書かれた高さ1mほどの標柱があったそうだ。しかし、昭和19年（1944）に完成した新郷瀬川の工事の影響で所在不明になってしまったという。現在、野呂塚には案内板や幟も立っており、年一回慰霊祭も行われている。塚は地元で大切に守られ、彼らの戦いぶりは今でも語り継がれている。

野呂助左衛門戦死ノ碑
『小牧山合戦史跡写真帖』
小牧市図書館蔵

松平家信と野呂助左衛門が組み合う様子　『犬山視聞図会』
国文学研究資料館蔵　https://kokusho.nijl.ac.jp/biblio/200018467/

野呂塚

愛知県犬山市
城山

楽田城

がくでんじょう

羽柴秀吉軍の陣城

楽田城は永正年間（1504〜21）に尾張守護代・織田弾正左衛門久長によって築城されたと伝わる。永禄の頃は犬山城主・織田信清が有していたが、信長と対立し追放された。その後、信長の家臣・坂井政尚、梶川高盛と城主は変わっていく。そんな楽田城は小牧・長久手の戦いの際に改修され、秀吉の本陣が置かれるほどの城へと変貌。「秀吉ヤカテ楽田ニ営ヲカマヘ要害ヲナシテ、諸手ノ陣トラシメ、秀吉モ犬山ヨリ楽田ニ出張也」（『武家事紀』）。秀吉の大軍勢は楽田城とその周辺の砦に駐屯した。「惣軍十弐万余、山野ニ充満し、夜ニ入バ篝火の影夥しく、晴夜の星の如し」（『四戦紀聞尾州長久手戦記』）。楽田近辺では度々小競り合いが起きている。6月28日には徳川軍が小牧山から物見のため楽田まで進出した。「六月廿八日、癸酉、かくてん筋へ小牧衆物見ニ出候へハ」（『家忠日記』）。9月には徳川軍の松平家忠らが楽田付近に出撃して刈田を行っている。

楽田城に天守？

小瀬甫庵（おぜほあん）の『遺老物語』によると、楽田城は初期天守を有した城であったとされる。甫庵といえば、『太閤記』を著したことで有名だ。「永禄以来出来初之事」には、「殿守の起こりは永禄元年（1558）春の事なり、尾州楽田の城を敵不意に攻め入し事有し時、城主の父家督の後、殿守と名を替えて城中に高さ二間余に垣を築き、其上に五間七間の矢倉を作り、真中に八畳敷の二階座敷をこしらへ、八幡大菩薩・愛宕山権現を勧請し奉り、常に信行有し也」と記されている。だが、根拠となる一次資料はなく、刊行年（享保18年（1733））や建物の描写からしても、想像によるものと思われるが、未だ謎に包まれている。土壇は昭和の校地拡大で消滅したが、五間七間の平面の想定は可能であったとのことだ。

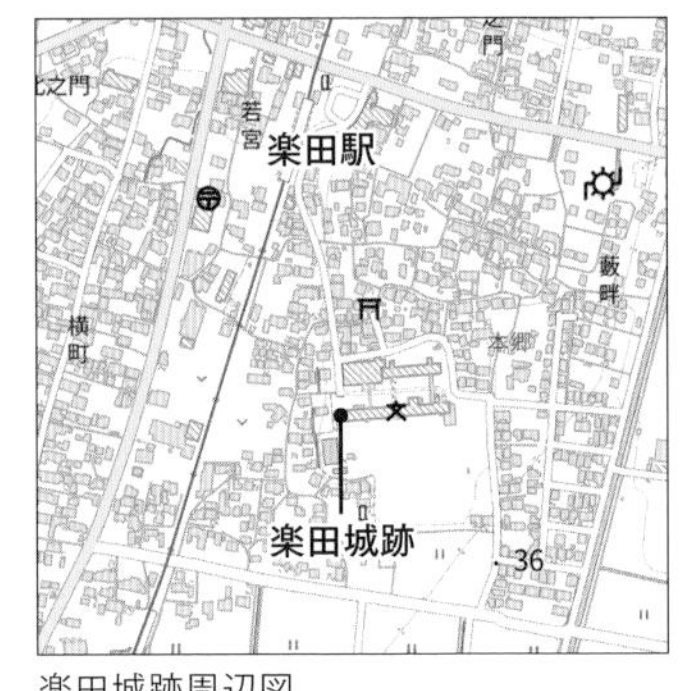

楽田城跡周辺図

楽田城に遺されたもの

秀吉の陣城というからには、さぞ壮大な城であったにちがいない。期待して現地を訪れてみると、そこは犬山市立楽田

秀吉公の軍勢 楽田村に野陣の図　『尾張名所図会』後編六
愛知県図書館蔵

小学校となっている。どこに城があるのかと疑問に思うかもしれないが、その小学校一帯こそがまさに城跡である。校門前の土盛りの上に「楽田城址」の石碑が立っている。残念ながら城跡を偲ばせるものはこれしか残っていない。かつて秀吉が本陣を置き全軍を統括した城であったにも関わらずである。以前は城の遺構と思われる土壇（校地の南東隅）や堀があったが、それも昭和54年（1979）の小学校運動場拡張の際に削平されてしまった。

楽田城址　『小牧山合戦史跡写真帖』
小牧市図書館蔵

『丹羽郡楽田村古城之図』や『楽田村史』にある「楽田城平面図」によると、規模は南北130間（約236m）・東西120間（約218m）で城の四方は堀や土塁で囲まれていたことがわかる。現在、小学校を囲んでいる道が堀の名残と思われ、高低差も確認できる。一度堀と言われれば、もう堀にしか見えなくなるだろう。また、城の北側には「小城」という四角形の曲輪が確認でき、楽田城の一部か出城のようなものと思われる。須賀神社の境内付近が「小城」であり、「楽田城小城址」の石碑もある。その他、城の北や南西には旧道も残されている。絵図・地籍図と現状の姿がほぼ一致している点には驚かされるばかりだ。

　楽田城の門の跡からできたであろう地名「北之門」「裏之門」にも注目したい。「北之門」の近くの「横町」に北門の石碑がある。地名と石碑の場所は一致していないが、このあたりに門が存在したことは想像できる。現在は住宅地にある空き地の中に「楽田城北之門旧跡」の石碑が立っている。「裏之門」は城の搦手口があった場所だと思われ、「楽田城裏門旧跡」の石碑は民間の駐車場の片隅、電柱のふもとにひっそりとある。また、「楽田城南門旧跡」の石碑も本町の烏杜天神社にあるので、こちらも見逃せない。実際、それぞれの門の跡まで歩いてみると、楽田城がいかに規模の大きい城であったか肌で感じることができるだろう。また、城跡の南に広がる田畑からは小牧山や羽柴軍の砦も一望できるので、自分の目で距離感などを確かめてみるといい。

かつては広大な城域を誇った城にも関わらず、今となってはその姿をまったくと言っていいほど、留めていないのが悔やまれる。しかし、断片的にではあるが、その痕跡はあちこちに散りばめられている。楽田小学校の校歌にも「城山」が歌われている。城の名残探しが「楽」しい楽田城ではあるが、あまり学校の周辺をうろうろすると不審者とまちがわれてしまうことがあるので、そこは注意したい。

丹羽郡楽田村古城之図　名古屋市蓬左文庫蔵

旧道

楽田小学校

裏之門 石碑

小城

常福寺

愛知県犬山市北大門

常福寺

天正6年（1578）、楽田城主・梶川弥三郎高盛が両親の菩提を弔うため寺を建立した。これが常福寺の起源とされる。犬山市指定文化財の梶川高盛の肖像画が所蔵されていることでも有名だ。常福寺は小牧・長久手の戦い時に焼失したと伝わるが、時期や経緯もはっきりしていない。秀吉が楽田城を陣城としていることから、寺が出城のような形で利用されたか、あるいは小競り合いの中で戦火に巻き込まれたか、いくつかの可能性が考えられる。常福寺は寛永16年（1639）に再興されるが、風水害に遭い、安永4年（1775）に常福寺洞から現在地に移された。山門は楽田城の裏門を移築したと伝わるもので近年まで残っていたが、解体されてしまったそうだ。

物狂峠（愛知県犬山市）

死に物狂い？で逃げたのは……

楽田城跡からまっすぐ東に大縣神社への参道（県道177号線）を進むと、途中分岐して小牧市池之内へと出る峠道（県道195号線）がある。この峠道はかつて「物狂峠」と呼ばれていた。「**本庄村ノ北裏ニ物狂坂ト云フアリ、是ヲ越シテ池ノ内村ヘ出テ**」（『小牧陣始末記』）。名称の由来は、長久手の戦いで敗れた池田・森軍の兵士たちが死に物狂いでこの峠を敗走したという説、池田・森軍がこの峠を越えて三河へ向かう（三河中入りの）際、兵士たちの様子が物狂おしかったという説など異説もある。現在、峠道は整備され、多くの車が行き交う道となっている。以前は「物狂い」と呼ばれた少し不気味な峠道、今その雰囲気は微塵も残っていない。

物狂峠

山路遥々物狂坂ニ入ル　『小牧山合戦史跡写真帖』　小牧市図書館蔵

青塚砦（あおつか）（愛知県犬山市青塚）

森長可の改修？

愛知県内で断夫山古墳（熱田区）に次いで２番目に大きい前方後円墳、それが青塚古墳だ。青塚砦はその古墳を利用して築かれた砦である。八幡林の戦いの後、森長可が約３千の兵で陣を敷いたといわれる。「**青塚城則森武蔵守長一其兵三千**」（『豊臣秀吉譜』）。しかし、秀吉の書状には稲葉一鉄が在番と記されており、岩崎山砦と交代で守備したのか、守将については諸説ある。「**其節為先手森武・岩渓・山窪・稲葉伊豫・青塚其外諸勢拾町拾五町ニ陣持せ申候**」（木曽義昌宛天正 12 年 3 月 29 日付羽柴秀吉書状）。秀吉自身も墳丘に登って見物したと伝わる。

青塚砦に遺されたもの

古墳は遺構面に土をかぶせ笹を植えているため、整備前のものとは異なる。古写真を見ると、後円部の最上段がかなり狭く、斜面も急になっている。古墳調査の結果、墳丘を削って崖状にする、平坦面を幅広くするなど、小牧・長久手の戦い時に改変したと思われる痕が確認された。古墳を利用して城や砦にした例は数多いが当時の人々は墓を壊すといった行為に対して何も感じるところがなかったのであろうか。確かに規模の大きい古墳は城や砦にするには最高の物件だったにちがいない。周辺の様子が見渡せるだけの高所を容易に確保でき、普請の面でもそこまでの労力を必要としなかったであろう。

現在、青塚古墳は国指定史跡となり、史跡公園として整備されている。公園内には青塚古墳について学ぶことができるガイダンス施設があり、古墳から出土した遺物なども展示されている。古墳周辺を散策しながら砦のことばかり考えていると、次第に古墳が砦にしか見えなくなる病に罹ってしまうことだろう。以前、大縣（おおあがた）神社の特別な許可のもと、お祓いをしたのち古墳の上に登ったことがある（＊青塚古墳は大縣神社の境内）。普段古墳に登ることはできないが、定期的にボランティアで草刈り活動が行われており、これに参加すれば古墳の上からの景色を望むこともできる。特典として、こんなに魅力的なものはない。

青塚古墳から小牧山を望む

青塚古墳

青塚古墳調査風景　犬山市教育委員会蔵

徳授寺

愛知県犬山市南古券

山門

文明8年（1476）、柏庭宗松が建立したと伝わる。宗松は木之下城主・織田広近と一族であったとする見方もあるが、定かではない。小牧・長久手の戦い時、池田恒興と森長可が徳授寺にやってきて、戦後必ず再建するとの約束で、寺の本堂と塔頭のほとんどを青塚砦に持ち去ったと言われている。解体した木材を砦の普請に使用するつもりであったことは明白だ。結果的に長久手の戦いで両武将が戦死したため、この約束が果たされることはなかった。その後、徳授寺は一時荒廃したが、可児市の常楽寺を移す形で伽藍（がらん）が復興された。徳授寺は別名「赤門寺」と呼ばれ、赤色の美しい山門は江戸時代のものであり、当時の面影を今に伝えている。

内久保砦（うちくぼ）（愛知県犬山市内久保）

蜂屋頼隆・金森長近ら約３千の兵が守備したとされる。「**内窪山城則蜂屋出羽守頼隆金森五郎八其兵三千**」（『豊臣秀吉譜』）。現在、名古屋経済大学がある場所が内久保山であり、麓の三明神社周辺が砦跡と伝わる。諸史料には外久保砦と区別して記されているため、どうも砦自体は存在したようだ。確かにこの地点は秀吉の陣城である楽田城にも近く、眺望も効くため砦があってもおかしくない。この場所からは今でも外久保砦と小松寺山砦がよく見えるので、位置関係や距離感を確認してみるといいだろう。現地に遺構はなく石碑もないが、砦らしい雰囲気は漂っている。神社の入口に聳える樹齢約 250 年のシイの木は圧巻だ。

内久保砦跡

内窪山砦趾　『小牧山合戦史跡写真帖』
小牧市図書館蔵

愛知県丹羽郡
大口町城屋敷

小口城

おぐちじょう

小口城の変遷

長禄3年（1459）、小口城は織田遠江守広近によって築城された。広近は犬山の木之下にも城を築き、美濃に対する拠点とした。『信長公記』によると、永禄年間（1558〜69）に信長が小口城を攻めた時、犬山城家老の中島豊後守が城主であったとされる。そんな小口城は小牧・長久手の戦い時、羽柴軍によって改修され、四方に二重の堀や土塁、馬出、桝形状の虎口などが設けられた。守将としては、尾藤甚右衛門の名が残る。長久手の戦いで大敗した秀吉は各地に主要な武将を再配置、小口の采配は稲葉一鉄に預けられた。6月28日には、楽田へ偵察に出た徳川勢と小口衆との間で小競り合いが起きているが、小口城は攻められていないようだ。「廿八日、癸酉、かくてん筋へ小牧衆物見ニ出候へハ、小口衆出候て、味方十人計うたれ候、敵も四五人討捕、敵馬十五六とり候」（『家忠日記』）。秀吉と信雄の講和後、城や砦は処分され、小口城の柵は犬山、兵糧は長島に移され、その役割を終えた。

小口城に遺されたもの

現在、城跡は小口城址公園として整備され、付近は閑静な住宅地となっている。園内には展示棟や物見櫓が建ち、門、塀、橋などが再現されている。展示棟の中には、小口城の歴史がわかる解説パネルがあり、展示資料も充実している。平成6年（1994）・8年（1996）に「やぐら台」と思われる場所（現在の城址公園）の発掘調査が行われ、礎石や井戸・野鍛冶炉跡が発見された。平成22年（2010）には、大口北小学校の移転に伴

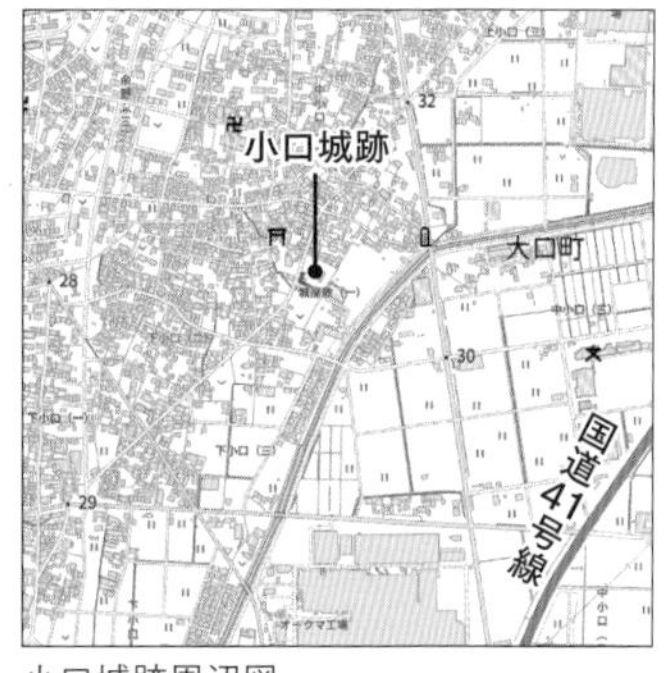

小口城跡周辺図

小口城址公園

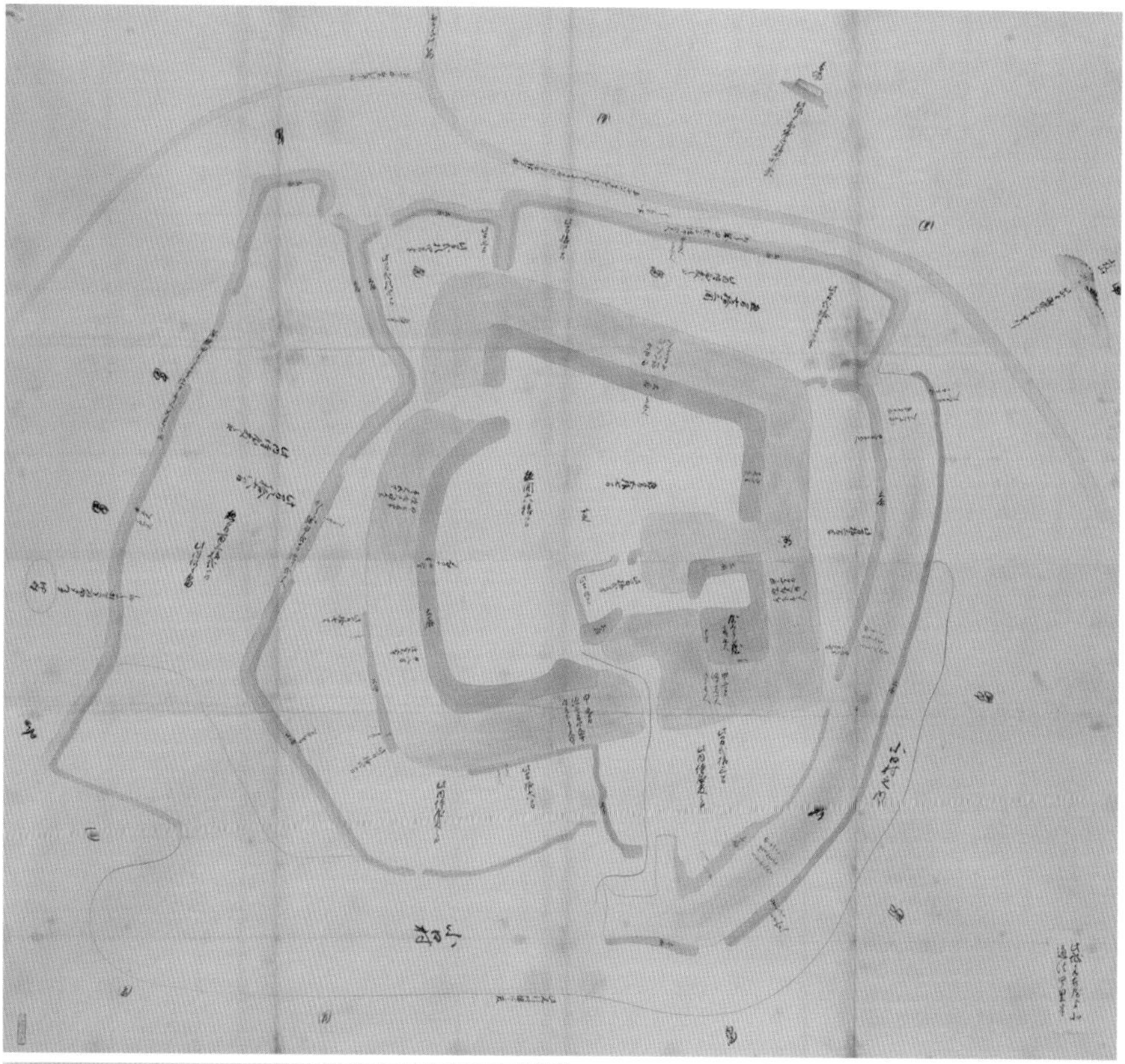

丹羽郡小口村古城絵図　名古屋市蓬左文庫蔵

小口城趾　『小牧山合戦史跡写真帖』
小牧市図書館蔵

い、学校跡地で城の範囲確認調査が行われ、幅約15mの内堀が確認された。公園駐車場となっている場所でも調査が行われ、外堀の一部が検出された。これらの堀について驚くべきことは、検出された位置が『丹羽郡小口村古城絵図』に描かれた部分と見事に合致することである。しかし、現在は埋め戻されてしまい、どちらも見ることはできない。だが、城の南側にある門を出て橋の両側にある堀に注目してほしい（次ページ写真参照）。この堀は内堀の一部といわれ、今でもその痕跡を残している。また、小口神社の本殿付近にはわずかであるが土塁の一部が残存しているので、必ずチェックしたい。それと、物見櫓から小牧山方面を望み、徳川勢を偵察することも忘れないように。

内堀の一部

小口神社の土塁

復元遺構

石碑

外久保砦（愛知県小牧市久保一色）

外久保砦は久保山西端の丘の上に築かれた砦で久保山砦ともいわれる。守将や兵力など詳しいことはわかっていない。「久保山ノ砦小牧ヨリ三十ニ町丑寅二当ル、是ハ誰ガ守リシカ不知、定メテ替リ合ヒノ番勢ナラン」（『小牧陣始末記』）。長久手の戦い後、秀吉自らが楽田城からこの砦に出て全軍を指揮したと伝えられ、「太閤山」とも呼ばれている。熊野神社の社地一帯が砦跡とされる。社殿付近にあるプレハブ小屋の側に砦の案内板があり、そこから北西へ延びる道の先を歩いていくと「久保山砦跡」の石碑がある。現在、遺構こそ残っていないが、山頂には削平されたような場所も多く、砦らしい雰囲気が漂っている。ここからは小牧山も一望することができるので、秀吉が見た景色を味わってみてはいかがだろう。

外久保山ノ砦趾　『小牧山合戦史跡写真帖』
小牧市図書館蔵

石碑

外久保砦跡

小松寺山砦（愛知県小牧市小松寺）

小松寺の変遷

小松寺は天平年間（729 ～ 749）に奈良時代の僧・行基が開いたと伝わる。大伽藍を誇っていた小松寺であったが、小牧・長久手の戦い時、羽柴軍の砦へと姿を変えた。羽柴方の丹羽長重が約８千の兵で陣を敷いたといわれる。「小松寺八千 丹羽五郎左衛門長秀　○本書、長秀ト為スハ、長重ノ誤ナリ」（『長久手戦話』）。秀吉が長秀に宛てた書状からも長重が小松寺山砦に在陣しており、入念に砦の普請を行っている様子がわかる。「五郎左衛門殿陣取、可然山を要害ニ申付居陣候、普請以下万端被入精」（惟越州宛天正 12 年４月８日付羽柴秀吉書状）。羽柴軍は撤退する際、寺に火を付けたといわれ、この時に建物や宝物なども焼失してしまったという。

小松寺山砦に遺されたもの

小松寺一帯には東西２つの砦があり、西砦は小松寺墓地、東砦は小松寺団地の辺りにあったとされる。東砦跡は昭和 40 年代の開発で整地されてしまった。砦跡を示す石碑と案内板は小松寺本堂の東側に建てられている。本堂は市の有形文化財に指定され、寺伝には明暦３年（1657）に再建されたとある。また、小松寺には池田恒興・森長可の制札も保存されている。現在、砦の痕跡こそ残っていないが、境内からは小牧山、墓地に面する道路からは隣に位置する外久保砦を望むことができる。景色は変われど、当時の地形はそのままなので、位置関係や距離を把握するには最適な場所だ。

小松寺山ノ砦趾 『小牧山合戦史跡写真帖』
小牧市図書館蔵

小松寺団地

小松寺

小松寺山砦より外久保砦を望む

岩崎山砦（愛知県小牧市岩崎）

石材の産地 岩崎山

石切場として有名な岩崎山山頂に設けられた砦。羽柴方の稲葉一鉄ら約4千の兵が守備したとされる。「対信雄陣処小牧山、多築夾城令諸将守之、一鉄・貞通・典通・右近方通・勘右衛門重通、其兵四千共守岩崎山城」（『稲葉家譜』）（＊森長可など諸説あり）。現在、砦跡は熊野神社になっている。山頂付近の神社拝殿に上がると、小牧山周辺を一望することができる。想像よりもかなり近い距離で両軍が対峙していたように感じるかもしれない。境内には大小の岩（花崗岩）が露出しており、まさに「岩崎山」の名にふさわしい場所だと気づくだろう。中でもひときわ目立つ巨岩があり、まるで刀で真っ二つに切ったかのように、縦に綺麗に割れている。これは県の天然記念物に指定されている「熊野神社の五枚岩」である。この巨岩は岩崎山の基盤である花崗岩が突出したものであり、切断したかのような割れ目は節理面に沿って風化侵食が進んだ結果、分離したものであるという。また、一つ一つの岩をよく見ると、石材を切り出す際に刻まれた刻紋や矢穴が至るところで確認できる。小牧山城や名古屋城築城の際、石垣に使用する石材がこの山から切り出されたといわれる。

秀吉が築いた馬防の土塁

秀吉は岩崎山から二重堀の方へ馬防のための長大な土塁を築いたとされる。現在、その痕跡は何も残っておらず、実在したかも未だ不明である。この土塁に関しては、今後新たな発見があることを期待するばかりだ。「同四日ノ夜二至リテ、夜モスガラ秀吉被申付テ、岩崎ヨリ二重堀へ向ケ、土居ヲ築カセラル、（略）岩崎ノ内今茶屋前ト云フ所有リ、岩崎西南ノ方五六町隔ツ、是ヨリ二重堀ノ方へ築ク、（略）横筋トハイヘトモ南西ノ方へ築ク也、土居ノ直高二間半、根敷十五間、真踏八尺、所々馬出ノ体相見ユ、スレバ小牧山ヨリノ馬防キノ土居ト聞ユ、此土居一夜ノ間ニ出来ス」（『小牧陣始末記』）

岩崎山砦

岩崎山ノ砦趾
『小牧山合戦史跡写真帖』
小牧市図書館蔵

矢穴

王塚付近ヨリ見タル
岩崎砦趾
『小牧山合戦史跡写真帖』 小牧市図書館蔵

田中砦（愛知県小牧市東田中）

小牧・長久手の戦い時は蒲生氏郷や加藤光泰らが守備したとされる。「田中ニハ堀久太郎・長岡越中守・長谷川藤五郎・蒲生忠三郎・加藤作内・神子田半左エ門」（『東照軍鑑』）。秀吉は長久手の戦いの後、龍泉寺城から一時田中砦に移った。その際、秀吉は小牧山に早々に戻った家康を称賛した、そんな逸話もある。「徳川家并二信雄、小牧山二軍ヲ凱シ玉フノ告有リ、秀吉手ヲ拍テ、家康兵ヲ用ル事神ノ如シ、予ガ及ブ所二非ズト嘆美シ、竜泉寺ヲ去テ田中ノ郷二移サル」（『武徳編年集成』）。田中砦は古墳を利用して築かれた砦であった。かつては三基の古墳で構成されており、北側に存在した二基は国道の拡幅工事で消滅してしまったが、三ツ山三号墳だけは現存している。三ツ山会館前には砦の石碑と案内板が建てられている。古墳の造営時期は３～４世紀以降と推定され、中世にかけて周辺には集落が営まれていたという。平成 19 年（2007）・20 年（2008）には三号墳の南側で発掘調査が行われ、弥生時代から近世に至る遺物が確認された。中世の遺構として、数棟の掘立柱建物や井戸、数条の溝が発見されている。砦自体がどのような姿をしていたのか、今となっては想像に頼るしかないが、これらの古墳を物見台にするなどして一部利用していたのであろう。

家康が築いた土塁

秀吉が馬防の土塁を築いた際、家康も小牧山北麓より八幡塚に至る土塁を築いたとある。八幡塚は田中村（現・小牧市東田中）に存在したともいわれるが、位置も特定できておらず、その実態は明らかではない。地籍図なども参考に引き続き調査を続けていきたい。

「（神君ハ）敵方ニ土居ヲ築キタルコトヲ聞召シ、此方ニモ土居ヲ築クベシ迚、小牧ノ北ノ山際ヨリ八幡塚迄築カセラル、是ハ田中ノ縄手境、今八幡塚ト云フアリ、（略）未申ヨリ丑寅ノ方へ横筋違ナル高サ一丈長サ六七町土居ノ出来ル上ハ」（『小牧陣始末記』）

全景

田中ノ砦趾　『小牧山合戦史跡写真帖』　小牧市図書館蔵

八幡塚　『小牧山合戦史跡写真帖』　小牧市図書館蔵

石碑

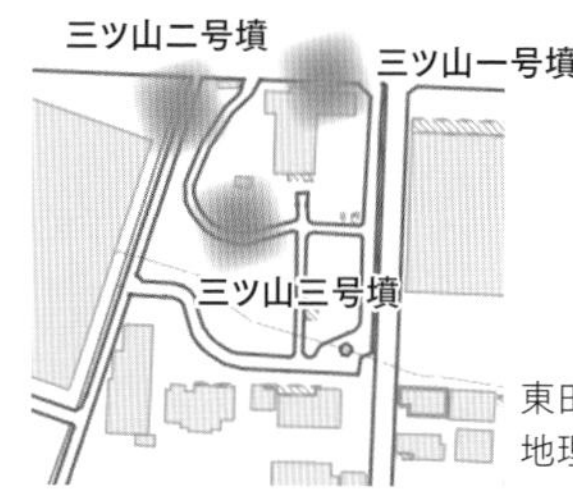

東田中宮前遺跡
地理院地図 Vector に加筆

二重堀砦（愛知県小牧市二重堀）

羽柴軍の最前線の砦

羽柴軍が築いた砦の中では小牧山に最も近い砦で、日根野弘就ら約２千の兵が守備したとされる。弘就は元々美濃の斎藤家に仕えていたが、信長に仕えた後、小牧・長久手の戦い時は羽柴方として従軍していた。「二重堀砦則日根野備中守弘就舎弟弥次右衛門其兵二千」（『豊臣秀吉譜』）。ここは最前線に位置したため、小競り合いや夜襲が繰り返され、多くの死傷者が出たそうだ。３月 28 日の夜には、徳川軍が二重堀砦に夜襲を仕掛け、羽柴軍が銃声に慌てふためく中、稲葉一鉄がその騒動を鎮めたとされる。「今夜小牧山ヨリ二重堀ヘ夜蒐シテ、聊火砲ヲ発セシニ、秀吉ノ猛卒大ニ騒動ス、時ニ秀吉、稲葉一鉄ヲシテ鎮メラル、一鉄二重堀ヲ乗マハシ、敵ナキニ奈何シテ周章スルヤト大音ニ詈リケレハ、諸陣漸ク静マリヌ」（『武徳編年集成』）。５月１日、羽柴軍が撤退を開始した際には、弘就は細川忠興や長谷川秀一らとともに殿(しんがり)をつとめ、追撃してきた信雄の軍勢と交戦している。「（五月朔日）、信雄の勢ハ木村定光・長谷川秀一等の手に喰付、芝手の内まてかけこミ、両手の軍士散々に敗走いたし候、（略）忠興君采幣を振て士卒を勇められ、各進て敵を討、（略）小牧勢も手軽く物別して引返へし」（『細川家記』）

現在、民家に接する道沿いに「日根野備中守弘就砦跡」の石碑がある。実際の砦跡は石碑のある場所ではなく、二重堀集落の北端付近にあったようだ。その名の通り、二重の堀を備えていた砦、あるいは付近を二重の堀で遮断していたと思われる。辺り一帯は頻繁に小競り合いが起きていたとは思えないほど、閑静な住宅地へと姿を変えている。

二重堀夜襲地
『小牧山合戦史蹟写真帖』
小牧市図書館蔵

二重堀砦付近

愛知県小牧市
上末

上末城

かみずえじょう

落合氏の居城

文明年間（1469～87）、足利家の末裔とされる落合将監勝正が築城したと伝わる。勝正は尾張二宮（大縣神社）の祠官・重松秀村の三男に生まれ、上末城主となった。勝正の子・安親の代には織田家に仕えている。天正12年（1584）、小牧・長久手の戦いでは羽柴方に属し、安親は三河中入り軍の池田恒興の命令で、篠岡辺りから長久手方面の道案内をした。「三州へ押入ル諸将ハ（略）、総勢二万五千トモ又ハ三万トモ四万トモ云フ、上末村ノ落合将監・同庄九郎教導ヲ為ス、是レ地士ナル故ナリ」（『小牧陣始末記』）。安親について、その後の行方はわからず、上末城の留守を任されていた兵士たちも長久手の戦いの敗報を受けて自害したと伝わる。それから城は廃城となり子孫は帰農したが、落合新八郎は入鹿六人衆の一人として入鹿池の造成に尽力し、その後も新田開発に努めたことで知られる。

上末城に遺されたもの

上末城は上末交差点の南東一帯にあり、落合氏の菩提寺・陶昌院やその周辺の住宅地、北側にある竹藪辺りまでが城跡と推定される。明治時代の地籍図にも城跡らしい地割りが確認できる。陶昌院は安親が開祖となり、永禄7年（1564）に創建された寺院である。訪れた際は、本堂の横にある墓地に落合氏の墓石群があるので、こちらもどうかお参りしてほしい。陶昌院の周辺を歩くと、城跡が小高い場所にあることがわかり、その南側

落合将監ノ宅趾
『小牧山合戦史跡写真帖』
小牧市図書館蔵

上末城跡

上末城跡周辺図

には曲輪跡のような空間も確認できる。少し北に位置する竹藪の中には、わずかではあるが空堀や土塁が残存し、「上末城跡」の石碑や案内板が建てられている。この空堀と土塁は小規模ながらに、往時の雰囲気を漂わせている。現在は竹藪に覆われており、少々見にくいかもしれないが、私有地であるため中には入らず、様子を見学するだけにとどめたい。

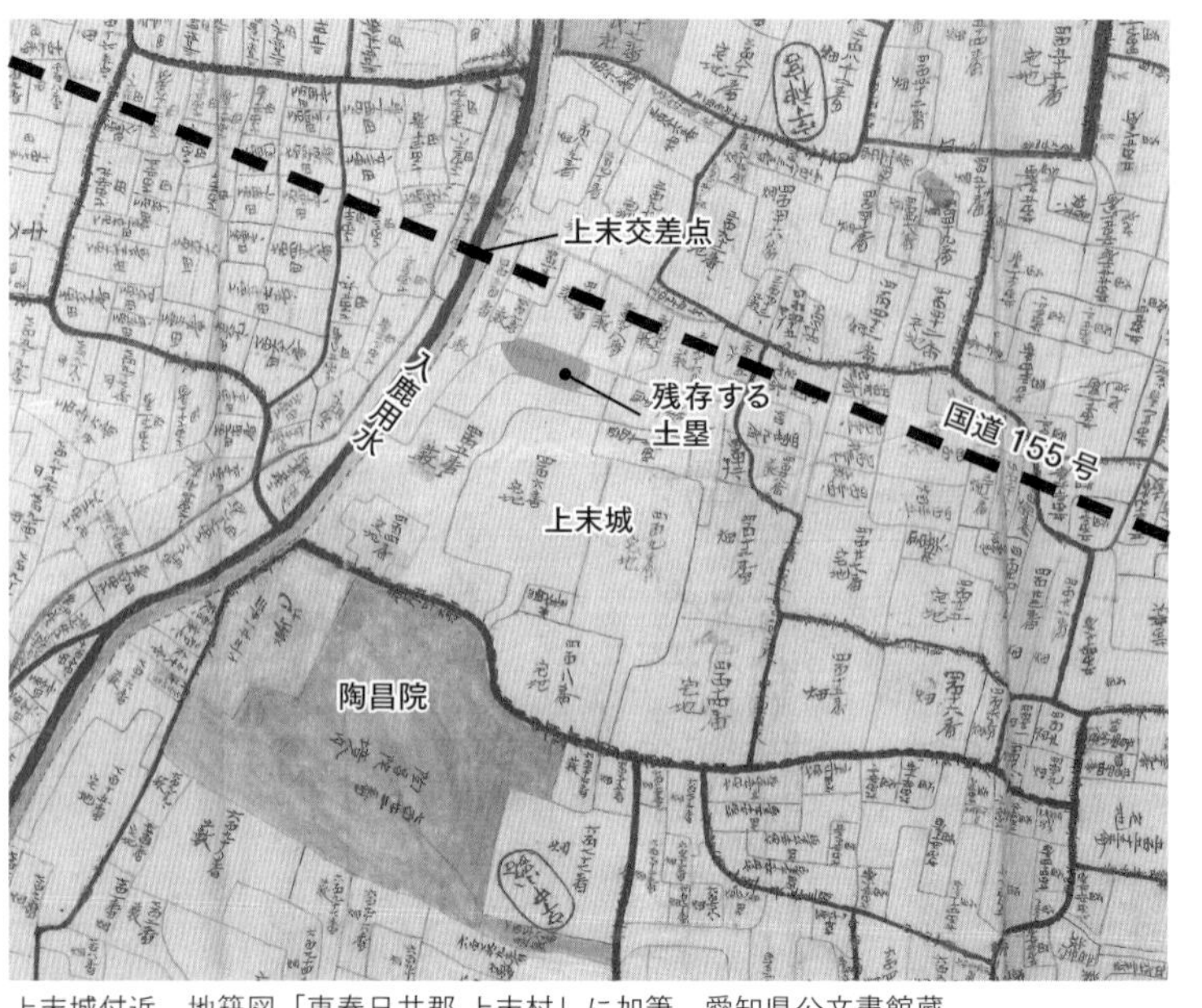

上末城付近　地籍図「東春日井郡 上末村」に加筆　愛知県公文書館蔵

落合一族の墓

案内板

かつては織田家の家臣であり、信雄に仕えていた時期があるにも関わらず、秀吉に味方する道を選んだ落合氏。その心境はどのようなものであったのか。一説には秀吉の脅しを受けたためともいわれるが、今となってはわからない。「羽柴秀吉の脅かす所となり遂に其の爪牙となる池田勝入三州侵入に有りては其子庄九郎と共に長久手方面に嚮導せり」（『篠岡村誌』）。次々と目に飛び込んでくる「落合」さんの表札を横目に、そんなことを思い浮かべながら城跡を歩いていた。

陶昌院

愛知県小牧市
堀の内

小牧山城

こまきやまじょう

織田信雄・徳川家康連合軍の陣城

永禄6年（1563）、織田信長は美濃攻略の拠点として小牧山に城を築き、清須から居城を移した。小牧山には後の安土城に見られる一直線に伸びる大手道や近世城郭のルーツとなる先進的な石垣の城が存在した。永禄10年（1567）、美濃の斎藤氏を攻略した信長は稲葉山城へ移ったため、小牧山城はわずか4年で廃城となった。そんな信長の小牧山城は天正12年（1584）の小牧・長久手の戦いの際、家康の手で改修され、織田・徳川方の陣城へと変貌することとなる。

天正12年3月13日、羽柴方の池田恒興が犬山城を占拠した。犬山方面から侵攻しようとする秀吉の動きを見た家康は信雄の拠点・清須城を防衛する拠点として小牧山に本陣を置くことを決める。小牧山は尾張北東部に位置する独立丘陵であり、尾張平野を一望できる軍事上の要衝地でもあった。また、信雄・家康にとっては「織田信長の城を本陣とする」ことに特別な意味があったようにも思われる。

榊原康政の改修

家康は家臣の榊原康政に城の改修を命じ、小牧山の中腹や山麓に堀や土塁・虎口を築造させた。『武徳編年集成』の天正12年（1584）3月16日の条には「神君小牧山ヲ御本営トセラルベキニ依テ、今黎明康政彼山ニ至リ、相図ノ烟ヲ揚ケレバ　神君忽小牧山ニ　御動座有テ、整々ノ陣ヲ設ケ柵ヲ附ラル、峯高カラヌ小山ナレバ諸軍大略麓ニ屯ス」とあり、徳川の軍勢が小牧山の麓で備えている様子がうかがえる。では、小牧山の改修はいつ完了したのか、史料によって改修時期や日数もばらばらではあるが、『長久手合戦記』には3月22日に完成と記されている。「三月廿二日、榊原小平太康政、小牧山の砦成就して、家康公江申上けるは、小牧山の砦を敵方江取れ候てハ、国中を見透され候而悪かるべし、早々此方の砦江御移り可然と申上す」（『長久手合戦記』）。しかし、中には2日で普請が終わったとする史料もある。家康は3月28日、信雄はその翌日に自陣を小牧山に移している。「廿八日、乙巳、小牧へ陣替

小牧山周辺図

主郭石垣

候」「廿九日、丙午、信雄川内より小牧へ被移候」（『家忠日記』）。小牧山の普請と同時に家康は本陣周辺の守りを固めるため、周辺に複数の砦を築き、有事の際の連絡線を強化した。

家康不在の小牧山

4月8日、家康は三河中入り軍を追撃するため小牧山の留守を酒井忠次や本多忠勝、松平家忠らに任せ、追撃軍を編成した。まず、榊原康政・大須賀康高らを先遣隊として派遣し、それから井伊直政を前衛とした家康本隊も午後10時頃には秀吉に気づかれぬよう小牧山を出発。その翌日、楽田にいた秀吉は長久手の戦いで自軍の池田恒興・森長可らが敗北したことを知り、正午頃、約2万の軍勢を率いて楽田から長久手方面へ出陣した。秀吉の出陣を知った本多忠勝はこの進軍を阻むため、約6百の兵で秀吉の大軍と並行して後を追った。秀吉が桜佐村（現・春日井市桜佐町）を経て、庄内川の右岸

本多忠勝小牧山軍功図　長久手市提供

を下流に向かった際、秀吉の大軍を前に忠勝は河原で馬に水を飲ませる姿を見せつけ秀吉を挑発したという。しかし、秀吉は忠勝に攻撃を仕掛けず、その忠義心を称賛、午後5時頃には龍泉寺城に入城した。「本多忠勝かくと聞て、殿の御勢立直さゞる間に、京勢大軍新手を以て押かゝらば以の外の大事なり、（略）忠勝も康通もわづかの勢にて竜泉寺川の南をはせ行ば、京勢は大軍にて川の北を、し進む、忠勝我こゝにて秀吉が軍の邪魔をせば、其間には、殿も御人数を立直さるべしとて、秀吉の旗本へ鉄砲打せて挑みかゝる、（略）忠勝も馬より下り川辺にて馬の口をすゝがしむ、秀吉其挙動を感ずる事かぎりなし」（『徳川実紀』）。ここで秀吉は家康が小幡城にいることを知るが、総攻撃を翌朝に決める。家康はこれを察知し、午後8時頃には小幡城をひそかに出発、早々に小牧山に帰った。小牧山周辺の姥ヶ懐などで小競り合いはあったが、最終的に小牧山が戦いの舞台にな

春日井郡小牧村古城絵図　名古屋市蓬左文庫蔵

ることはなかった。5月に秀吉は主力部隊を撤退させ、家康も酒井忠次を小牧山に残して清須へ戻り、7月には兵を引いた。

小牧山 空撮　小牧市教育委員会提供

小牧山に遺されたもの

小牧・長久手の戦いが終結すると、小牧山城は廃城になる。江戸時代に入って、小牧山は神君家康公ゆかりの地として尾張徳川家に厚く保護され、一般の入山なども厳しく制限された。そんな小牧山の管理は小牧村の庄屋・江崎氏が任されることになった。江崎氏といえば、初代・江崎善左衛門宗度は家康を勝川まで案内したことで知られる。「天正十二申年、神君様古城山御陣所より長久手エ御越被為遊候節、私先祖江崎善左衛門勝川村迄御道筋御案内仕申候」（『江崎家文書』）。これまで大切に守られてきたこともあり、小牧山の遺構は良好な状態を保つこととなった。江戸時代初期に描かれた『春日井郡小牧村古城絵図』は、当時の小牧山城の姿を知る上で欠かせないものだ。

現在、小牧山は山頂の主郭地区、そこと尾根を切断する堀で区画され、西側を守る西側曲輪地区、大手道の左右に曲輪が展開する大手曲輪地区、中世寺院の跡地と推定される西側谷地区、山麓をめぐる堀・土塁の内側に曲輪群がある帯曲輪地区の5つの地区に区分される。今回は主に家康の改修が目立つ小牧山麓の帯曲輪地区を中心に紹介したい。『武徳編年集成』にも「諸軍大略麓ニ屯ス」と記されていた通り、この帯曲輪地区こそが大軍勢を収容する場所であった。信長時代の武家屋敷跡を踏襲して、そのまま帯曲輪として利用されたと思われる。帯曲輪の外側は二重の堀と土塁で囲まれていた。発掘調査から土塁は版築ではなく、堀の

中腹の堀

土砂を積み上げた急造であったことが判明。堀は軍勢移動の効率化を図るため、堀底を平坦にして通路のように使用していたことなどが推測されている。虎口は土塁をL字形に屈曲させて内部を見えにくくしたり、虎口前面に深い堀を配置したりと内部に進入させない堅固な造りとなっていた。小牧山南にはまっすぐな大手道が伸びているが、天正期は土塁を互い違いにして道を曲げたことがわかっている。

昭和5年（1930）、小牧山は尾張徳川家から小牧町（現・小牧市）へ寄贈される。昭和43年（1968）には、山頂に小牧市歴史館が建設された。平成10年（1998）、東麓にあった小牧中学校の移転に伴って発掘調査が行われ、その後、復元整備が進められた。平成31年（2019）には、新たに小牧山のガイダンス施設「れきしるこまき（小牧山城史跡情報館）」が開館、令和5年（2023）には山頂の歴史館が「小牧山歴史館」にリニューアルして今に至る。

どこまでも続く堀と土塁、広大な帯曲輪群、小牧山の麓を一周すると、秀吉が大軍をもってしても攻めなかった理由がわかる。攻める秀吉目線、守る家康目線で小牧山を見てみるといい。例えば、攻め手になった気分で大手道を登っていくと、左右には曲輪が広がり、突き当りまで行くと大規模な堀が姿を見せる。仮にここまで突破した兵士がいたとしても、戦意を喪失してしまうはずだ。反対に守る目線であれば、家康は堀底道を使ってどのように兵士を動かしたのか、また自身はどこから小牧山を抜け出して、長久手に向かったのか、など家康の用兵術を考えるだけでも一日中ここにいられるにちがいない。

虎口

帯曲輪

復元土塁

堀

小牧神明社

愛知県小牧市小牧５丁目

小牧神明社

家康と信雄が戦勝祈願に訪れた神社

永禄6年（1563）、信長が清須から小牧山に居城を移した際、清須にあった御園神明社を守護神としてこの地に勧請し、社殿を創建したのが始まりと伝わる。小牧・長久手の戦い時には、小牧山に布陣した家康と信雄が戦勝祈願に訪れたという。江戸時代、初代尾張藩主・徳川義直が参詣した折、小牧神明社を吉祥の社として牡丹の造花を下賜し、子供たちに持たせて歌舞させた。寛文7年（1667）、2輌の山車を造り、牡丹の造花を飾り付けて曳き回した。これが現代まで続く「神明祭」の起源である。広々とした境内には立派な本殿と複数の合祀された社が点在する。小牧山を訪れた際には、合わせて寄りたい場所のひとつであり、信長や家康からパワーをもらえるはずだ。

姥ヶ懐古戦場

愛知県小牧市小牧１丁目

姥ヶ懐ヨリ小牧山ヲ望ム
『小牧山合戦史蹟写真帖』
小牧市図書館蔵

羽柴軍が来襲した姥ヶ懐

楽田の秀吉と小牧山の家康は互いに動かず、戦機が熱するのを待っていた。この膠着状態の間、4月2日には秀吉の軍勢が小牧山のすぐ東まで攻め寄せ、家康が応戦するなど一触即発の状況もあったが、結局大きな戦にはならなかった。この小競り合いが起きた場所こそが「姥ヶ懐」である。「秀吉ノ勢三百余リ、雑兵共二千計リニテ小牧山ノ東ノ方ヘ人数ヲ指向クル、時ニ小牧山ヨリモ御人数ヲ御指向ケ、姥ヵ懐ト云フ所ニテ迫合ヒアリ」（『小牧陣始末記』）

現在の愛知県立小牧高等学校と小牧市市民会館の間付近が姥ヶ懐と推定され、高校北東にある道の傍らに「姥ヶ懐古戦場」の石碑が建てられている。秀吉の軍勢は最前線の二重堀砦から出撃したのであろうか。ここから姥ヶ懐は目と鼻の先である。実際に二重堀から姥ヶ懐まで歩いて、検証してみるのもおすすめだ。

石碑

駒止庭園（愛知県小牧市中央一丁目）

名鉄小牧駅の北西に「駒止庭園」と名のつく小さな広場がある。かつてこの辺りには「一本松」と呼ばれる枝振りの見事な老松があった。この松には「駒つなぎの松」という別名があり、小牧・長久手の戦い時、本多忠勝がこの松に馬をつないでひと休みしたことが由来と言い伝えられている。徳川軍が小牧山に在陣している時のことだと思われるが、忠勝が敵の偵察に出た際の話であろうか。馬が蹄で引っ掻いたような窪みもあったそうだ。松は昭和50年（1975）頃の土地区画整理まで存在しており、「駒止」の地名も残っていたが、現在は「駒止庭園」としてその名を留めるのみとなっている。

駒つなぎの松
『ふるさと想い出写真集 明治大正昭和 小牧』

駒止庭園

北外山（とやま）砦（愛知県小牧市北外山）

北外山村に織田信安の居城としてあったが、織田・徳川連合軍が古城を改修して砦にしたとされる。小牧・長久手の戦い時、松平家忠が自身の日記の中で「外山へ番（外山で守備という意味か）」（『家忠日記』）と数回記録していることから、家忠らが交代で守備していたことがわかる。現在、住宅街の一角に朱色の鳥居が目立つ稲荷社があり、境内にはひっそりと「北外山城址」の石碑が佇んでいる。石碑は付近の民家の敷地内から移設されたのだという。遺構は何も残っていないが、砦跡に鎮座する城嶋稲荷の「城嶋（しろしま）」といった呼び名や「城前」といった地名に砦の名残を感じることができる。

石碑

城嶋稲荷

北外山城趾
『小牧山合戦史蹟写真帖』
小牧市図書館蔵

蟹清水砦（愛知県小牧市小牧４丁目）

かつては岩倉城を拠点に尾張上四郡を支配した織田信安の居城であったとされる。永禄６年（1563）、信長が小牧山に城を築き、清須から居城を移した際、丹羽長秀の屋敷が置かれたと伝わる。小牧・長久手の戦い時、屋敷跡は砦に改修され、家康の家臣・本多広孝らが交代で守備した。家康が蟹清水砦にいる本多広孝らに宛てた書状から、蟹清水砦・外山砦・宇田津砦の各砦では留守居の者同士で連携して、何かあれば小牧山まで迅速に連絡するようにとあり、本陣までの連絡体制を強化していたことがわかる。「蟹之清水・外山村・宇田津村之要害、留守居之者申合、夜ハかきを出し、遠燐を焼、珍事在之付而は、至小巻早々注進可申候」（本多豊後守・穂坂常陸守宛天正12年３月19日徳川家康書状）。江戸時代は尾張徳川家の小牧御殿の一部となっていた。寛永２年（1625）、初代尾張藩主・徳川義直が鷹狩りの際、この地の庄屋であった江崎善左衛門の蟹清水屋敷に立ち寄った。義直は小牧山を望む景観と蟹清水の庭園を気に入り、御殿（別荘）にしたと伝わる。天明２年（1782）には小牧御殿の一角に小牧代官所（陣屋）が設けられていた。

蟹清水砦に遺されたもの

昭和20年代までは堀や土塁跡も残っていたとのことだが、その後の開発により宅地や駐車場へと変化してしまった。現在は駐車場の片隅に「蟹清水砦跡」の石碑があるのみで遺構は残っていない。道路を挟んで向こう側に小さな祠と「小牧御殿跡」の石碑があるので、こちらもどうか見つけてほしい。ここには御殿が建てられた当時から残る槇の木があったそうだが、昭和25年（1950）の台風で倒壊してしまったらしい。その後、往時を偲びたいという周辺住民らの声もあり、この地に「御殿龍神」の祠が建立されたのだという。現地に蟹がたくさん生息していたであろう清水や砦の痕跡が何もないのは残念であるが、小牧・長久手の戦い時、ここで在番した徳川軍の兵士たちはその水で喉を潤したのだろうかと妄想は膨らむばかりである。

小牧御殿跡

石碑

蟹清水ノ砦趾　『小牧山合戦史蹟写真帖』　小牧市図書館蔵

宇田津砦（愛知県小牧市東３丁目）

「宇多津といふは、北外山村の内に宇多津屋敷といふ、二方は大沼にて要害堅固の地なり」（『長久手合戦記』）。史料には「宇多津」という土地柄がこのように記されている。かつての面影はないが、当時このあたりには沼が存在したのだろうか。砦のすぐ横には大山川が流れており、川を利用した砦であった可能性も十分考えられる。本多広孝らが蟹清水砦と北外山砦との交番で守備したされる。ここは羽柴軍の二重堀砦に最も近く、記録にない小競り合いも何度かあったように思われる。現在、住友理工小牧製作所の敷地内に「哥津の森」と呼ばれる小さな森がある。往時の雰囲気を残しており、従業員の憩いの場となっているそうだ。この森の中に石碑もあるが、工場敷地内であるため、一般の方の立ち入りはできない。

敵を「うたず」に死んだから「うたづ」？

「宇田津」の地名は、鞍作りの名工の名が由来とする説もあるが、真偽のほどは不明である。「宇田津ト云鞍作リノ上手居住ス故ニ地名トス、（略）宇田津モ名古屋ニ居住シテ今猶在リ、其居住ノ地其祖ヲ祭リテ宇田津明神ト崇ム」（『甲申戦闘記』）。また、小牧・長久手の戦い時、偵察に出ていた徳川軍の兵士が羽柴軍の動きを知らせるため、小牧山へ向かう途中、この地において鉄砲で撃たれて死亡した。その時、「敵を“うたず"に死ぬのは無念…」と言い残したことから、「不発（うたず)」の地名が生まれたとする異説もある。現在、大山川に架かる不発橋の名称はこの話に由来する。どれも信憑性に欠ける部分はあるが、「小牧・長久手の戦いが由来」と語り継がれるものを探してみると、様々な発見があっておもしろい。橋の欄干に徳川家の家紋である三つ葉葵がデザインされているのも、この伝承が今でも人々の心の中で大切にされている証拠なのだろう。

哥津の森と案内板
小牧市教育委員会提供

石碑
小牧市教育委員会提供

不発橋

宇田津ノ砦趾　『小牧山合戦史蹟写真帖』
小牧市図書館蔵

田楽砦（たらがとりで）（愛知県春日井市田楽町）

天正 12 年（1584）3 月 13 日、池田恒興に犬山城を占拠され、城を落ちのびた犬山城の敗残兵は伊多波刀（いたはと）神社に集まっていた。家康は自ら出向いて彼らを慰め、この地域の土豪・長江平左衛門の屋敷を砦に改修するよう命じ、守備させた。これが田楽砦の始まりである。普請には篠木・柏井の村人約２千人も動員されていた。「神君ニハ田楽村ニ砦被仰付、（略）其時長良平左衛門ト云フ地士有リ、此者モ此所ヲ守ル、（略）田楽ノ砦ハ中川勘右衛門ガ残兵守ルト云フ」（『小牧陣始末記』）。田楽砦は徳川軍の砦の中では最東端に位置する。宇田津砦と同様、羽柴軍の最前線・二重堀砦に近く、この砦が戦略上重要な地点に築かれていたことがわかる。また、家康は3月 29 日までに小牧山から田楽砦に通じる軍道（大縄手）も新設・整備している。

田楽砦に遺されたもの

砦跡は長福寺の北東に位置し、長江屋敷跡を中心にＬ字形の土塁・堀が対を成す構造であったとされる。昭和 30 年代までは堀や土塁の一部も残っていたそうだが、宅地化に伴い遺構は失われてしまった。平成 29 年（2017）に屋敷跡の一画が宅地造成される際、春日井市教育委員会が発掘調査を実施した。調査の結果、田楽砦の堀の一部が検出された。堀の形状は箱堀で、堀を掘削した際の鋤先による刺突痕が無数に残されていた。そして、埋没までが短期間であったことも判明した。砦が築かれてから廃城を迎えるまでの様子がそこには鮮明に残されていたのである。それに堀の形状が箱堀であったというのも興味深いところだ。同時期に築かれた周辺の砦にも箱堀が巡らされていた可能性もある。こうした機会で調査が進み、各砦の実態が明らかになるのもそう遠くないかもしれない。また、現地を訪れた際は長福寺の境内から小牧山を望んでほしい。この付近からは西側が一段と低くなっている。秀吉方の動きを偵察するには絶好の位置にあったことがよくわかるだろう。

田楽砦　箱堀土層断面
春日井市教育委員会提供

田楽ノ砦趾
『小牧山合戦史蹟写真帖』
小牧市図書館蔵

田楽砦跡

大縄手ノ軍道
『小牧山合戦史蹟写真帖』
小牧市図書館蔵

一本松（愛知県春日井市東野町二丁目）

別名 鎧かけの松？

松原公園の南西、ふれあい緑道沿いに生えた大きな松。昔ここには樹齢数百年といわれる松があり、辺り一帯は松林の続く野原であったという。今では「松原公園」という名称に面影が残る。

後世、その松は「一本松」の名で村人に親しまれてきたが、以前は「鎧かけの松」と呼ばれていたそうだ。池田恒興ら岡崎別働隊の一隊が鎧をかけて休んだためと地元では言い伝えられている。別働隊は大草（現・小牧市大草）から関田（現・春日井市関田町）へと進軍するが、確かにこの地点は通過点にあたり、羽柴軍が休憩していても不思議ではない。「大草村ノ南ノ山へ上リ、夫ヨリ関田村ノ方へ押出ス」（『小牧陣始末記』）。鎧をかけたとする当時の松はすでに枯死してしまい、現在の松はその後に植えられたものだ。

一本松跡

一本松　『東野誌』

宿営ヲトリタル関田村地方
『小牧山合戦史蹟写真帖』
小牧市図書館蔵

愛知県春日井市
上条町二丁目

上条城

じょうじょうじょう

命運を分けた話し合い

建保6年（1218）、木曽義仲に仕えた今井兼平の孫・小坂孫九郎光善が築城したと伝わる。8代・小坂重之のとき「林」に改姓し、13代・林盛重が信長に領地を献上して帰農、その後は前野家から小坂家を継いだ小坂孫九郎雄吉が上条城の城主を務めたとされる。しかし、この領主の系譜については不明な点も多い。

天正12年（1584）4月7日、三河中入り軍の池田恒興らは進軍途中で篠木・柏井の地に駐屯しようとした。篠木・柏井衆は上条城に集まり、秀吉の軍勢を迎え入れるかを談議した。ここで秀吉方の申し入れを受けなければ、目の前の大軍と戦うことになる、村も荒らされ、犠牲者も多く出るにちがいないと、生き残りをかけた話し合いがあったと想像される。彼らにとっては苦渋の決断であっただろう。結果、恒興らは篠木・柏井一帯に陣を敷き、この地に宿営した。「**篠木柏井へ段々ニ押出ス、一番池田父子六千、二番森長可三千、三番堀秀政四千、四番三好秀次一万二千、都合二万五千、両郷尺地モ不残陣取ケル**」（『東照軍鑑』）。

秀吉の書状からは、柏井（＊上条村を含む）に「森川屋敷」（森川権右衛門の屋敷か）があり、羽柴軍の手で改修されたことがわかる。「**森河屋敷構能候由ニ候間、右之城尚以念を入拵候而**」（生駒市左衛門・矢部善七・山内伊右衛門・一柳市介宛天正12年4月9日羽柴秀吉書状）。この森川屋敷は上条城のことで、この時の城主を森川権右衛門と考えることもできる。『小牧陣始末記』には、池田以下の面々は「寄京」に要害を構えたとあり、「寄京」は上条城中枢部の旧字名とされる。この先もまだまだ調べる必要がありそうだ。

上条城跡周辺図

郷土の偉人・林金兵衛と上条城跡

江戸時代は庄屋であった林家が代々この地を治め、明治時代以降は林金兵衛の屋敷が城跡に構えられていた。金兵衛は地租改正反対運動の指導者で知られ、初代東春日井郡長となった人物で有名である。かつて屋敷は巨大な森を擁しており、周囲を巡っていた堀には水が湛えられて

上条城跡北西部土塁風景（伐採前）
春日井市教育委員会提供

開発前の長屋門（南東から）
春日井市教育委員会提供

上条城跡北側堀風景（伐採後）
春日井市教育委員会提供

いたそうである。しかし、昭和52年（1977）に屋敷は焼失してしまい、今は見る影もなくなっている。現在、城跡は月極駐車場（＊個人管理敷地内）となっているが、城の北側と西側に堀と土塁、北西隅には櫓台が残存している。ここは本丸に相当し、周囲には二の丸・三の丸・外郭が展開した。平成18年（2006）、春日井市教育委員会が城跡を調査した際、城は水田を埋め立てて築かれていたことが判明、堀や土塁からは改修の痕跡も発見されている。また、櫓台は「人呼びの丘」と呼ばれており、村人の召集や領内の監視に使われていたものと推定される。上部には祖・今井兼平を祀っていた祠の土台も残る。侍たちはここで命がけの談議を行ったのだろうか。耳を澄ませてみると、彼らの声が聞こえた気がした。

人呼びの丘

石碑

勝川（愛知県春日井市・名古屋市）

勝川の由来

当時は庄内川を「徒歩(かち)で渡れる川」『かち川』と呼んでおり、それを聞いた家康が、戦の前の縁起担ぎに『勝川』と命名したと地元では語り継がれている。しかし、近年地名としての勝川の起源はもっと古いといわれる。かつてこの辺り（春日井市南西部）が京都の醍醐寺領だった頃の絵図（『醍醐寺領尾張国安食荘絵図応永34年（１４２７）』）が醍醐寺で発見された。そこに「勝川村」と記されていることが確認されたため、家康がここに来る前からすでに「勝川」であったとする見方もある。由来に関しては諸説あるが、いずれにしても、家康が「かちがわ」という地名に勝利の前兆をみて感動したというのはまちがいないのであろう。

勝川具足

家康は阿弥陀堂前にあった塚を見て、「この塚は兜に似ている。諸将はただちに兜をかぶるように」と命じた。家康がここで甲冑を身に着け、長久手の戦いで大勝利を得たことから、この時の甲冑が「勝川具足」として徳川家では神器のように扱われた。『兜塚縁起記』によれば、その塚はのちに「兜塚」と呼ばれたが、大雨・洪水で流され、所在不明になってしまったという。『徳川実紀』にも「君は小牧山より三十餘町勝川兜塚といふ所にて、御甲冑をめされる。これ当家の御甲冑勝川と名付らる、事のもとなり」「さてこの所は何といふぞと御尋あれば、勝川甲塚といふよし申上。こはめでたき地名なり。今日の勝利疑ひなしとて、このときためぬり黒糸の御鎧に椎形の御冑をめされ、御湯漬をめし上らる」と勝川具足の由来が記されている。兜の頭形は椎形と記されており、これは椎の実の形をした先のとがった兜のことだ。勝川で着用した家康の椎形兜は関ヶ原の出陣の際、黒田長政の手に渡ったと伝わる（黒田家に伝わる「黒漆塗南蛮鉢歯朶前立兜」が当初の勝川具足か）。他にも吉祥の品として勝川旗竿（勝川近くの竹薮から切ったもの）や勝川まき石（勝川近くで集めた川原石）といったものが代々徳川家に伝わっている。この勝川での出来事は江戸時代の諸史料にも散見され、後世まで語り継がれていたことがわかる。

黒漆塗南蛮鉢歯朶前立兜
福岡市博物館蔵　画像提供：福岡市博物館 DNPartcom　撮影：藤本健八

庄内川
勝川橋付近

愛知県春日井市
大留町六丁目

大留城

おおどめじょう

池田恒興らが駐留した城

天文15年（1546）、足利義輝配下の村瀬氏が築城したとされ、篠木一帯の在地領主として勢力をもっていた。天正年間（1573～93）は、村瀬作右衛門が城主であったとされる。作右衛門は篠木・柏井衆の中で中心的な人物であった。「村瀬作右衛門・森川権右衛門一揆ノ大将集リ、柏井ノ辺ヲ守ル」（『小牧陣始末記』）。安政7年（1860）の『上大留村絵図』にも、城主として作右衛門の名が見られる。作右衛門はもと織田家の配下にいたため、信雄・家康方につくのが筋であったが、上条城における談議の結果、池田恒興らの受け入れに応じている。しかし、彼らは従うように見せかけ、裏では行動を起こしていた。それは小牧山にいる家康に三河中入り軍の行軍状況を密告するというものである。彼らの密告は、家康が三河中入り軍の進軍状況を把握する上で大いに役立った。「篠木ノ郷ノ一揆等三好・池田三州表ニ発向スルノ由ヲ大神君ニ註進ス。告来ル者ヲ厚ク賞セラレ、猶其子細ヲ悉ク聞事アラハ、重テ註進スヘキノ旨ヲ仰含ラレテ、是ヲ皈ヘサル」（『家忠日記増補』）。秀吉は救援のため龍泉寺城まで進軍したが、家康が先駆けて小牧山へ帰ってしまったので早々に撤退。しかし、篠木・柏井付近で一揆が起こり、殿を務めていた堀尾吉晴率いる羽柴軍は一揆勢に取り囲まれ、窮地に陥っている。「殊に篠木・柏井ハむかしより究竟の射手の多所なれば、いかでかのき得なん、唯此かまへを堅固に守り、うしろまきを請給ひ候へかしと云も多かりけり、堀尾其損益を勘弁し、唯急き突て出退候へ、時刻うつるにしたがつて、敵ハ弥かさなり、味方ハうすく成へきぞとて」（『太閤記』）。

大留城跡周辺図

大留城に遺されたもの

子安神明社とその東側が城跡にあたる。近年の開発で城の遺構はないが、大留城の城址碑が建てられている。庄内川に面しているため、川自体が広大な堀として利用され、また水を引くなどして水堀が設けられていた可能性もある。

大日（大留）の渡し

この地で宿営した池田と森の軍勢は大留城から400mほど西にある大日堂（禅源寺）付近から庄内川を渡った。大日堂の前と中志段味（現・名古屋市守山区）を結ぶ渡しで、大正13年（1924）に大留橋が架けられるまで続いた。「大日ノ渡シ 大日堂ハ大留村ノ内上大留ト下大留トノ間ニアリ、故ニ大日ノ渡シト云フ、此処ヲバ池田父子・森武蔵守」（『小牧陣始末記』）

大留城跡調査前風景　春日井市教育委員会提供

大留城跡調査前風景　春日井市教育委員会提供

禅源寺

子安神明社

太清寺

愛知県春日井市勝川町２丁目

太清寺

家康が食べたぼた餅

家康は三河中入り軍を追撃するため、榊原康政ら先遣隊を小幡城に向かわせた。その後、家康自身も本隊を編成し小牧山を出発、小幡城に向かった。その進軍途中、庄内川を渡河する前に、龍源寺境内の東に位置する阿弥陀堂で休憩をとり、戦勝祈願をしたと伝わる。その際、庄屋の長谷川甚助が家康にぼた餅を出した。家康が食べようとすると箸が一本折れてしまい、不吉を感じた家康に甚助は「天下が一つとなることへの古兆でございます」と言葉をかけ、家康は上機嫌になったといわれる。

焼失した阿弥陀堂

家康は寺を出発する際、阿弥陀堂を焼き払ったとされる。「神祖此阿弥陀堂上ニ御腰ヲ掛玉ヒ長湫へ赴セ玉フミキリニ阿弥陀堂ヲ焼拂ヒ玉フトナリ」（『尾張徇行記』）。その理由として、真偽のほどは定かではないが、『日本戦史小牧役』には狼煙（のろし）として利用し、小幡城に出発を知らせるためであったと記されている。ぼた餅の話は、仏教的に一本箸ではぼた餅が死者に供える盛り飯となり、これから渡る川も「三途（さんず）の川（かわ）」という意味合いになる。現在地も阿弥陀（極楽浄土）であることから、いずれも『死』のイメージにつながる。家康が阿弥陀堂に火を放ったのは、「死を恐れない」ことを示すためだったのではないかとする見方もある。

太清寺に遺されたもの

慶安4年（1651）から寛文3年（1663）にわたり諸堂が再興され、寺号は龍源山太清寺と改められた。承応2年（1653）、旗本・千村平右衛門重長が領地の久々利（現・可児市）から名古屋に向かう途中、太清寺を訪れた。依然荒廃していた阿弥陀堂を見て嘆き、焼け残った阿弥陀像の頭部を使って阿弥陀像を彫り直し、堂を再建して安置した。天保8年（1837）に台風の被害があっ

長谷川甚助の墓

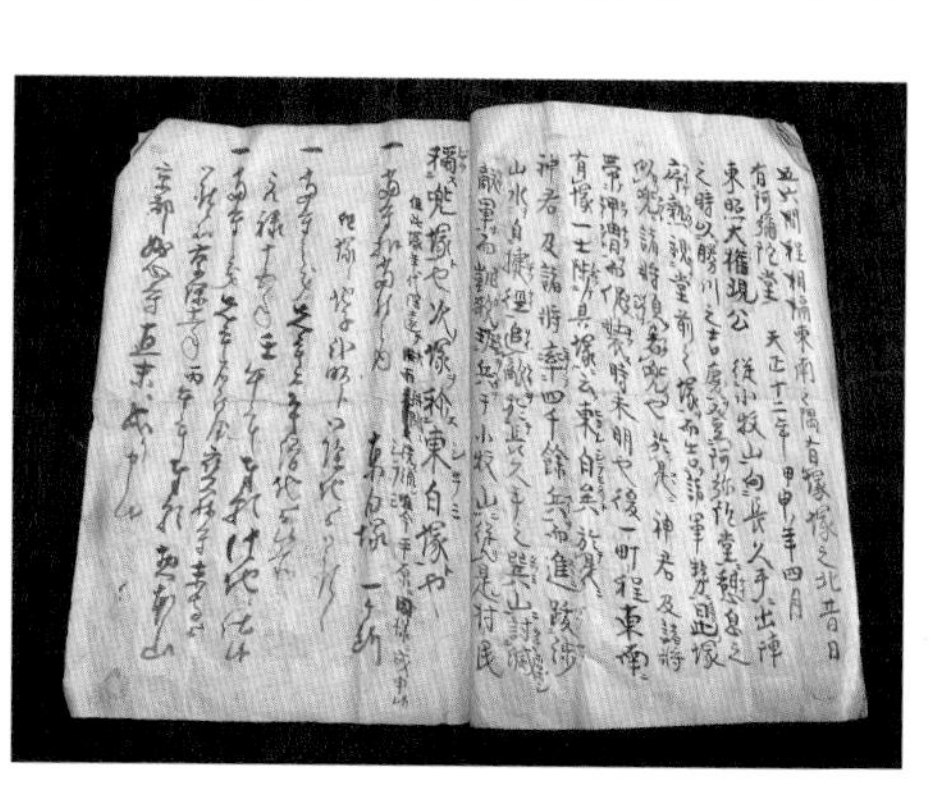
太清寺由緒書

たが、明治5年（1872）に再建された。昭和54年（1979）の土地区画整理で現在の場所（太清寺境内）に移転、今は十王堂として姿を変えている。堂内には阿弥陀如来像が安置され、十王尊が並んでいる。山門には「東照大権現公由緒地」という表札が出ており、この表札を見ただけで徳川家康を愛してやまないファンは心躍ることだろう。本堂の東側には初代・長谷川甚助の墓があるので、こちらも忘れずに立ち寄ってほしい。ぼた餅の話を思い出してしまい、無性に餅が食べたくなってしまうかもしれない。

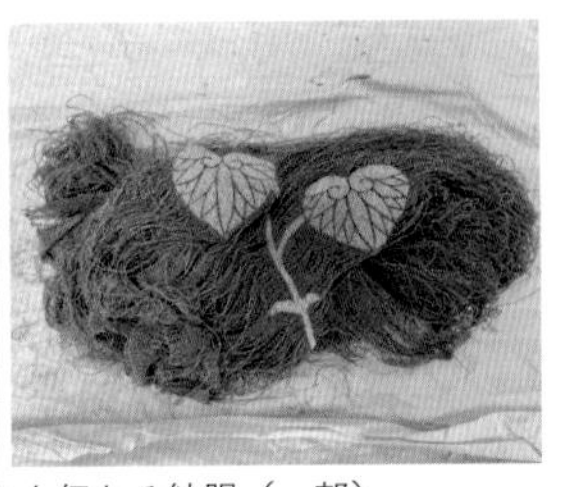

長谷川甚助が家康から拝領されたと伝わる紋服（一部）

阿弥陀如来

愛知県春日井市
下条町

吉田城

よしだじょう

織田敏定の家臣・小坂孫四郎吉政が築城したとされ、のちに小坂雄吉が吉田城主になったと伝わるが、時期なども定かではない（＊上条城主であったとも）。雄吉は小牧・長久手の戦い時、信雄方として参戦しているが、三河中入り軍が篠木・柏井に進軍してきた際は伊勢に出陣中であったと思われる。この頃の吉田城を記した史料は残されておらず、想像に頼るしかないが、上条城と同様に羽柴軍の駐屯地となっていた可能性が高い。

江戸時代の『下条村絵図』には、「吉田城」と明記され、城自体は存在したようだが、その他のことは明らかではない。城跡は下条公園一帯と伝わり、公園の南東隅には「吉田城趾」の石碑がある。城の遺構はないが、土地区画整理の際、城跡から巨石が出土したとのことだ。

吉田城跡周辺図

石碑

白山林古戦場

愛知県尾張旭市

白山林の戦い

岡崎別働隊の最後尾にいた総大将・三好秀次（信吉）は龍泉寺の西側（現・春日井市松川戸町付近）で庄内川を渡河、印場（現・尾張旭市）を経て矢田川を渡り、白山林に陣を敷いた。三好軍は前軍の兵糧を小荷駄隊で運ぶという役割も担っていた。

一方、家康は7日遅くとも8日のうちには岡崎別働隊の行軍状況を把握、これを追撃するため、大須賀康高・榊原康政・水野忠重・丹羽氏次ら約四千の先遣隊を編成。4月8日午後8時頃、先遣隊は小牧山を出陣し、丹羽氏次を先導として小幡城に向かった。先遣隊は松河戸（現・春日井市松河戸町）、川村（現・名古屋市守山区）を経て小幡城に入城。この時、小幡城を守備していた本多広孝は小幡と龍泉寺の間に見張りを配置し、龍泉寺にいる敵の動向を探らせていた。先遣隊は小幡城で評定を行い、9日午前2時頃には城を出発、午前4時頃、先遣隊は朝食をとっていた秀次を急襲した。「惣大将秀次は春日井郡白山林といふ所にて、人馬をやすめかれゐくひてゐたり。折ふし霧深くもの、あいろも見分ざる所に、味方跡より喰付てはげしく伐てかゝれば、秀次が陣こはいかにとあはてふためき、秀次の軍師と頼みし穂富の某をはじめ、名あるつはものどもあまたうたれ、秀次はからうじて落延たり」（『徳川実紀』）。

猪子石原（現・名古屋市名東区）から大須賀康高率いる部隊が真っ先に攻撃を仕掛け、配下の坂部広勝や久世広信らが鉄砲を撃ちかけた。その後、榊原康政の部隊が三好軍の小荷駄隊を襲う。この時、先遣隊は二手（猪子石原と稲葉）に分かれ、秀次を挟み撃ちにしたとする史料もある。「御先手ノ人数秀次兵粮ヲ遣ヒ居ルヲ見スマシ、二手ニテ掛ル、一手ハ小幡ヨリ直ニ掛カル、スレバ西ノ方ヨリ掛カルナリ、又一手稲葉村ニ屯スル人数ハ、後口手ヨリ掛カル」（『小牧陣始末記』）。小荷駄隊を指揮していた朝倉丹後守は防戦するも、隊はすでに混乱状態となっていた。この事態を受け、稲富山城守が直ちに本陣にいる秀次に報告、長谷川秀一が本陣を援護し、秀次の守りを固めた。その折、秀次は前線で戦っている田中吉政を呼び寄せ、この状況を前軍の堀秀政や池田恒興らに伝えるよう命じたという。これは本来、伝令（使番）の役目であるが、両者の信頼関係からなのか、あるいは不和からなのか、吉政が前線から退いたことは士気の低下を招いた。秀政のもとに伝令でやってきた吉政は、この件で秀政からひどく叱責されたといわれる。また、この戦いにおいて水野勝成の活躍はめざましかった。勝成は小幡城を出陣する際、眼病を患っており、兜をかぶると鬱陶しいという理由で着用していなかった。その様子を見た父・忠重が「兜を身に着けないのであれば、小便桶にでもするがよい」と叱責したところ、勝成はこれに反発、「此上ハ真先キニ進ミテ討死致スカ、又ハ敵ヲ撫切リスルカ、一ツニツノ勝負ト覚悟仕ル」（小牧陣始末記』）と言い放ち、白山林の戦いで敵陣に突入して一番首を取ったという逸話がある。不意を突かれた三好軍は応戦するも総崩れとなり、大部分は南方（長久手方面）に逃げた。そのまま先遣隊に追われた秀次は香流川を渡って、細ヶ根（現・長久手市荒田周辺）で防戦。もう一度立て直しを図ったが失敗に終わり、秀次は命からがら逃げることになった。

稲葉村絵図　尾張旭市教育委員会提供

矢田川沿いから見た白山林

白山林の位置

尾張藩2代藩主・徳川光友は寛文年間（1661~73）に林政改革を行い、優良山林を「御林」と指定した。この時、白山神社を含む一帯は「白山御林」と呼ばれるようになる。そのため、小牧・長久手の戦い時に「白山林」と呼ばれていたのかという点については疑問が残るが、江戸時代の村絵図（山林図）にも「白山御林」は描かれており、その絵図から、どの範囲に白山林（松林）が広がっていたのかは大体想像ができる。現在の場所に置き換えると、矢田川の南、印場大塚古墳の辺りから尾張旭市市民プール一帯の丘陵地にあたる。三好軍はこの丘陵上に陣を敷いていた、丘陵の西

松河戸の渡し

側を通って南麓にいた、など布陣場所については、異論が多い。ちなみに『小牧陣始末記』には小幡城からの距離が記されているが、この記述を信じるのであればかなり西側に白山林があったことになる。「偖小幡ノ辰巳ニ岡アリ、此岡ニ古ヨリ白山ノ宮アリ、故ニ白山林ト云フ、小幡ノ城ヨリ此辺マデ廿八町有リ、一里トモ又一里余トモ云フ」（『小牧陣始末記』）

白山林で繰り広げられた戦いは、当時17歳の秀次にとって、討死を覚悟した忘れられない一戦になった。そんな戦いの舞台が具体的にどの辺りなのか、約1万の三好軍はどこに駐屯していたのか、今となっては想像に頼るしかない。だが、「南新町白山」という地名などから、その面影を感じることができる。以前、本地ヶ丘にある「白山公園」を訪れた際、この地で今後の戦況を左右する戦いが行われたことを改めて実感した。自分は今まさに戦場の中に佇んでいるのだと、小公園で一人血が騒いでいたことは私の胸の内にしまっておくことにしよう。

また、本地ヶ原公園には、白山林の戦いの隠れ案内版も設置されているので、こちらもお見逃しなく。

白山公園

松河戸の渡し

松河戸（現・春日井市松河戸町）と河村（現・名古屋市守山区）の間（松川橋の西側150mほどの浅瀬）を結ぶ渡しで、三好秀次の軍勢がここを渡河したと伝わる。「秀次モ松河戸ヲ越エテ川村へ出テ、竜泉寺ノ南へ押出シタリト聞ユ」（『小牧陣始末記』）。昭和8年（1933）に橋が架けられ、渡しは廃止となった。

本地ヶ原公園の案内板

本地ヶ原神社・兜神社

愛知県尾張旭市南新町中畑

本地ヶ原神社

本地ヶ原神社

昭和45年（1970）に建立された。境内には天狗のかかと岩や黒石大明神（黒石様）など、移設されてきた遺跡が多くみられる。神社の鳥居の傍に白山林の戦いの説明板が設置されており、その下にある「元白山神社」の石碑もその一つだ。この石碑は平成元年（1989）に長坂遺跡の北東から見つかった。元来、そこは白山第3号墳のあった場所と考えられており、古墳の発掘調査が行われていた際、埋もれた状態で偶然発見されたという。その後の調査で、明治44年（1911）、白山神社が稲葉の一之御前社に合祀された時、その跡地に建てられた石碑であることが判明した。

「白山林」の由来

この白山神社こそが「白山林」の名称の由来だと考えられている。創建について正確な年代はわかっていないが、奈良時代には丘陵の東部に白山社が祀られ、祭祀なども行われていたと伝わる。その後、長年荒れたままになっていたが、神社は寛文5年（1665）に尾張徳川家によって再興されたともいわれる。（『東春日井郡誌』）

「兜」が神様として祀られている？

神社拝殿の前には小さな社が三つあり、拝殿を正面に一番右側にある社が「兜神社」と呼ばれている。これは神社造営の際に造られたものだ。白山林の戦いで戦死した将兵や戦いに巻き込まれて亡くなった村人を祀ったものと伝わる。

この地域の歴史や文化が凝縮された本地ヶ原神社。境内には見所も多く、尾張旭市内では「白山林の戦い」を感じることができる貴重な場所である。

兜神社

元白山神社 石碑

棒塚（愛知県尾張旭市新居町山の田）

戻ってこなかった棒の手の師匠

　白山林に駐屯していた三好秀次から食糧の提出を命じられた新居村。しかし、村も凶作が続いており、村人ですら食べるものがないという状況にあった。なけなしの食糧を持っていこうとする三好軍に対し、村を代表して棒の手の師匠・水野吉平と禰宜の谷口菊三郎はその免除を頼みに出かけた。しかし、二人は戻らず、後から探しにいった村人が三好軍に惨殺された吉平の亡骸を発見したという。村人たちは供養のために棒塚を築いた。長久手にある岩作村の安昌寺の雲山和尚も菩提を弔いに訪れたと伝わる。以前は八瀬の木（現・尾張旭市城前町周辺）にあったが移転し、戦後に石碑が造られたといわれる。この石碑は現在、洞光院に移されている。

棒塚

甚五郎の松（愛知県尾張旭市長坂町南山）

甚五郎の祟り

　白山林の戦い時、三好秀次から伝令に出された、あるいは敗走していたとも伝わる、梶田甚五郎という若武者がいた。甚五郎は傷を負って松の木の下で休んでいた。甚五郎には金三十両という懸賞金がかかっていたとする話もあるが、そんな甚五郎を大勢の村人が襲い、殺して身ぐるみをはいだ。すると、しばらくして甚五郎の霊が祟り、村には凶事が次々と起こった。甚五郎の霊を祀るため、村人は松の傍に塚を築いた。やがて、その松は村人たちの間で「甚五郎の松」と呼ばれるようになったといわれる。古老の言い伝えによると、矢田川南岸（現・長坂町南山付近、稲葉橋を渡った周辺）にかつてその松はあったそうだが、今は存在していない。

甚五郎の松があったと伝わる場所

菱野のおでく警固祭り（愛知県瀬戸市東菱野町）

おでくさんの正体

尾張旭市の「甚五郎の松」で甚五郎の祟りについて紹介したが、隣町の瀬戸市にも甚五郎に関する伝承がある。菱野村の伝承によると、池田恒興が家臣の梶田甚五郎に戦勝祈願のため、猿投神社に向かわせたという。甚五郎が馬で猿投に向かう途中、菱野村を通りかかったところ、村人たちに落武者とまちがわれ殺されてしまうという事件が起こった。それからというもの、飢饉や疫病が村を襲うようになり、これは「甚五郎の祟り」とのうわさが広まった。（ひどい傷を負っていた甚五郎は息を引き取り、村人たちは馬の鞍の下にあった小判三十枚を持ち帰ってしまったことが原因とする異説も）。その後、菱野村の村人たちは梶田神社（加治田神社）を建て、甚五郎の霊を祀るとともに、「おでく」と呼ばれる甚五郎を模した人形を馬に乗せて猿投神社に奉納した。これにより「祟り」を鎮めることができたという伝承が残っている。

以来、菱野村では毎年おでくさんが標具に用いられ、猿投神社に奉納されるようになったという。甚五郎の伝承は、内容に諸説あるものの、甚五郎が「祟り」として恐れられている点では同じである。話が語り継がれていく過程で混同した可能性もあるが、甚五郎という人物が非業の死を迎えたことは確かなのであろう。

菱野のおでく警固祭り

現在、猿投神社への献馬は途絶えてしまったが、毎年秋には例大祭が行われ、今でも豊年など特別な年にかぎり、おでくさんを載せた飾り馬が菱野熊野社（旧菱野村の氏神）へ奉納されている。これが「菱野のおでく警固祭り」であり、平成20年（２００８）には瀬戸市の無形民俗文化財にも指定されている。

馬の塔（オマント）

尾張や西三河などの農村部では豊作への感謝や神仏への祈願に、古くから「馬の塔（オマント）」が盛んに行われてきた。馬の塔とは、馬の背に標具（ダシ）と呼ばれる札や御幣を載せ、首や胴も豪華な馬具で飾って、氏神や近隣の寺社へ奉納する習俗である。標具は個性豊かであり、独立した村のシンボルともいわれる。数十の村が集結した大規模なものは「合宿」と呼ばれる。献馬の際、鉄砲隊や棒の手隊が隊列をなして警固する「警固祭り」が残されている地区も一部みられる。

菱野のおでく警固祭り
瀬戸市提供

梶田神社

宮脇の鯉のぼり（愛知県瀬戸市宮脇町）

鯉のぼりを立てると不幸になる？

端午の節句は座敷に武者人形を飾ったり、のぼり旗や鯉のぼりを立てたり、チマキや柏餅を食べたりしてお祝いをする。しかし、瀬戸市にある深川神社東の宮脇界隈には、古くから「鯉のぼりを立ててはいけない」という風習があるそうだ。長久手の戦いで敗れた羽柴軍の落ち武者が傷つきながら宮脇の地まで逃れてきた。落ち武者は食糧を求め、刀を抜いて村人の家に押し入ろうとした。五月の節句前、のぼりを立てるために用意してあった竹竿を村人が手に取り抵抗、ついには打ち殺してしまった。それからというもの、のぼりを立てた家は子どもが育たず、不幸になったといわれる。これが落ち武者の怨念だということになり、以来、五月の節句にのぼりを立てなくなったそうだ。村人たちが落ち武者の霊を手厚く供養したところ、村の子どもたちはすくすく育ったという。「のぼりを立ててはいけない」という言い伝えが、どこかで「鯉のぼり」に当てはめられてしまったのだろうか。なお、この風習の由来については、弘治2年の「稲生合戦」の落ち武者とする説もある。

落武者の墓

笠松（愛知県瀬戸市駒前町）

家康の陣笠

小幡城を出陣した家康本隊は岡崎別働隊を挟み撃ちにするため東へと回り込んだ。その進軍途中で家康は御嶽山（現・瀬戸市）に至る。ここで戦場を遠望した家康は被っていた陣笠を近くの松に掛けて兜にかえ、身支度を整えたという。小休憩をとった後、山を下りて駒前で本地川を渡り、色金山方面に向かったといわれる。この家康本隊が通った道は「権道路（ごんどうじ）」と呼ばれる。現在、御嶽山の山頂には御嶽神社があり、境内にはいかにも陣笠を掛けやすそうな枝の広がった松がある。これがその伝承の「笠松」なのであるが、これは当時から残っているものではない。初代笠松は現在地よりもう少し南（尾張ゑびす大黒社の境内付近）にあったそうだ。この話を後世に残そうとした人々の手で絶えず松が植えられ、今で3代目になるのだという。くれぐれも帽子などをかけて、松を傷つけないように。

笠松

権道路（ごんどうじ）（愛知県瀬戸市山の田町・長久手市北浦など）

家康本隊の進軍路

家康は御嶽山（現・瀬戸市）を下りて駒前（現・瀬戸市駒前町）で本地川を渡り、権道寺山（現・長久手市北浦）（＊太鼓ヶ根と同じとする説も）に進軍、太鼓ヶ根（現・北浦の西）、立花山（現・長久手市立花）と、山の尾根上を進み色金山に至った可能性がある。太鼓ヶ根は徳川軍が色金山に進軍する際、陣太鼓を打ったと伝わる場所だ。「権道寺山ト云フハ能キ場ト御聞キ及ビアリ、（略）権道寺へ御移リノ時分、猪子石合戦半ハ過キノ頃也、其レヨリ色金山へ御移リアリ、是迄十一町余、（略）（色金山ヨリ）権道寺ハ丑寅ニ当ル」（『小牧陣始末記』）。しかし、瀬戸市にも家康が通ったと伝わる道が存在する。現在の瀬戸市山の田町の中央付近（太鼓ヶ根から立花の山麓）を通る道で、この道は権現様（徳川家康の敬称）が通ったことから、「権道路」と呼ばれている。現在、権道路は近年の開発を受けて昔の面影は無くなっている。あくまで進軍ルートは推測であるが、徳川軍は隊を分けて山上と山麓を進み、色金山に至ったと考えることもできる。

権道路

権道寺

愛知県長久手市北浦など

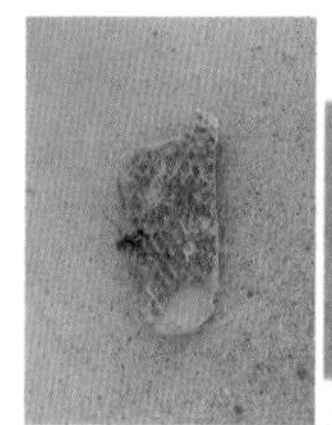

伝権道寺出土遺物
長久手市提供

伝説の寺院　権道寺

かつて長久手の大草村には権道寺なる寺院があったと伝わる。権道寺の位置は北浦（現・長久手市北浦）や寺田（現・長久手市溝之杁にあった旧地名）など諸説あり、創建も奈良時代にまで遡るといわれる。『永見寺由来記』によれば、貞観（８５９〜７７）の頃、大草村の北西に権道寺は存在したとする。永見寺は当初、延命地蔵を祀る地蔵堂であり、この地蔵は権道寺の秘仏であったと伝わる。寺が焼失したされる時期も治承（１１７７〜８１）や応仁（１４６７〜６９）、天正12年（１５８４）の長久手の戦い時と確証はなく、焼土も検出されていない。権道寺の全体像も不明であるが、広範囲で遺物が採集されていることから、それなりの規模を誇った寺院であったことが予想される。権道寺は伝説の寺院となってしまったが、権道寺山や権道寺道といった具合に権道寺の名や伝承は語り継がれている。

愛知県長久手市郷前・溝之杁・杁ノ洞・北浦

大草城（おくさじょう）

森長可の改修？

大草城の築城時期は明らかでないが、鎌倉時代初期まで遡るとも考えられている。永禄6年（1563）には、岩崎城の丹羽家がこの一帯を治めていたようだが、城に関する記録は残されていない（『前熊寺文書』）。天正7年（1579）、美濃金山城主・森長可が信長から大草に領地を与えられた。長可は有事に備えて大草城の改修を行ったとされ、長可が金山に戻った後は、この地の豪族である福岡新助が城代を務めた。

池田・森軍の落武者が籠城した城

長久手の戦いで敗走した池田・森軍の兵士は大草城へ落ちのびた。その数は千人にも及んだという。大草城に入った落武者勢は、城代・福岡新助と池田家の侍大将・伊藤三左衛門友信らの指揮のもと徳川軍の攻撃に備えた。家康は大草城への攻撃を命じたが、城の守りは堅く攻めあぐねていた。秀吉の大軍がこちらに向かってくると報告を受けた家康は、急遽大草城攻めを中止。早々に小幡城に引き上げることを決断した。大草城攻めに失敗した織田・徳川勢は周辺の寺や民家を焼いて引き上げたという。その後、大草城に籠城していた侍大将らは大草村で帰農し、翌年人草庵（のちの永見寺）を建立したことが永見寺所蔵の棟札に記されている。「長久手合戦池田軍に利あらず侍大将伊藤三左衛門友信　鈴木武兵衛通宣　中野傳之烝盛光等武具を捨てて大草の地に落ちのびて草原を耕し山林を伐り開きて農耕に精励せり」（『永見寺由来記』）。また、福岡新助については、ここから南東に位置する福岡太郎右衛門館の城主一族であった可能性も指摘されている。

大草城跡周辺図

大草城に遺されたもの

標高90～120mの丘陵に築かれた大草城。主郭を囲むように東郭・東南郭・西南郭と複数の郭が設けられ、要所には大規模な空堀（堀切）や土塁も完備されている。また、「溝之杁」や「杁ノ洞」、「北浦」といった水に関する地名や永見寺の山号が「水福山」とあるように、この辺りは湧き水が豊富であったことを物語っている。同時に城の周囲は深い湿地帯であったことも想像できる。永見寺境内からは周辺が一望でき、城が好立地に築かれているのがわかるだろう。しかし、これほどの規模を誇る城でありながら、史料には一切出てこず、地誌類には『尾張志』しか大草城の名を留めていない。これは私の推測であるが、家康が大草城を攻略できなかった事実を隠すため、大草城の存在が徳川家に抹消されたのではないか、そんな風に考えてしまう。「大草村西之島といふ地にあり西北二方は山を垣とし東南は二方ともに深谷を境とす右城内東西廿間南北廿間あり城主は福岡新助也と土人いへり此界内も城之内といふなり」（『尾張志』）

　永見寺の脇から熊野社へ上がっていくと早速、東南郭が迎えてくれる。熊野社境内の西側にある「大草城趾」の石碑を確認して、そこから南北に走る道を北に歩いていくと、右手には帯曲輪、左手には主郭が広がる場所に出る。主郭のさらに西側には土塁と西郭群、南西には空堀と西南郭がある。しかし、西側エリアは私有地で立ち入りができないため、大草児童遊園から郭群を見るだけに留めたい。そして、児童遊園辺りが大手虎口になるわけだが、今となっては形状も判然としない。次に、東側エリアも私有地であるが、段々状に展開する東郭の様子は見ることができる。東郭のさらに東にある墓地周辺には大規模な堀切や井戸が残存し

大草城 遠景

曲輪

大手虎口方面を望む

石碑

ている。

大草城は城跡のほとんどが私有地になるため敷地には決して立ち入らず、遠目に見学するなど注意が必要だ。昨今、変容が著しい長久手市内に、こんなにも遺構が良好に残り、戦国時代の面影が漂う城は珍しい。実際に現地を歩いてみるとよくわかるが、この城は簡単に落とせる城ではない、きっとそう感じることだろう。

井戸跡

伴若狭守盛兼の墓碑（愛知県長久手市岩作色金）

伴若狭守盛兼

盛兼は信長に仕え、伊勢亀山城を居城としていた。家康の伊賀越えの時も、自身は病であったが使者を出して道案内をさせるなど、家康に協力したといわれる。天正11年（1583）に三河に赴き、はじめて家康に謁見して遠州気賀6千石を与えられた。そんな盛兼は長久手の戦い時、井伊直政に従って参戦したが、鴉ヶ廻間（からすがはざま）で討死したと伝わる。「大河内源三郎政局入道背空ハ、無双の忠臣なりしか、直政に従ひ来り、岩崎の北の山にて、驍戦して命を失ふ、神君の御馬廻りより、伴若狭盛兼、松下次郎左衛門長綱来て、背空と共に戦死ス」（『四戦紀聞尾州長久手戦記』）

色金山の中腹にあるこの石碑は、文政7年（1824）に盛兼の子孫で尾張藩士の滝川吉十郎徳広が建立したものだ。「伴盛兼墓　文政七年甲申閏八月本州徳川藩士滝川徳広（吉十郎徳広は盛兼の弟伴清右衛門弘資七世の孫也）之れを建つ。盛兼は近江の人なり。岡崎譜代の臣にして遠州気賀の領主（采地六千石）たり。若狭守と称す。天正十二年四月九日長久手役に戦死す。乃ち玆に葬る」（『岩作里誌』）。位牌は安昌寺へ祀り、冥福を祈ったという。この石碑は気賀のほうに向けられている。長久手には多くの羽柴方の墓碑や塚があるが、徳川方では唯一墓碑が残され、称えられている人物である。

伴若狭守盛兼 墓碑

色金山（いろがねやま）（愛知県長久手市岩作色金）

家康の色金山進軍

家康本隊は9日午前2時頃に小幡城を出発、大森・印場・稲葉を通り、本地ヶ原を経て御嶽山（現・瀬戸市）に登った。その後、南進して岩作の立花に至り、午前5時頃、色金山に進軍した。色金山に着いた家康は内藤正成・高木清秀らを斥候とし、富士ヶ根方面に派遣。彼らは道中、渡辺守綱・大久保忠佐らに会い、大須賀・榊原隊が桧ヶ根で堀秀政に敗れたことを聞く。本多正信は家康に堀が池田・森と合流しないうちに、富士ヶ根に移ることを進言、家康は決意し、急ぎ色金山を出陣した。「本多佐渡守か云、御先手の敗軍を致候ハバ御旗本勢計りにては前後に敵を引請、如何有へき哉と申さるる処江、渡辺・大久保罷皈り、少しも早々富士ヶ根へ御越、敵の間を御取切可然之旨申上る、さらは急に越申様、直に井篭ヶ根より富士ヶ根江御移り被遊」（『長久手合戦記』）

床机石

床机石

山頂に「床机石（しょうぎいし）」と呼ばれる巨石がある。色金山に陣を敷いた家康は山頂の巨石を床机代わりに軍議を開いたといわれる。「（家康公）岩作村の北、井篭ヶ根山へ御登り、山上の大石に御腰を懸られ、敵間を御覧し、爰においてあらかしめ御勝利の旨を決し給ふ」（『天正征伐記』）。色金山は『尾張名所図会』にも「色嶺」として大きく紹介され、江戸時代を通じて家康ゆかりの名所として多くの尾張藩士などが訪れた。「井瀧ヶ根 安昌寺後山也、松杉しんしんとして登る事一町ばかり 冬紅葉よきいろが根の松間哉」（『尾張雑書岩作・長湫・岩崎道之記』）。現在、床机石の傍らには、宝永3年（1706）に福富親茂が立てた「宝永の碑」と明治43年（1910）に吉田知行を発起人として地元有志が立てた「明治の碑」がある。また、同じく床机石の近くに「馬蹄石」と呼ばれる石があり、よく見ると石の表面に馬蹄形の凹みが見られる。これは徳川軍がここに進軍した際についた馬蹄の跡だと伝わる。

色金山（明治後期～大正末期）
浅井達夫氏蔵

色金山歴史公園

現在は「色金山歴史公園」として整備されている。戦国時代の雰囲気が漂う展望テラスからは長久手の戦いが繰り広げられた場所を見ることができる。家康の目にはどのように戦場が映ったのであろうか。また、家康の足跡を辿るだけでなく、園内の自然や色金山の四季を堪能するのもおすすめだ。木漏れ日を浴びながらの公園散策は気持ちがよく、秋には赤色に染まった美しい紅葉の景色が広がる。歩き疲れたら、休憩に犬山市の国宝茶室「如庵」を模してつくられた茶室「胡牀庵」で一服するのもいい。

馬蹄石

床机石から長久手古戦場方面を望む

展望テラス

八幡社旧蹟碑（愛知県長久手市岩作色金）

家康が戦勝祈願に訪れた場所

色金山の中にある八幡社は、安昌寺の僧・泰順により永禄2年（1559）に勧請されたと伝わる。「安昌寺住持泰順僧、永禄年中の頃、後山に八幡社を勧請し奉といへども、星霜重りて廃壊に及びぬ」（『長湫戦略記』）。天正12年（1584）4月9日、岡崎別働隊を追ってきた家康は色金山に至り、ここで軍議を行った。この時、安昌寺の僧・雲山と丹羽氏次の案内で家康は八幡社を詣で、戦勝を祈願したといわれる。「長湫の役徳川家康の命に依り色金山の八幡社を祈願す」（『岩作里誌』）。

八幡社旧蹟碑

雲山が神前で武運を祈念していた時、山の上から白い鳩が舞い降りた。氏次が「鳩は八幡神の使いであり、吉兆の証である」と家康に伝えたところ、家康は上機嫌で富士ヶ根（御旗山）に向かったといわれる。八幡社は明治44年（1911）に廃社となり、石作神社に合祀され、大正7年（1918）になって跡地に碑が建てられたそうだ。

安昌寺

愛知県長久手市岩作色金

山門

岩崎城主・丹羽氏次の再興

創建は明らかではないが、天正11年（1583）以前に寺が存在したのは確かなようだ。天正13年（1585）に岩崎城主・丹羽氏次によって再興されたとする説が有力である。安昌寺へ田畑の寄付を証した氏次の寄進状があり、これは同時代史料で信憑性が高いためである。「天正十一年癸未之秋、従国方前々山・屋敷・田畑・寺領等悉有御闕所處ニ、今度我等為新寄進、田地拾貫文目・門前之小家三間、右之分悉岩作安昌寺江令寄進者也」（天正13年9月26日付丹羽氏次寄進状）。しかし、『長久手合戦記』には、永禄（1558〜70）の頃に寺が焼失したとあり、安昌寺が存在したことを記している。『安昌寺史』には、天正元年（1573）8月15日、雲山存道和尚が大永寺から安昌寺に普住したとし、この時が創建ではないかとする。

長久手の名所・安昌寺

江戸時代、安昌寺一帯は長久手の戦いの名所となり、多くの尾張藩士が安昌寺を訪れた。その関係で寺には貴重な文書が数多く残されている。現在、境内には本堂や観音堂・鐘楼（しょうろう）・山門などが建っている。旧本堂は棟札によれば享保5年（1720）に建立されているが、昭和55年（1980）に建て替えられたとのことだ。観音堂には平安時代初期の十一面観音像が安置され、百年に一度御開帳される。鐘楼は明和7年（1770）のもので、長久手市内では最古の木造建造物となる。安昌寺には長久手の戦いの記憶が色濃く残され、往時の姿を一部留めている。寺紋は岩崎丹羽家の家紋・丹羽扇となっており、隠れた見所の一つだ。

安昌寺（明治後期〜大正末期）
浅井達夫氏蔵

首塚（愛知県長久手市岩作元門）

戦いの悲劇を物語る塚

　長久手の戦いにおける戦死者は約2千5百人から3千人といわれている。死体は野山に放置され、野晒しとなっていた。安昌寺の雲山和尚はこの凄惨な様子を見て嘆き、村人とともに首や屍を集めて塚を築き、手厚く葬った。のちにこれを「首塚」と称した。「雲山和尚は野辺に出て、死骸之連々たるを見て、所の百姓を頼み、なきからを夫々の所に埋置、読経、落たる首を集て、埳に埋、其上に墳をなして弔はれけり」（『長湫戦略記』）。宝永3年（1706）、尾張藩士の福富親茂が長久手を訪問した際、この塚を修理して石碑を建てた（宝永の碑）。『張州府志』の首塚の項には、「在岩作村安昌寺門外。塚上立石彫詩。相伝。長湫戦後。埋首於此。然後人附会之為也」とあり、首塚の当時の様子を伝えている。明治43年（1910）にも、地元の有志たちが戦死した将兵の霊を供養するため、ここに石碑を建てた。毎年、4月9日には法要も営まれている。

首塚

首塚が私たちに訴えるもの

　『尾張名所図会』を見ると、安昌寺の南西に首塚が描かれているのがわかる。当時の首塚周辺は田畑しかないが、現在は住宅地に変貌している。首塚という名称から、立ち寄るのに抵抗を感じてしまう人もいるかもしれないが、長久手の戦いの被害の大きさや実態を知る上では外せない場所である。長久手ではたくさんの血が流れ、命が失われた。近年、開発や宅地造成によって多くの塚が失われ、戦いの残酷さが忘れ去られていく中で、この塚が持つ意味は計り知れないものがある。

首塚　『尾張名所図会』前編五
愛知県図書館蔵

耳塚（愛知県長久手市岩作中縄手）

首の代わりに耳をそぐ?

耳塚

長久手消防署の隣にある田んぼの中に「耳塚」と呼ばれる塚がある。伝承によれば、長久手の戦いで討死した者の耳が埋められた塚だという。家康が長久手の戦いの際、敵の首・片耳をそぎ取って、論功行賞の証とするよう命じたことが背景にあるようだ。実際、戦国時代に首の代替として耳や鼻を取ることは多かったそうだが……。

この塚が建立された年代や言い伝えの真偽も不明であるため、長久手の戦いの史跡と断言できないのは悔やまれる。『尾張名所図会』には、石作神社の南側に多くの塚が描かれ、「此辺小塚多し」と記されている。かつては「百八塚」と呼ばれ、田には数多くの塚が散在していたという。全ての塚が長久手の戦いの戦死者を弔う塚だとは言い切れないが、関係するものは複数あったと思われる。この耳塚もその中の一つなのかもしれない。かつて長久手小学校の裏手には東西数百mにわたり小高い丘があり、そこには多くの塚が存在していたとのことだ。

地元ではいつの頃からか、耳の悪い人は耳塚に祈願すれば平癒するとも伝わっている。「耳塚　字中縄手五十番に在りて草塚なり。耳を病む者茲に祈る。克く感応あり」（『岩作里誌』）。昭和3年（1928）に岩作区長や地元の有志が整備し、耳塚は現在の形となった。この時、地下から蓋付きの壺が発掘されたそうだが、改めて埋葬したといわれる。平成25年（2013）にも倒壊の危険性から再び修復工事がされた。現在でも、耳塚は地域住民によって大切に守り続けられ、毎年供養祭も行われている。

百八塚 石碑

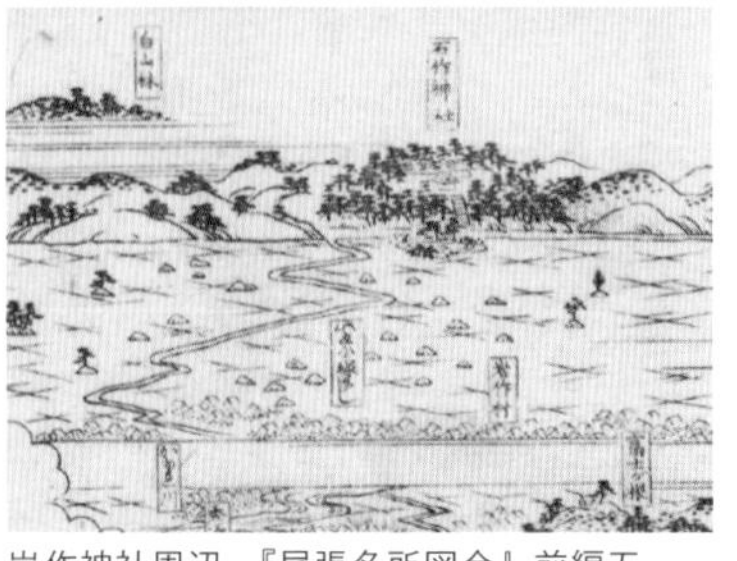
岩作神社周辺 『尾張名所図会』前編五
愛知県図書館蔵

愛知県長久手市
岩作城の内

岩作城

やざこじょう

岩作城主・今井氏

岩作城の築城・廃城年代など詳しいことはわかっていない。岩作城に関する初見は『寛文村々覚書』に「古城跡 先年今井五郎太夫居城之由、今ハ畑ニ成」とあり、今井氏の居城であったと記されている。また、『尾張志』には「今井四郎兵衛居之當村東畠にあり其跡一段二畝歩也とある是なり郷人今も其名を知れり天正十二年四月九日岩崎籠城戦死の士に今井四郎三郎といふあるは四郎兵衛の子なとにやありけむ」とある。確かに岩崎城で戦死した人物の中には「今井四郎三郎」の名が確認できる。岩崎丹羽家の家臣・今井氏が岩作に派遣されていた可能性も否定できない。『岩作里誌』によれば、今井氏は年貢米をめぐる争いから領民に殺害されたと記されている。

岩作城に遺されたもの

岩作城の規模や構造については、江戸時代の地誌類に散見される。「こゝの字を城の内といふ也四面に土居の形猶残れり土居幅一間つゝあり土居を省て東西四十四間南北三十二間あり」(『尾張志』)。明治時代の地籍図からは、字「城ノ内」に方形区画を見て取ることができ、堀跡のような帯状の水田も確認できる。昭和60年(1985)の

石碑

岩作城 遠景

岩作城の遺構　城館北東隅附近の発掘調査(平成10年) 愛知県埋蔵文化財センター提供

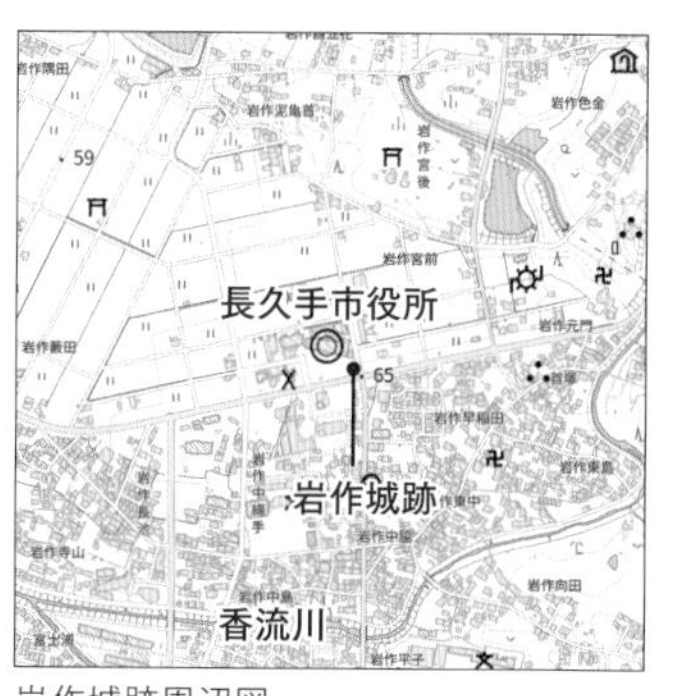

岩作城跡周辺図

岩作西城跡

発掘調査の段階で、高さ約1mの土塁が残存していた。調査の結果、四方を囲む堀や土塁、城館南側の中央に虎口、曲輪内には作業場やピット、溝などが検出された。現在の長久手市役所の南側が岩作城跡であり、市役所前の交差点には「岩作城址」の石碑が立っている。遺構は埋められており、今となっては見る影もないが、「城の内」の地名やJAあいち尾東の駐車場付近には虎口を思わせる曲がりくねった道が残っている。

岩作西城

『尾張志』によれば、岩作村にはもう一つ古城があり、「西ノ城」は現在の字「薮田」にあって、規模は東西三十間、南北十間であったとされる。西城は岩作城から西に600mほどの位置にあるが、城跡に遺構は何も残っておらず畑地となっている。また、城主として鈴村権八の名が記されているものの、鈴村氏と今井氏の関係や城主であった時期もわからないというのが現状だ。しかし、愛知医科大学が建設されるまで「権八池」という名称の池が残っていたようで、これは鈴村氏の形跡が感じられる興味深い伝承である。「城主の穿築したる池に権八の名遺存せり、又同氏の所有たりし地名を、鈴村の一字を用ひて村カ山と云ふ」(『岩作里誌』)

前熊寺

愛知県長久手市前熊橋ノ本

前熊寺

前熊寺(ぜんのうじ)は、この地の豪族・福岡氏が建立したと伝わるが、創建については諸説ある。「當寺末寺前熊村前熊寺儀ハ、往古右村郷士福岡太郎助開基ニ而、當寺七世満嶺和尚為開山、天文五庚子前熊山和合寺と名附一寺ヲ建立被致置候処」(『前熊寺鎮守天王由緒書』)。また、前熊寺付近には、かつて福岡太郎右衛門の館があったともいわれるが、詳しいことはわかっていない。長久手の戦い時、前熊寺は村の人々や落ち延びた兵士の避難場所として利用されたといわれる。境内では炊き出しが行われ、その時に使われた大釜が寺に残されていたが、太平洋戦争時に供出されたまま戻ってこなかったとする話もある。寛政3年(1791)に再建された本堂は、平成になって建て替えられ、現在に至る。

御旗山（愛知県長久手市富士浦）

家康が金扇の馬印を立てた山

4月9日早朝、色金山で軍議を開いた家康は、自軍の先遣隊が桧ヶ根から敗走してくるのを見て富士ヶ根に進軍、午前8時頃には着陣し、頂上に金扇の馬印を立てた。堀秀政は山頂の馬印を見て、家康本隊が迫っていることに驚き、兵をまとめて退却した。**「（家康公は）直に井篭ヶ根より富士ヶ根江御移り被遊、此節能時分にて、四人の物見敵間場所具に申上る故也、富士ヶ根の上に金の扇の御馬印を立させられ候得は、敵方大ひに騒き立、思ひ寄さる事なれは逃散も多し」**（『長久手合戦記』）。また、榊原康政ら敗れた先遣隊も家康と合流するべく、この馬印を頼りに集まったとされる。また、御旗山にはこんな逸話がある。渡辺半蔵守綱の弟・政綱が内藤正成にどうして富士ヶ根に馬印を立てたのかと尋ねたところ、正成も返答に困ってしまい、実際に御旗山に登ることにしたという。周辺を見渡した正成はここに旗を立てた意味をよく理解し、その旨を政綱に伝えたということだ。家康が地形を活かして戦う天才であったことを物語る話ではないだろうか。**「渡辺半十郎政綱、内藤四郎左衛門正成ニ向ツテ、アノ山ニ御旗立テ可申ノ由達ス、（略）彼山へ上リテ能ク一見被致シニ、下カラ見テレタヨリ抜群ニ能キ地也ケレバ、（略）御旗立テ可然トアリテ、富士ヶ根山ニ立ツト也、（略）御一戦終ル迄御旗此山ニ立ツニヨリ、御旗山トモ云フト」**（『小牧陣始末記』）。「御旗山」という名称は家康が金扇の馬印（御旗）を立てた故事にちなんでいる。

富士社

現在、山頂には富士社が祀られている。由緒書によれば、創建は元和3年（1617）で、青山重大夫が富士浅間社をここに勧請したことに始まる。**「駿州富士浅間社先達重大夫、元和三年巳六月当社を創建す」**（『長久手村誌』）。それ以来、この山は「富士ヶ根」や「富士山」と呼ばれるようになった。**「富士山 在長久手村東北。山頂松樹中有富士権現祠」**（『張州府志』）。昭和45年（1970）に社殿の改修が行われたが、その後の火災で消失している。平成3年（1991）、長久手区と崇拝者の支援により社は再建された。また、社の隣には地元有志が建てた「御旗山」の顕彰碑もある。今のところ山頂から桧ヶ根方面を望むことはできないが、長久手古戦場方面は一望できる。家康の気分になって、ここから仏ヶ根に進軍してみてはいかがだろうか。

御旗山（明治後期～大正末期）　浅井達夫氏蔵

御旗山

景行天皇社（愛知県長久手市西浦）

景行天皇社の変遷

景行天皇社の社記によれば、承和4年（837）、この地方の豪族が景行天皇を祀り、根ノ神（現・長久手市根の神、蟹原付近）に社を創建した。社はその後大久手（現・長久手市大久手）に移り、永禄9年（1566）には長久手城主・加藤忠景によって枯乎良岐（コウロギ）に移されたという。この「枯乎良岐」は日進市北新町の「口論義」だと思われるが、長久手市丸根に山の神を祀る「コロゲ」と呼ばれる地域があったともいわれ、位置ははっきりしない。現在地に遷座されたのは慶長9年（1604）と伝わる。

堀秀政が陣を敷いた場所？

『寛文村々覚書』に同社は「明神」と記され、神明社・白山社と相殿であったので、いつの頃からか三社の宮（杜）と呼ばれていた。「昔年ヨリ景行天皇神明白山ノ三社鎮座ノ由イヒ伝ヘリ、（略）長久手合戦ノ砌此三社ノ前ニテ堀久太郎備ヲ立シ事、長久手記ニアリ、其社地ハ即チ枯乎良岐ナリ」（『尾張徇行記』）。岡崎別働隊・第3隊の堀秀政は三社の宮付近（現・景行天皇社の位置）に陣を敷いていたとされ、秀次敗走の報告を受け桧ヶ根に移り、徳川勢を迎え撃った。しかし、慶長9年に社が現在地に移ったとする説を信じるのであれば、長久手の戦い時は枯乎良岐にあったということになる。仮に秀政が枯乎良岐にいたとすると、桧ヶ根まで少し距離があるのではないかと思う。堀隊が広範囲あるいは分散して布陣していたのか、もしくは遷座自体がもっと前の話なのか、色々な見方ができそうだが、どれも推測の域を出ない。

家康の戦勝祈願

長久手の戦いの前、家康と信雄は景行天皇社を訪れ、戦勝を祈願した。家康は戦いに勝利し、その願いが叶えられたので、戦後太刀を奉納している。社家の青山助太夫が寺社役所に出した由緒書によれば、「天正十二申年九月、織田信雄公御参詣、同十月、権現様小牧山から三州江御帰陣之節御参詣、御太刀烏目二十貫文宛御備御座候」、「信雄公并権現様から御備御太刀当社神宝ニ相成居候処、万治年中被盗取候由、代々申伝候」（『長湫紀附録』）とあり、信雄と家康が太刀を奉納したこと、それらが万治年間（1658〜61）に盗まれたことなどが記されている。その後も慶長9年（1604）には松平忠吉、元和8年（1622）には徳川義直が同じく太刀を奉納している。これらは現在、社宝として大切に保存されているが、信雄と家康のものは鞘だけが現存しているという状態である。江戸時代になってからも、ここは家康が勝利した開運の地として、多くの尾張藩士が参拝していたそうだ。

旧長湫地区の氏神

平成9年（1997）に本殿と社務所が新築造営され、旧拝殿は神楽殿として移築・改修された。本殿向かって右にある神明社、白山社がかつての三社の宮を偲ばせる。荘厳な社殿、徳川家とのつながりも深い景行天皇社。何か大事な戦が控えている際は、当時の信雄・家康の気持ちになって戦勝祈願に訪れてみてはいかがだろうか。

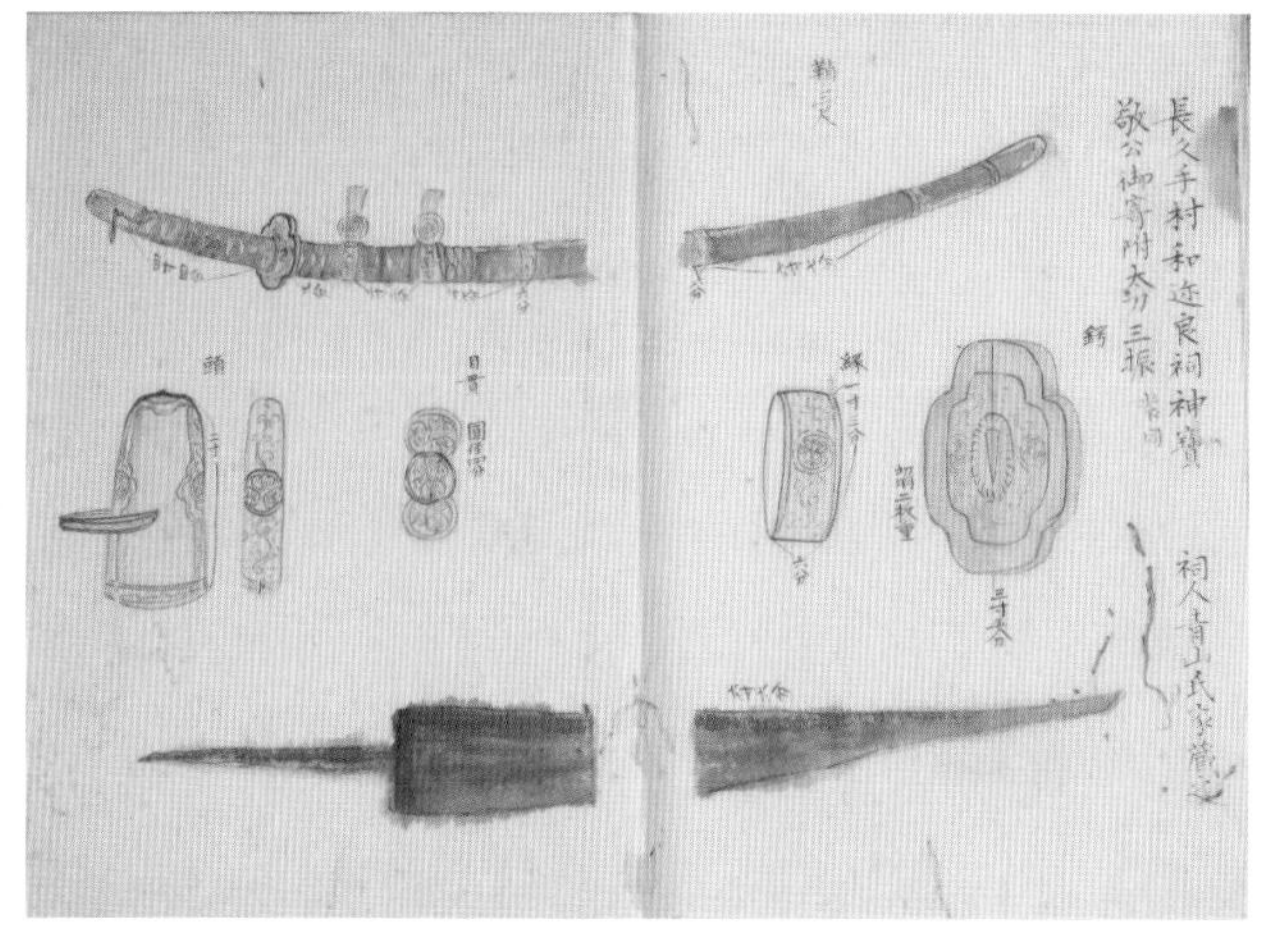
奉納太刀　長湫記附録細野要齋稿本　長久手市提供

社殿

景行天皇社

景行天皇社（明治後期～大正末期）浅井達夫氏蔵

堀久太郎秀政本陣地跡 （愛知県長久手市坊の後）

桧ヶ根の戦い

白山林で勝利した大須賀康高・榊原康政は逃げる三好秀次を追った。深追いしていく大須賀・榊原隊を本多康重は冷静に止めたが、制御できない状態にあった。その理由として、二人の間柄（康高の娘が康政の妻）が関係しているとした史料もある。「大須賀康高、榊原康政ト聟小舅ノ事ニテ、互ニ主人ハ中能候得とも、家中ノ面々ハ互ニ威争ヒ、吟味合テ中悪シ、康政掛レハ、大須賀続テ遅シト先ヲ争ヒ候故」（『小牧御陣長湫御合戦記』）。堀秀政は三社の森付近（現・景行天皇社）で休憩中、背後の三好軍が奇襲を受けて敗走し、徳川先遣隊が秀次を追って、こちらに向かってきているとの報告を受けた。秀政はこれを迎え撃つため、直ちに桧ヶ根（現・長久手市坊の後周辺）に移動、ここに陣を構えた。秀政は鉄砲隊に敵を存分に引きつけて狙い撃つよう命令。「久太郎鉄炮大将を呼よせ、味方敗軍と見えたるぞ、敵唯今味方を追て可来、十間より外ならハ、玉たうなにうたせそ、若あハて、遠く鉄炮をはなしすてはハ、可為曲事馬上一人うちたをし候においては、為加増百石之地可宛行と、たしかに云渡しけれハ、一きハ静り反て待居たり」（『太閤記』）。秀政は「兜首一つにつき俸禄を百石加増する」と自軍を奮い立たせた。突っ込んできた徳川勢に対し、堀隊の鉄砲が一斉に火を噴き、三好の残党も堀隊に加わって再度攻撃を仕掛けた。大須賀・榊原隊は大打撃を受け、多くの死傷者を出し、今度は徳川方が敗走する立場となった。しかしこの時、秀政はすぐ近くの御旗山に金扇の馬印が掲げられるのを見て、家康本隊の接近を知る。秀次も犬山方面に撤退を開始しており、戦況不利と判断した秀政は急いで自軍をまとめ、秀次の後を追う形で引き上げた。「堀秀政か勝誇たる多勢、扇の御験を見て、大に驚き、弱兵等早見崩しけれバ、秀政既に北の山際へ退き」（『四戦紀聞尾州長久手戦記』）

堀秀政が見た光景

現在、桧ヶ根公園内に「堀久太郎秀政本陣地」と刻まれた石碑が立っている。石碑は明治40年代に尚武会によって建立されたといわれ、区画整理事業で一時は長久手城址に移されていたそうだが、平成4年（1992）に現在地に設置された。この本陣地跡は昭和58年（1983）に指定史跡となっている。本陣地といっても、今は子どもで賑わう公園であり、残念ながらそこに「陣地」感はない。だが、隣接する長久手市中央図書館の北側にある歩道橋の上に立って周辺を見渡すと、当時堀秀政が見た光景に近い景色を望むことができる。この辺りから南東方向にある御旗山（現・富士社）

石碑

に家康の金扇の馬印が見えたとのことだが、実際に確認してみると、かなり近くに感じる。またこの位置に立つと、秀政がここに陣を構えた理由がよくわかるはずだ。現在は開発が進み、建物などで周辺は見えにくくなっているが、尾張旭市方面を一望できる良い場所である。

堀久太郎秀政本陣地跡（昭和後期〜平成初期）
長久手市提供

木下勘解由（かげゆ）塚・木下周防（すおう）塚

（愛知県長久手市荒田）

三好秀次と可児才蔵の逸話

白山林の戦いで敗走した三好秀次は細ヶ根（現・長久手市荒田周辺）まで逃れてきたが、混乱の中で自分の馬を失ってしまい、窮地に追い込まれた。そんな秀次のもとに、自身に仕えていた可児才蔵が馬に乗って通りかかる。秀次は才蔵に馬を借りたいと頼んだが、才蔵は「雨降りの日の傘は貸すことができない」と断り、その場から去ってしまったという。「時ニ秀次ノ馬ニ離レ歩立ニ成リ、引退キ兼ヌル処ニ、折節可児才蔵吉長乗リシニ、秀次招キ掛ケ、其馬ヲ貸スベシトアレバ、雨降リノ傘也トテ乗通ル」（『小牧陣始末記』）

語り継がれる木下兄弟の武勇と一族の奉公

そこへ秀次の家臣・木下勘解由利匡（としただ）が歩み寄ってきて、利匡は自らの馬を差し出した。秀次はその馬で逃れることが叶い九死に一生を得た。利匡は兄・木下助左衛門祐久とともに細ヶ根に踏みとどまり、秀次を追ってきた徳川軍と交戦。木下兄弟は殿をつとめ、ここで討死した。「木下助左衛門・同勘ケ由・同周防・岡本彦三郎・穂富大学、右ハ討死也、木下勘ケ由ハ、秀次の馬被放故、我馬に奉乗せ、今生の御暇乞是迄也と、指物を地に立、其場を不去討死也」（『長久手戦話』）

秀吉の親族にあたるといわれる木下一族は小牧・長久手の戦い時、秀次に従軍していた。前野家所蔵の陣立書にも、孫七郎（三好秀次）の両脇を助左衛門（祐久）とかけゆ（利匡）が固める形で記されている。

木下勘解由塚・木下周防塚

長久手合戦場　勘解由塚故事
『尾張名所図会』附録三　愛知県図書館蔵

現在、利匡の戦死地と伝わる木下勘解由塚は市の指定史跡となっている。以前は草地に土盛りがあったそうだが、昭和58年（1983）に整備され、石碑が建てられたのだという。ここから東に50mほど歩くと、大型マンションの入口付近に同族の木下周防守戦死地と伝わる塚もある。聞くところによると、木下秀定という人物もここで討死したとする話もあるので、この二基の塚以外にも一族の塚が周辺に存在した可能性もある。

自らの命を犠牲に総大将を助けた木下一族。彼らの忠義に感銘を覚えつつ石碑の周辺を歩いていると、集団下校の小学生たちとすれ違った。今となっては、にぎやかな声で溢れる木下兄弟最期の地、子どもたちを見守るかのように彼らは静かに眠っている。

木下勘解由塚

木下周防塚

教圓寺

愛知県長久手市岩作東島

教圓寺

家康が色金山から御旗山に移る際、この寺の本尊が源氏代々の開運の阿弥陀如来ということで戦勝祈願をした。その後、家康が長久手の戦いに勝利し、願いが成就したということもあり、葵紋付陣羽織を寄進したと伝えられている。その陣羽織は本尊厨子の戸張に仕立て直された。阿弥陀如来像は90年に一度、開扉されるそうだ。江戸時代の由緒書から開山は永禄元年（1558）と伝わる。

岩作村近辺の寺院を併合し、本堂のほか多くの塔頭（たっちゅう）が設けられていたが、長久手の戦いの戦火で焼失してしまった。本堂は元禄13年（1700）に再建され、江戸時代には寺子屋が置かれていた。境内にある「筆塚」と呼ばれる石碑がその面影を残している。

葵紋付戸帳
長久手市提供

愛知県長久手市
城屋敷

長久手城

ながくてじょう

長久手城主 加藤太郎右衛門忠景（景常）

築城年代は定かではないが、永享年間（1429～41）には左近太郎家忠と左衛門次郎国守、享禄年間（1528～32）には斎藤平左衛門が在城したと伝わる。弘治2年（1556）から加藤太郎右衛門忠景（景常）が旧城を改修し、以後加藤氏の居城となった。「古城跡 先年、加藤太郎右衛門居城之由、今ハ百姓屋敷ニ成ル」（『寛文村々覚書』）。加藤忠景は岩崎城主・丹羽氏次の姉婿であった。小牧・長久手の戦いの際、忠景は岩崎城代・丹羽氏重の補佐役として岩崎城を守った。岩崎城の戦いでは池田軍を相手に奮戦したが、池田家の家臣・大陽寺左平次に討ち取られた。忠景は白糸威の鎧に天衝の大指物、大身の鎗を持って月毛の馬に跨っていたという。「加藤太郎右衛門と云は長久手の領主にて、長久手を領す、勘助氏次の姉聟成故に、氏重若年ゆえ、小牧御陣御供之留主、無心元とて則太郎右衛門江岩崎の留主を頼し故、太郎右衛門も一所に討死す、年四拾壱歳」（『長久手合戦記』）。長久手城に関しては、岡崎別働隊の森長可に放火されたとも伝わる。

加藤氏の守り本尊　長久手観音

忠景の留守を預かっていた一族の奥方たちは岩崎城落城の報を聞き、加藤氏の守り本尊である観音像を守ろうと土塁の中に隠したが、行方不明になってしまった。江戸時代になって、子どもが縄で曳いて遊んでいたものを水洗いしたところ、観音像だと発覚したという。長久手城跡にある観音堂には、この時の木造観音像が祀られていたが、現在は豊龍院に移されている。

長久手城跡周辺図

長久手城に遺されたもの

長久手城は堀によって東西二区画に分かれ、台形の東城と長方形の西城が並立する連郭構造であった。前山池（血の池）を東の防衛に利用、またその水を有事の備えとした。『尾張志』には「（略）大概東西廿九間はかり南北廿四間はかりあり」と長久手城の規模が記されている。明治時代の地籍図には「城邸」という字があり、その中には城跡らしい区画を見ることができる。しかし、城跡は土地区画整理事業で、昭和57年（1982）に失われてしまった。現在、整地された跡地には、文化6年（1809）に加藤氏末裔の尾張藩士が立てた「加藤太郎右衛門忠景宅趾」の石碑や徳川義宣の題字「長久手城址」を刻んだ石碑、近年地元の有志が建立した「地蔵さま」などがある。

　これらの石碑がある場所が東城の推定地である。ここから住宅地を西に歩くと、もうそこは西城の中であり、その西側の地形が断崖になっているのがわかる。この崖を下のほうから見ると、当時の長久手城の姿が少しは想像できるかもしれない。

西城 崖面

東城 旧観音堂

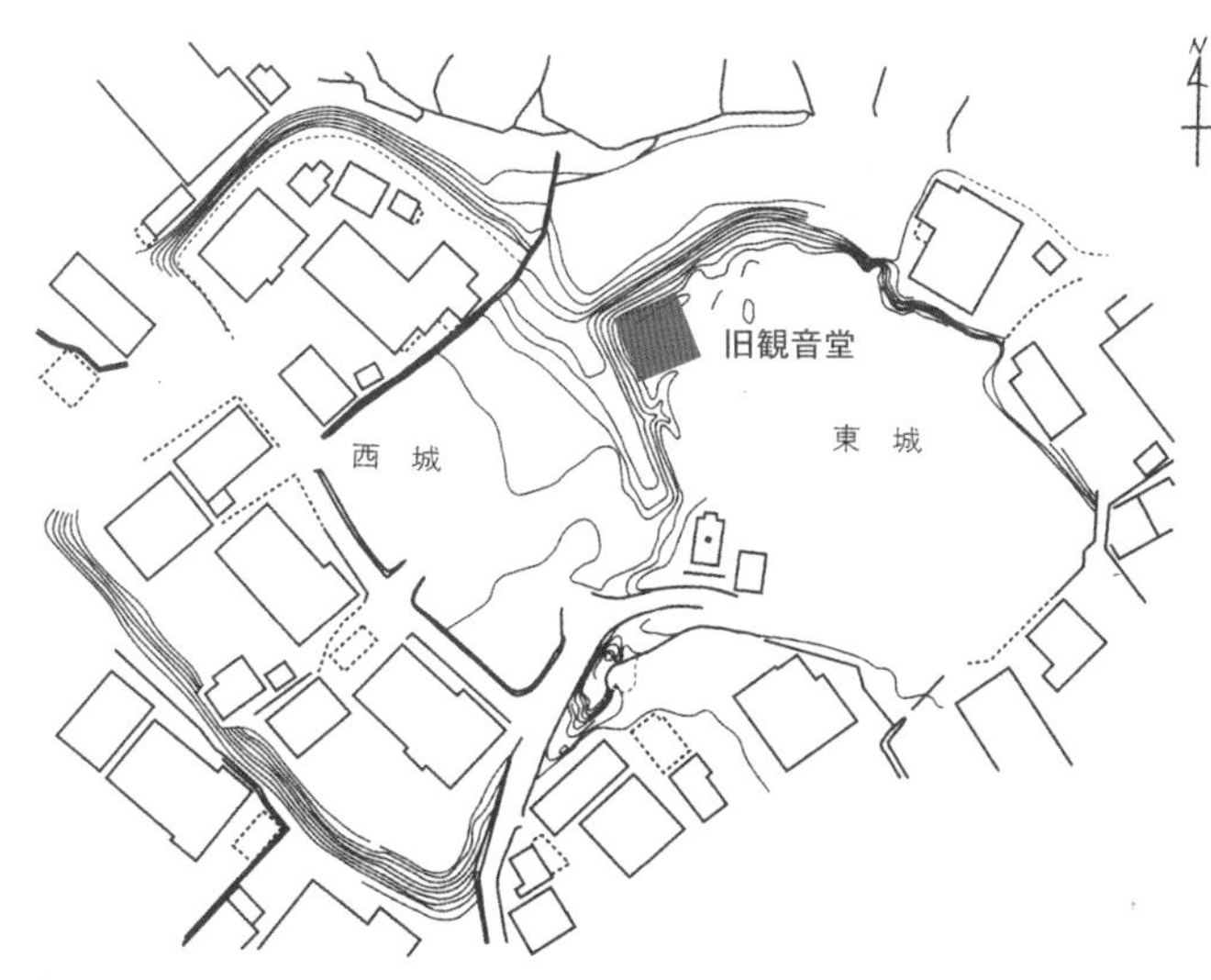

長久手城の縄張り　長久手市提供図版に加筆

長久手古戦場

愛知県長久手市武蔵塚

馬立場（明治後期～大正末期）　浅井達夫氏蔵

羽柴・徳川両軍の布陣

天正12年（1584）4月9日午前9時頃、井伊直政（約3千）を前衛とした徳川家康本隊（約3千3百）は前山（現・城屋敷及び東浦の一部）から仏ヶ根（現・武蔵塚の北部及び仏が根の一部）、予備軍・織田信雄の部隊（約3千）が徳川軍の背後に布陣した。徳川軍の前には仏ヶ根池（現・武蔵塚の北部）と湿地帯が広がり、前山は敵味方が一望できる場所で、家康はこの辺りの地形を存分に活用して陣形を整えた（＊『寛文村々覚書』には「仏ヶ根山ニ長久手合戦之刻、権現様御馬立場在」と記され、仏ヶ根に家康の本陣があった可能性もある）。一方、総大将・三好秀次敗走の報告を受けた池田恒興・森長可らは岩崎方面から引き返し、恒興・元助（約2千・約4千）が田の尻（現・勝入塚及び大久手の一部）から横道（現・横道の西部）の高地、森長可（約3千）が岐阜岳（現・喜婦嶽の北部）に陣を敷いた。そして午前10時頃、天下を左右する小牧・長久手の戦い最大の激戦が始まった。

合戦の経過

池田元助の軍勢が井伊隊に攻撃を仕掛けた。井伊の鉄砲隊の前に池田軍は思うように進めずにいたが、元助は全軍で総攻撃に乗り出した。中でも池田軍の黒母衣（ほろ）部隊は鉄砲に怯むことなく敵陣に突撃、池田軍の勢いに押された井伊隊は防戦しながら一時退却した。これを見た家康は後方の富士ヶ根（御旗山）で備えていた榊原康政・大須賀康高らを援軍に差し向ける。恒興は榊原・大須賀隊の援軍が加われば、自軍が不利になると判断し、恒興自ら馬廻り衆を率いて家康の本陣めがけて進軍した。「池田父子、仏箇根の東の山より御旗本へ打向ふ、其間沢池を隔ツ」（『天正征伐記』）。岐阜岳から様子を遠望していた長可はこの機を逃すまいと山を駆け下り、前山の西側から家康に攻めかかった。鉄砲隊が森軍に鉄砲を放つも、その勢いは凄まじく、徳川軍は森軍の猛攻を受けた。長可が敵陣深くまで侵入した時、水野隊の杉山孫六（井伊隊の柏原与兵衛とも）の撃った玉に長可は眉間を打ちぬかれ馬上より真っ逆さまに落ちた。「長可旗本討立てられ遅れ色見え候、（略）長可大いに立腹して鐙おっ取り、自身乗込んとする所を、（略）武蔵守眉間を討たれ、落馬仕り候、馬廻り走り寄り抱え集まる」（『小牧御陣長湫御合戦記』）

長可が討死したことで森軍は乱れた。森軍の状況を見た恒興・元助は首廻間（こうべはざま）（現・武蔵塚）・田の尻において自軍の備えを固めようとするも混乱は抑えられず、戦いは次第に徳川軍の優勢となった。「勝入父子は、備を立んとすれ共、立も不揃下知をも不聞して、（略）三州勢バ次第に

長久手古戦場
（明治後期～大正末期）
浅井達夫氏蔵

増て、横合いら突掛るに、勝入之勢ハ大半皆落失ぬ」（『尾州愛智郡長久手村御合戦略記』）。その後、押し寄せた織田・徳川勢が池田の陣を破り、恒興は永井伝八郎直勝に首を取られた。「（永井伝八郎直勝）馬上ニテ鎗ヲ以テ懸リケレハ、勝入モ十文字ノ鎗ヲ以テ突合候処、（略）馬上ヨリ飛下リ、終ニ勝入之首ヲ取」（『長田伝八郎高名書上』）。父の弔い合戦に向かった元助も安藤彦兵衛直次に討ち取られた。「池田庄九郎ハ勝入か打死を聞、取て返し馬上にて馳来るを、（安藤）彦四郎則突落し首を取」（『安藤直次覚書』）。

父と兄の戦死を聞いた次男・輝政も討死覚悟で戦おうとするが、家臣らが撤退したと偽り、それを信じた輝政は戦場を離脱した。戦いの終焉は午後1時頃であった。この戦いで羽柴方は約2千5百、織田・徳川方は5百の戦死者を出し、戦場には血の川が流れ、死体があちこちに転がっていたといわれる。

長久手の戦いが全国に及ぼした影響

長久手における秀吉方の敗戦は、日本の中心地である京までも騒乱に陥れる一大合戦であった。「尾州表注進云、去九日、於熱田之辺及一戦、筑州方敗軍、池田親子・森勝三討死云々、下々数輩討死、追々注進、弥治定也、筑州在所卒度モ無別義云々、然共京都以外騒動了」（『兼見卿記』）。長久手の戦い後の信雄・家康の書状には「上洛」という文言が度々使用される。「今日九日午之刻、於岩崎之口及合戦、池田紀伊守・森庄藏・堀久太郎・長谷川竹、其外大将分悉人数一万余討捕候、即可遂上洛候間、本望可被察候」（平岩七之助・鳥居彦衛門宛天正12年4月9日付徳川家康書状）（＊長久手の戦いで堀秀政・長谷川秀一、池田・森軍も一万人は討ち取られておらず、家康の誇張が含まれている）。織田・徳川陣営は全国の大名に今回の挙兵が正当なものであり、上洛の大義名分があることを示した。信雄・家康は早期に上洛して秀吉を京から追い払い、天下を取ることを志向していたことがうかがえる。家康にとって長久手での勝利は防戦ではなく攻勢に出るきっかけになったのではないだろうか。いずれにしても、家康の強さを全国に知らしめる絶好の機会になったことはまちがいない。最終的に家康は秀吉に臣従するが、家康が豊臣政権下でも別格の地位を保ち、のちに家康を天下人へと押し上げる原動力になったのは、やはりこの戦いでの勝利が大きいと思われる。

仏ヶ根の激戦場（昭和 51 年） 長久手市提供

長久手古戦場

鴉ヶ廻間から東を望む（昭和 51 年）
長久手市提供

長久手古戦場 空撮 長久手市提供

勝入塚（しょうにゅうづか）（愛知県長久手市武蔵塚）

池田恒興（勝入）戦死地

「勝入塚」の名称は、池田恒興の法名「勝入斎」にちなむものだ。恒興は信長の乳兄弟であり、幼い頃から信長に仕えた。本能寺の変で信長が亡くなった後、その後継を決める清須会議では、柴田勝家らに対抗して羽柴秀吉・丹羽長秀らと共に三法師（織田秀信）を擁立。翌年の小牧・長久手の戦いでは秀吉に味方し、緒戦では犬山城を攻略するなどの活躍を見せた。4月9日、恒興は三河中入りの先陣として岡崎に向かっていたが、その道中、岩崎城で足止めされてしまい、家康に追撃の機会を与えてしまった。この直後の長久手の戦いで恒興は家康とぶつかるが、奮戦むなしく池田・森軍は敗退、恒興は床机に腰かけていたところを家康の家臣・永井直勝に討たれたという。「床机に腰を掛ケ、笹之雪と云太刀を抜持て居給ふを、安藤彦兵衛槍にて突倒し、永井伝八首取持る共申也」（『尾州愛智郡長久手村御合戦略記』）。享年49歳と伝わる。

すべて恒興の失策？

恒興が犬山城を攻略した後、その戦功を賞し、尾張一国を与えると約束した秀吉の書状が残されている。宛先は恒興の母・養徳院である。「せう左いぬ山の御てから、中〳〵御礼申はかりなく候、おわりのき一ゑんせう三ゑ進之可申候」（おゝちさま宛天正12年3月23日付羽柴秀吉書状）。しかし、恒興が三河中入りに失敗したことで、後から散々な言われ方をされることになった。例えば、『太閤記』には恒興が三河中入りを進言して、秀吉が仕方なく許可を出した、そのように記されている。「其旨秀吉に相議し、三州表発向せんと思ふハいかに、面々思ふ所あらハ、聞候はんと被申けり、（略）即卯月四日の夜、犬山御本陣へ参、其旨かくと望みしかば、秀吉つくづくと御思惟有て」（『太閤記』）。三河中入りは軍勢の規模や城の普請を伴った進軍、水軍を動員した陸海両面作戦であったことから、秀吉が主体となって計画したものとする見方が通説となりつつある。恒興が主導して実行しようとした可能性はゼロではないが、秀吉の失策がすべて恒興に責任転嫁されたよ

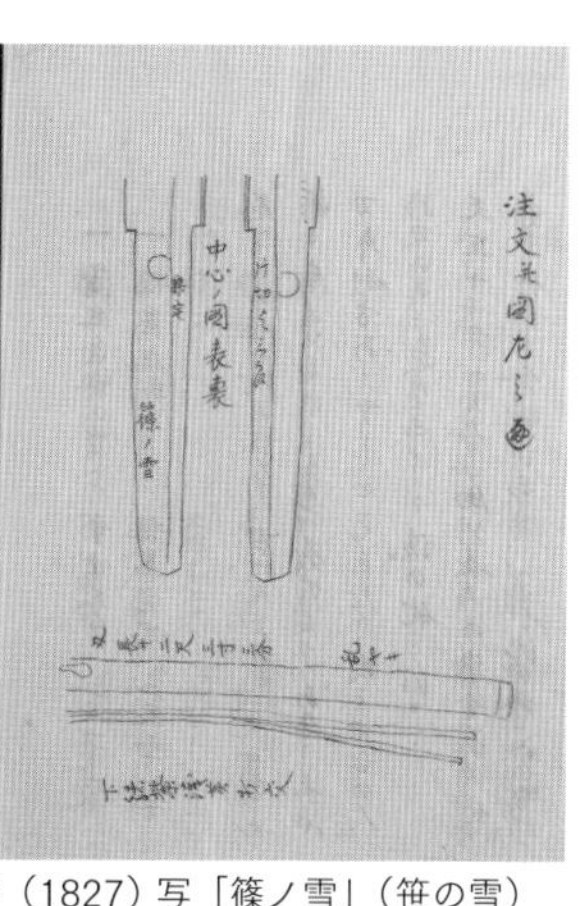

榊原長俊『本邦刀剣考』文政10年（1827）写「篠ノ雪」（笹の雪）の図　国立国会図書館デジタルコレクション

うにも思われてならない。

明和の碑・明治の碑

「池田（勝）入・同庄九郎・森庄蔵、塚有」（『寛文村々覚書』）。三将の塚自体は寛文11年（1671）頃に長久手村に存在していた。江戸時代には尾張徳川家の初代・義直以来、多くの尾張藩士が顕彰のため古戦場を訪れているが、彼らの日記の中にもこれらの塚は度々登場する。元禄10年（1697）に朝日定右衛門重章がつけた日記には「漸暁前に家を出て行。酒を呑、大声を発し行。古戦場を詠め旧塚を見る。（仁左衛門と云者案内す百文偽札）」（『鸚鵡籠中記』）とあり、現地では林仁左衛門という人物に案内を頼んだとある。長久手村の名主・林仁左衛門は戦場処理に尽力し、後年は戦場を訪れる尾張藩士の案内役を務めた。仁左衛門の子孫には代々、恒興が持っていた陣鉦（じんがね）や馬轡（ぐつわ）などが受け継がれている。宝永3年（1706）には福留親茂らが塚に標木を立てた。明和8年（1771）、人見弥右衛門と赤林孫七郎が古戦場の見学にやってきた。彼らは親茂が立てた標木が朽ち果てているのを見て嘆き、帰路石屋に立ち寄って石碑を発注し、この場所に建立した。これが明和の碑である。文政5年（1822）の日記には、当時の塚の状態が記録されている。「池田勝入が塚　御馬立山の東一丁ばかりの平山の村、松が根に塚あり、前に池田勝入信輝戦死場と彫たる建石あり、さしもの強傑一時に亡びて、今は残れる塚さへ半は崩れ、いとと哀を催しぬ」（『尾張雑書岩作・長湫・岩崎道之記』）。その後、明治24年（1891）には池田家子孫の池田輝博と旧臣らによって明治の碑が建てられた。

古くから信長に仕え、数々の戦を歴戦し、織田家の宿老にまで上り詰めた恒興。そんな有力武将であった恒興はここで最期を迎えた。今となっては、これまでに建立された石碑が静かに佇むばかりであるが、かつては現在イオンモール長久手が建っている一帯に、「勝入塚」の地名も残されていた。近年の開発で旧状とは大きく異なってしまったが、恒興が生きた証は江戸時代からずっとこの地に宿っていたのである。

勝入塚（明治後期〜大正末期）　浅井達夫氏蔵

勝入塚

庄九郎塚（愛知県長久手市武蔵塚）

池田元助 戦死地

塚名は元助の幼名・庄九郎にちなんで名付けられた。元助は恒興の長男で輝政の兄にあたる。小牧・長久手の戦い時、岐阜城主であった元助は父・恒興とともに秀吉に従った。3月13日には、元助が部隊を率いて木曽川を渡河し、犬山城を攻略した。「池田紀伊守之元助等是ニ乗テ河ヲ渡シ、（略）犬山城ノ坂下水ノ手ロヨリ忍入、鬨ヲ発シケレハ、城中大ニ周章ス」（『武徳編年集成』）。4月9日の岩崎城攻めは、元助が積極的に攻撃を促したともいわれ、前線で部隊を指揮していた可能性も考えられる。「同き九日の朝、紀伊守殿、先丹羽勘介かこもつたる岩崎の城を攻へきよし望み申さる、護国公同心し給はす、（略）次郎助留守居たりしか、頻に鳥銃を打懸けれは、元助殿いよいよ攻取へしと使三度に及ひ、護国公ゆるし給ひぬ」（『池田家履歴略記』）。長久手の戦いで元助は井伊直政相手に奮戦するが、父が討たれたのを知って馬で駆けつけようとした際、家康の家臣・安藤直次の手に掛かって討死した。元助の享年も諸説あるが、20代前半であったといわれる。

長久手から生還した元助の弟・輝政

恒興・元助が戦死し、池田家は次男・輝政によって継承された。その後の池田家の繁栄は、輝政がここで生き残らなければ訪れることもなかった。そんな輝政が長久手から去った経緯であるが、これも史料ごとで微妙に内容が異なり真相は定かではない。一説には、父と兄の討死を知った輝政は自らも戦って果てようとするが、家臣に父と兄は戦場から退却したと伝えられ、それを信じて輝政も離脱したとする。「勝入之二男三左衛門輝政、此時ハ是も軍に立給ふが、舎兄も討死と聞、我も討死すべしと勇ミ給ふを、家来之者心剛成男有て、いや何も先達而ハ退候間、急き此陣御引候得と、たバかりすすめ奉る故、敗軍之取乱れし節なれバ、輝政ハ実とかもひ落給ふ」（『尾州愛智郡長久手村御合戦略記』）。別の史料には、輝政は長久手の戦いが開戦した時、生牛ヶ原（現・北新田川中流域付近）に陣を敷いており、味方の劣勢を聞いて援軍に向かおうとするが、家臣の片桐半右衛門が必死になって引き留めたという。「輝政公に於てハ末々大国をも領せらる

庄九郎塚（明治後期～大正末期）　浅井達夫氏蔵

べき御器量なり、只今長久手江御備を出され候とも、（略）中々御勝利ハ難成、誠に御家の滅亡也」（『長久手合戦記』）

明和の碑・明治の碑

恒興と同じく尾張藩士や池田家子孫が石碑を建てた。「池田紀伊守之守か塚　勝入か塚より南へ三河道を二町ゆく村松の中に塚あり、池田紀伊守之助戦死場と建石あり、此紀伊守ハ勝九郎と申たり、軍敗れ落んとするに、父勝入討れしと聞、鑣を返し、父と共に討死す」（『尾張雑書岩作・長湫・岩崎道之記』）。元助は父の最期に寄り添っていたかったにちがいない。彼は死に際に何を思ったのか、塚の前で手を合わせたとき、元助の嘆きや悔しさが感じられたような気がした。

庄九郎塚

勝道九兵衛秀胤討死の碑（愛知県長久手市武蔵塚）

庄九郎塚の西側に立つ「勝道九兵衛秀胤（たね）討死之処」と刻まれた石碑。秀胤に関しては、池田一族であることしか判明していない。この石碑は昭和16年（１９４１）に後継の遠藤萬六という人物が建立したもので、もとは鴉ヶ廻間の山林の中にあったという。昭和57年（１９８２）に区画整理事業のためこの地に移された。

勝道九兵衛秀胤討死の碑

武蔵塚（愛知県長久手市武蔵塚）

森武蔵守長可

森長可は信長に仕えた森可成の次男で「鬼武蔵」の異名で知られる。長可にはその呼び名の通り、勇猛さや粗暴さを物語る逸話が多い。長可愛用の槍「人間無骨」は人間の骨が無いように斬れたという話、長可が関所の役人を急いでいるという理由で斬り捨てた話、愛馬「百段」は城の石段百段を疾走する健脚を持っていた話など、様々なものがある。そんな長可は本能寺の変で信長とともに命を落とした乱丸・坊丸・力丸らの兄にあたる。信長や信忠の下で多くの武功をあげた長可は、武田氏滅亡後、信濃国に所領を与えられた。信長亡き後は旧領の東美濃に戻り、美濃金山城を拠点に敵対する勢力を制圧している。

天正12年（1584）の小牧・長久手の戦い時、長可は秀吉に味方し、池田恒興とともに尾張に侵攻した。3月17日、犬山から南下して羽黒に布陣していた長可と酒井忠次の間で八幡林の戦いが起こる。長可は忠次に敗れ、その後、恒興らとともに岡崎別働隊に加わり再起を図ろうとするが、長久手の戦いで命を落とした。長可は眉間に銃弾を受け即死したと伝わる。長可を狙撃した人物については、水野勝成の家臣・水野太郎作清久の鉄砲足軽・杉山孫六とする説や井伊直政の鉄砲足軽・柏原与兵衛とする説など諸説ある。享年27歳であった。「（森武蔵守長可ハ）、白キ袖ノ無シの羽織を著し、（略）御本陣ノ小山へ責蒐らんとする所に鉄砲頭水野太郎作清久下知して彼勢を打すくむ、長可怺へず、鎗を取て進む処に、清久か軽率杉山孫六か打ける鉄砲眉に中り、馬より倒に落て死亡ス」（『四戦紀聞尾州長久手戦記』）

武蔵塚（明治後期～大正末期）
浅井達夫氏蔵

森長可 戦死地

塚名の「武蔵塚」は長可の官職である武蔵守にちなんで名付けられたものだ。長久手古戦場公園から西に歩いていくと、小公園の中にひっそりと塚があり、石碑が建てられている。武蔵塚には勝入塚や庄九郎塚と同様、明和8年（1771）に尾張藩士・人見弥右衛門と赤林孫七郎が建てた「明和の碑」がある。隣にある「明治の碑」は、明治31年（1896）に森長可の末弟・忠政の子孫の森長祥が建てたものである。

森長可の遺言状

長可は3月26日の朝、家族に宛てて遺言状を書き残している。これは羽黒で敗北した長可が汚名をそそぐため、討死覚悟の決意を固めたものといわれる。ちなみに長久手合戦図屏風にも、長可は白い袖なしの陣羽織、つまり白装束を着た姿で描かれている。遺言状の内容は、遺品の茶道具や脇差などを秀吉や後継ぎの千丸（忠政）に譲ること、自分の死後、遺族への給地が貰えるだろうから母には京都で余生を送ってほしいこと、娘（妹とも）のおこうは京都の医者に嫁がせることなどを指示している。「一　だいてんもく、秀吉様へ進上、ふだにあり。（略）一　もし、うちじに候はゞ、此の分に候。母に候人は、かんにんぶん、秀吉様へ御もらい、京に御いり候べく候。せんは、今のごとく、御そばに奉公の事。（略）おこう事、京の町人に御とらせ候べく候。薬師のやうなる人に御しつけ候べく候」（『森長可遺言状案』）。歴戦の勇士・鬼武蔵のイメージから想像できないほど、繊細な心遣いに満ちており、最期まで家族への愛情を忘れなかった長可の一面が垣間見える。

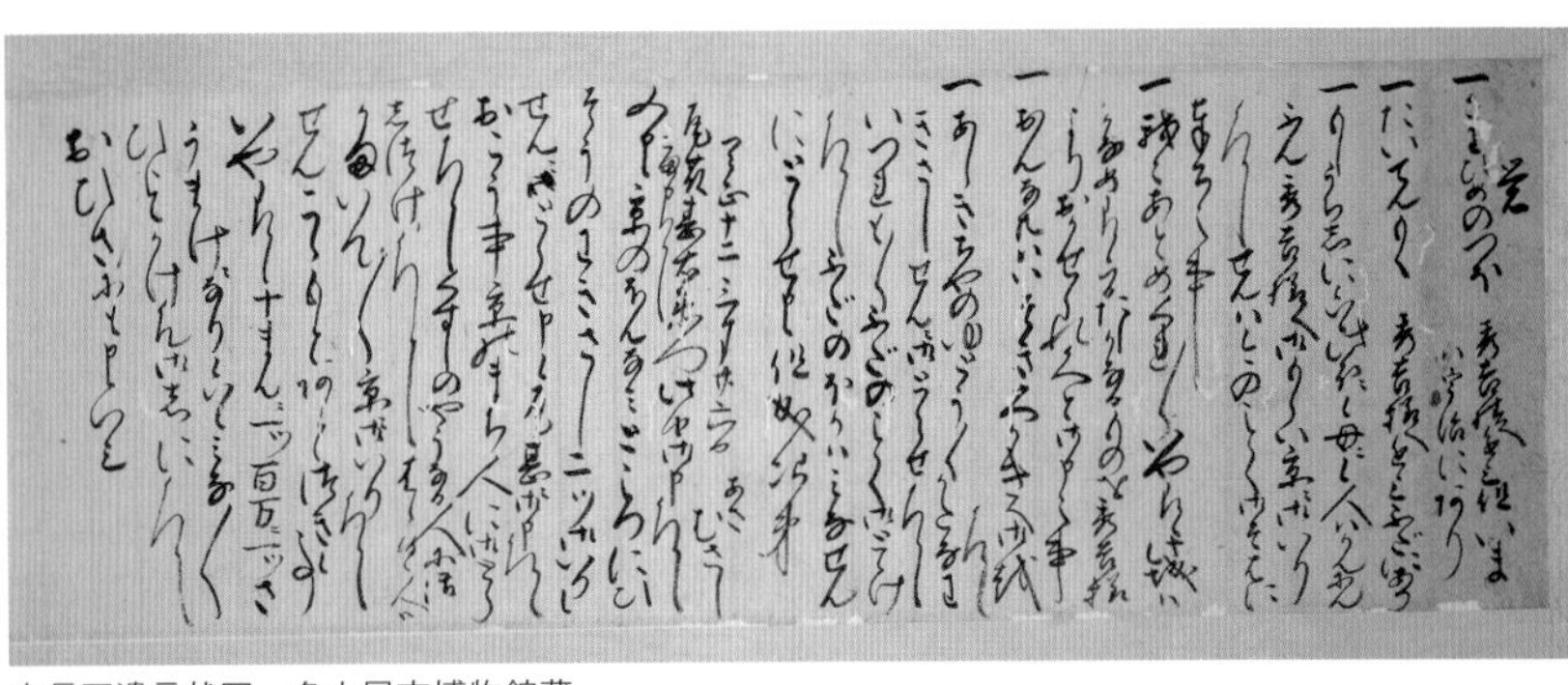

森長可遺言状写　名古屋市博物館蔵

武蔵塚

常照寺
愛知県長久手市桜作

三将の墓所

三将の墓所

長久手の戦いで討死した人々の菩提を弔った常照寺。寺の境内には池田恒興・元助、森長可の墓石と伝わる古い3基の五輪塔があり、天保7年（1836）の常照寺の由緒書には、三将の墓所である旨が記されている。「往昔天正十二年甲申年四月九日、於當所御合戦之砌、三大将之御亡霊當寺境内江葬納仕、御位碑并五輪石御墓等御座候」（『常照寺由緒書出』）。寺の正確な創建年代は不明だが、藤原志摩守なる人物が長久手の戦いの戦死者を弔うために開山したとされる。棟札からは、寛政3年（1791）に本堂が再建されていることがわかる。長い間、寺では三将の位牌を守っていたが、昭和33年（1958）の火災で旧本堂とともに焼失してしまった。

三将の墓所は、本堂の裏にある細い通路を下りた先にある。江戸時代から遺されてきた大変貴重なものだ。

血の池公園・鎧掛けの松（愛知県長久手市城屋敷）

血の池公園

長久手市にある不気味な名称の公園、「血の池公園」。この場所にはかつて「前山池」という池があった。長久手の戦い時も兵士が池の水をすくって飲んでいたといわれる。「前山之池　御馬立場西之麓に少窪ミたる溜り水有、是を前山之池と云、御合戦之時此水を諸軍勢手ニすくひ呑たりと伝へけり」（『尾州愛智郡長久手村御合戦略記』）。この「前山池」がのちに「血の池」に変化するわけであるが、なぜ名称が変化したのであろうか。

長久手の戦いに勝利した徳川軍の将兵はこの池で血の付いた槍や刀を洗ったと伝わる（一説には家康の家臣・渡辺半蔵とも）。それから毎年旧暦の4月9日の頃になると、池が赤く濁り血の様に染まるようになった。これが「血の池」と呼ばれる所以である。しかし、実際は鉄のソブで赤く染まっていたらしい。この辺りは激戦地であり、多くの将兵が討死した場所であるため、このような怖い伝説が生まれても不思議ではない。昭和14年（1939）に国指定史跡となったが、昭和30年代終わり頃、近辺の開発が急激に進み、旧状と大きく異なってしまったため、昭和40年（1965）に指定が解除された。昭和55年（1980）に池が埋め立てられ、「血の池公園」として整備された。記念碑は公園の南側入口にある。血の池公園は心霊スポットとも言われるが、それならば周辺の商業施設も全て該当することだろう。現在、血の池公園ではそんな恐ろしい名称やうわさとは対照的に、子供たちの賑やかな声が広がる。ここを遊び場にする子供たちは、きっとこの血の池伝説を語り継いでくれるにちがいない。

鎧掛けの松

血の池公園に隣接する交通児童遊園。その一角に松が植えられている。徳川軍の将兵が池で槍や刀を洗う際、身に付けていた鎧を脱ぎ、この松に掛けて休憩したと伝わるが、家康本人と記した史料もある。「鎧懸松は長久手合戦の終結に、家康公が鎧を脱ぎ懸けられし松と云ふ。今字城屋敷九十一番地にて、保安林中にあり」（『長久手村誌』）（一説には、池田家の家臣・片桐半右衛門とも）。当時の松は枯れてしまい、現在の松は四代目となっている。

血の池・鎧掛けの松（明治後期～大正末期）　浅井達夫氏蔵

血の池公園

鎧掛けの松

愛知県日進市
岩崎町市場

岩崎城
いわさきじょう

織田信秀の築城から丹羽家入城まで

岩崎城は織田信秀による築城と伝わるが、正確な築城年代は不明である。しかし、享禄3年（1530）、尾張に侵攻した松平清康が信秀の家臣・荒川頼宗が守る岩崎城を攻めたとされることから、享禄年間（1528〜1532）には城が存在していたと推測される。清康に攻略された岩崎城は、清康が守山崩れで亡くなる天文4年（1535）まで松平家の支配下にあった。天文7年（1538）頃、本郷城（現・日進市本郷町）にいた土豪・丹羽氏清が入城し、以後、岩崎城は丹羽家の居城となった。

小牧・長久手の戦いと岩崎城

4代目岩崎城主・丹羽氏次は信長に仕え、本能寺の変後は信雄に従った。天正12年（1584）3月、尾張北部で戦いが展開されると、氏次は小牧山への援軍を決意。弟・丹羽次郎三郎氏重を城代、長久手城主・加藤太郎右衛門忠景（景常）を補佐役として、2百余りの兵に城を任せ、3月17日、氏次は約7百の手勢を率いて出陣した。

4月9日午前4時頃、岡崎別働隊の先頭・池田恒興の軍勢が岩崎城の近くに差し掛かった。氏重は敵の池田軍が三河に向けて進軍していると悟り、この行軍を阻止すべく池田軍に攻撃命令を下した。この時、岩崎城からの攻撃に激怒して、恒興は予定になかった岩崎城攻めを行ったと丹羽家の史料にはあるが、開戦のきっかけについて結論は出ない。池田・森家の史料には、軍神に生贄を供えるため岩崎城を落とした、池田元助や家臣が積極的に攻撃を促したといった内容が出てくるが、いずれにしても、恒興が岩崎城を攻めたことは運命の分かれ道であった。「両将の手勢を以て攻取由望給、勝入被申けるハ、三河へ乱入て岡崎を放火せは、犬山の合戦勝利疑有間敷そ、一刻も早岡崎へ乱入を可急と宣ふ、長可様・元助両将推行、道の傍の城なれハ、軍神の血祭と是非攻落度由を望給へハ、子息の元助・紀伊守殿聟の長可様の事なれハ、左あらバ被攻よと同心し給」（『森家伝記』）

岩崎城跡周辺図

岩崎城の戦い

「一昨日九日池田勝入・森武蔵、三州境目相動、岩崎城責崩、首数多討捕得大利候処、即岡崎面へ深々与相動、及一戦失勝利候」（木曽伊豫守宛4月11日付羽柴秀吉書状）。池田軍は約6～7千の大軍で幾重にも城を取り囲み、伊木清兵衛忠次が大手口、片桐半右衛門俊忠が搦手口から攻撃を仕掛けた。氏重は紺糸威の鎧で芦毛の馬にまたがり、わずかな城兵を指揮しながら激戦を繰り広げた。「勝入之従騎伊木清兵衛最抽先鋒、兵卒凡二千余騎、進囲追手、片桐半右衛門相踵先鋒、兵卒凡二千余騎、仍繞搦手、総衆凡一万余騎、稲麻竹葦而攻之、（略）氏重従騎五十余許、突出追手、当大兵、敵衆為之陥深谷者、亦頗多矣」（『丹羽氏軍功録』）。氏重は傷を負いながら三度城外に敵を追い返したが、最終的に土肥七郎右衛門に討たれた。忠景も敵数人をなぎ倒す豪傑ぶりで、これを見た元助は家臣の大陽寺左平次に討ち取るよう命令。忠景と左平次は渡り合ったが最終的に首を取られた。「鍬形うつたる兜を着、大身の槍もって能き相手もかなとおもひ入たる風情にて、一きは先に進み来る兵あり、大陽寺左平次名乗あひ、突あひしか、ついに鍬形のかたき大陽寺にうたれけり」（『池田家履歴略記』）。岩崎城の戦いには城下の町人や偶然居合わせた伊勢神宮の客人も参戦していた。池田軍の総攻めを受けた岩崎城は落城し、氏重以下城兵は悉く討死した。池田・森軍も戦死者4百、負傷者6百余ともいわれ、大きな被害を出したとされる。その後、恒興は六坊山（生牛ヶ原の説も）にて首実検をしながら上機嫌で食事をとってい

岩崎城の戦い　絵入太閤記　長久手市提供

岩崎古城図　名古屋史談会 編『張州府志』附図
国立国会図書館デジタルコレクション

たが、秀次敗走の知らせを聞き、岩崎城から長久手へ引き返した。「**勝入因収息、士卒登六坊山 在尾州愛知郡岩崎城北、閲所獲首級、勝入等大悦、於是就糧食頗有誇色**」（『丹羽氏軍功録』）。しかし、時すでに遅く地の利を得た徳川軍の布陣の前に池田・森軍は敗れた。

丹羽氏次の弔い合戦

岩崎城の戦いとほぼ同じ頃、氏次を案内役とした追撃部隊の榊原康政・大須賀康高らは三好秀次の軍勢と白山林で戦っていた。岩崎城の危急を知った氏次は家老の鈴木吉左衛門光澄らを救援隊として岩崎城へと向かわせたが、既に落城の後であり、城内は血の海と化していた。氏重と家臣らが討死したことを知った氏次は弔い合戦とばかりに奮起、細ヶ根を占拠していた三好軍の精鋭を破った。徳川軍が御旗山に進軍した際、家康は細ヶ根に掲げられた氏次の旗を見て、この働きを喜び、恩賞を与えている。「**氏次率一隊過細之根山麓、是時偶聞岩崎城没氏重及族重、及族従皆戦死、氏次大怒且歎、執槍奮起励士卒、兵卒皆傾冑向細之根山上、**（略）**氏次又大得利、各獲首数級、因秀次之軍乱敗失度逃走**」（『丹羽氏軍功録』）

岩崎城に遺されたもの

天正12年（1584）頃、岩崎城は総構を有する広大な城域を誇っていた。主郭を中心に馬出や出曲輪など複数の曲輪、広く深い堀、櫓台が造成された。『愛知郡岩崎村古城絵図』と現状を比較すると、その様子がほとんど変わっていないことがわかる。特に主郭周囲の現存する空堀は市街地にある城にも関わらず、良好な状態で残っており、尾張地方において類

展望塔岩崎城

空堀と櫓台

馬出 土塁

表忠義碑

丹羽氏重銅像（想像）

妙仙寺『閑院宮殿下御台臨記念写真帖』（大正15年）

を見ない。また、空堀だけでなく主郭北西部の櫓台、馬出周囲の土塁など、同時期の様々な遺構も残る。城の南側には横矢がかかる折れのある虎口、城址公園の外に出れば、総構えを形成していた菊水川や城下町の名残も辿ることができる。

櫓台の上に立つ「表忠義碑」は、丹羽氏重、岩崎城兵の徳川家への忠義が刻まれたものである。岩崎城の戦いは長久手での家康の勝利を導いた。のちに家康が氏重こそ武功一番であると称えた史料も存在する。「今度の働きと申ハ我愚按に、眼前に岩崎の城にて勘助弟次郎三郎、少人数にて支へ候故、我等抔ハ彼が障とらせし故」（『長久手合戦記』）。岩崎城で足止めした時間は史料によって異なるが、約2～4時間であったと考えられる。「四月九日、卯の上刻ゟ辰の下刻迄に落城なり」（『長久手合戦記』）。ここで食い止めていなければ、池田軍先頭は9日午前中には祐福寺（現・東郷町）に到着していたと思われる。どこかのタイミングで恒興らは秀次の状況を知り、引き返すと思われるが、そうなれば長久手は決戦の舞台にならなかった。家康がもう少し深追いする形になっていれば、大軍を率いて出陣してきた秀吉に追いつかれていた可能性もある。

岩崎丹羽家の菩提寺・妙仙寺

丹羽氏清が本郷から岩崎城に移った際、折戸（現・日進市折戸町）にあった長松寺を菩提寺として移し、その後「妙仙寺」と寺号を改めた。岩崎城の戦いが起きた時、妙仙寺の日州徳鯨和尚は寺から梅干しを持ってきて城兵を激励したと伝わる。「妙仙寺七世日州徳鯨者此時来城中、（略）即以寺中所貯塩梅与騎卒」（『丹羽氏軍功録』）。また、氏重は城下の老人や婦人、幼い子供を妙仙寺に避難させている。寺は幸いにも戦火には巻き込まれなかったようだ。「天正十二年四月、城下ニ劇戦アリ、味方敗軍セシモ吾寺、幸ヒニ恙（ママ）ヲ得タリ」（『妙仙全誌』）

現在、妙仙寺山門と境内にある臥龍（がりゅう）の松は日進市の指定文化財となっている。山門は寛政5年（1793）に再建されたもので改修を受けながら今に至る。臥龍の松は樹齢およそ400年を超えると推定されている。関係者以外立ち入りはできないが、寺の墓地には丹羽氏清夫妻の墓標（地蔵菩薩石像）、丹羽氏重をはじめ一族の墓石群があり、彼らはここで静かに眠っている。

白毛の馬は飼わない（愛知県日進市岩崎町市場）

丹羽氏重の乗っていた馬

20世紀半ば頃まで、岩崎には荷車用の馬を飼う家があり、各字に馬が数頭飼われていた。その馬の毛色は、黒や茶、栗毛の馬ばかりで白毛（葦毛）はいなかったとされる。岩崎城が落城した時、氏重が乗っていた馬は白毛であった。岩崎城の戦いが悲劇であったため、丹羽家や岩崎村の民家では代々白毛の馬を嫌って飼わなかったと伝わる。飼えば必ず禍があるという言い伝えがあり、白毛の馬を忌み嫌うようになったという。

城山から火の玉（愛知県日進市岩崎町市場）

火の玉伝説

岩崎城で壮絶な戦死をとげた城兵たちの霊は永く村人たちによって供養されてきた。それでも時には城兵たちの霊がさまよい歩くのか、時々この城から火の玉が出てきて本郷城の方へ飛んでいくのが目撃されたそうだ。城兵たちがまだ成仏できていないと地元住民の間で噂されるようになり、明治40年（１９０７）に妙仙寺の隆城和尚が城兵を弔うため、立石に「丹羽勘助古城之跡」と文字を刻み、慰霊祭を行った。それ以降、落城の日である４月９日には慰霊祭が行われ、現在も続けられている。

古城之碑　『閑院宮殿下御台臨記念写真帖』（大正 15 年）

岩崎村旧道

城山の木魚ガエル（愛知県日進市岩崎町市場）

不思議な鳴き声のカエル

雨がしとしと降る梅雨の頃、岩崎城で戦死した兵たちの霊を慰めるように山の竹藪の中からカエルたちの鳴き声が聞こえてきたという。「ろくろくろく坊 なむあみだ ぽこぽこぽこぽこ なむあみだ」、この「ろく（六）坊」というのは、六坊山のことであり、池田恒興が岩崎城で討ち取った者の首実検をしたと伝わる場所である。恒興はここから急いで長久手に向かったことから、当時は首が並べて置き去りにされていたかもしれない。

この辺りに住む村人の間では、昔から「お城の山のまわりには木魚ガエルが住んでいる」と言い伝えられている。

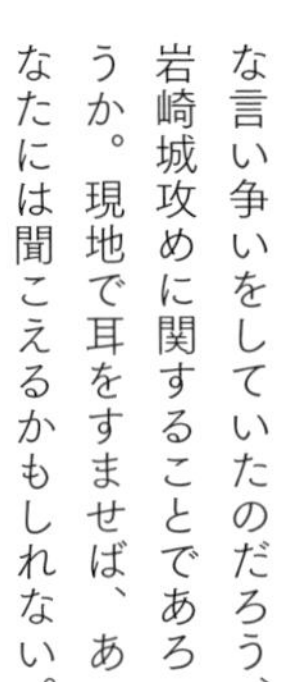

六坊山ヨリ岩崎城趾及白山ヲ望ム
『閑院宮殿下御台臨記念写真帖』（大正 15 年）

口論義（愛知県日進市北新町）

武将たちが口論？

日進市北部の北新町にある「口論義（こうろぎ）」という地名。「西口論義」と「東口論義」があり、長久手市に隣接する場所だ。地名の由来は諸説あるが、地元には小牧・長久手の戦いの時、秀吉方の武将たちが口論した場所、という伝承があるのだという。真相の程は定かではないが、北新町に秀吉方の武将がいたというのはまちがいではないだろう。というのも、口論義は岡崎別働隊の第1隊・池田恒興が長久手から岩崎城に至るルート上にあったからである。岩崎城の戦い時の各隊の布陣にも諸説あるが、口論していた武将や部隊を推測すると、第2隊の森長可の可能性が高いと思われる。

史料には森隊が「金萩」（現・北新町）にいたとするものもあり、金萩は東口論義の南に位置する。一体この場所でどのような言い争いをしていたのだろう、岩崎城攻めに関することであろうか。現地で耳をすませば、あなたには聞こえるかもしれない。

愛知県口論義運動公園

愛知県日進市
赤池町大応寺

赤池城

あかいけじょう

丹羽一族の城

『尾張志』などには丹羽帯刀秀信が赤池城主であったと記されている。日進市で「丹羽」と聞くと、岩崎城を居城として日進市域を治めた岩崎丹羽家を思い浮べるかもしれないが、実は丹羽氏の系図に秀信の名はなく、一族かどうかははっきりしていない。他に赤池城にいた人物として、丹羽十郎右衛門、丹羽七右衛門の名が見られ、秀信の息子という可能性もあるが、詳細は不明である。日進市には赤池城以外にも丹羽一族の城がいくつか確認されているが、小牧・長久手の戦いの頃については何もわかっていない。ただ、赤池城に関しては、その時のものと思われる伝承がある。岩崎城の戦いが勃発した時、赤池城にいた十郎右衛門（あるいは七右衛門）が岩崎城に応援に向う途中で捕まって殺害されたというものだ。「岩崎合戦の折り本家丹羽氏の急を聞き応援に向う途中に於て捕はれて殺害せられたり」（『日進村誌』）。この話の真相はわからないが、岩崎丹羽家とのつながりを感じさせる、そんな言い伝えである。

現在、赤池城の遺構は残っていないが、中部電力変電所の南に石碑が立っている。昭和21年（1946）の航空写真を見ると、城の地割りと土塁の姿をはっきりと確認することができる。

石碑

赤池城跡 航空写真（昭和 21 年）
国土地理院蔵

国道 153 号
天白川
赤池城跡

赤池城跡周辺図

龍淵寺

丹羽秀信は赤池に龍淵寺を創建したと伝わる。その年代は『尾張志』によると、天正元年（1573）（＊天正2年とも）とされる。創建当時、境内の西側に淵があり、そこに龍が住んでいたため龍淵寺と号したそうだ。また、寺の崖下から泉が湧き出て、村人はこれを閼伽水と呼んでいたが、次第に大きくなり、閼伽池と呼ぶようになったという。これが「赤池」の由来だ。境内には秀信の墓や創建時に植えられたと伝わる椎の木があり、樹齢は400年を超えるという。岩崎丹羽家と縁のある龍淵寺、赤池城と一緒に訪れてみるといいだろう。

龍淵寺

龍淵寺にある赤池城主の墓

傍示本城（ほうじもとじょう）

愛知県愛知郡東郷町春木市場屋敷

傍示本城主・丹羽氏重

傍示本城は、岩崎城の戦いで活躍した丹羽氏重の居城で知られる。しかし、丹羽氏が傍示本城に入城するまでは土豪の加藤氏がこの地を治めていた。加藤氏末裔に伝わる系譜によれば、正中元年（1324）、加藤安俊を初代傍示本城主として、慶長の頃まで代々加藤氏が城主となっている。丹羽氏が城主となった経緯や両者の関係性など様々な疑問もあるが、いずれにしても氏重が城主であったのは短期間だったと思われる。氏重の年齢から考えても長く見積もって天正8～12年（1580～84）ぐらいの期間であろう。また、他の城主として丹羽氏勝の名も残る。氏勝は氏重の父であり、天正8年（1580）の伊庭山事件で織田家を追放され、その後は傍示本城で余生を過ごしたと伝わる。「城主は府志及地方覚書に丹羽右近とあるがごとし按に此右近は丹羽右近大夫氏勝にて其子次郎三郎氏重二代住へりしならん」（『尾張志』）。丹羽氏は氏重の祖父の代（2代目岩崎城主・丹羽氏識）には諸輪を領地としており、諸輪北城・諸輪中城の城主を務めていた。天正の頃、丹羽氏の勢力が拡大し、一時

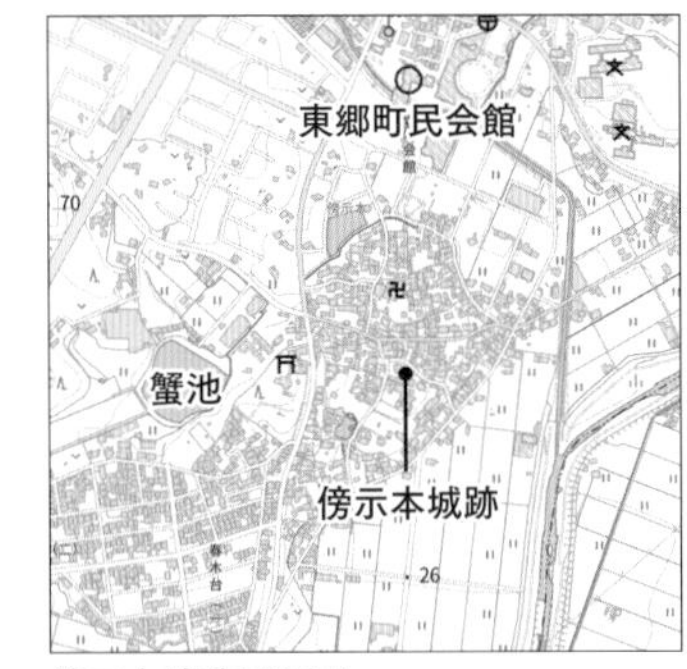

傍示本城跡周辺図

的に傍示本まで支配した可能性も考えられる。小牧・長久手の戦い時、氏重は岩崎城代として兄・氏次から岩崎城の守備を任され、傍示本を離れた。岩崎城で討死した氏重がそのまま城に戻ることはなく、その後、傍示本城がどうなったのかはわかっていない。

傍示本城に遺されたもの

江戸時代の地誌類には傍示本城に関する記録がいくつかある。城は方形で東は谷、北・南・西の三方には堀が残存していたという。「傍爾本村にありて市場といふ地也。東は谷にて平田を見下し、南西北三方に堀あり。四面に松林竹藪めぐれり。西北の隅に民戸一烟ありて其外は皆畠也。東西二十一間、南北三十四間あり」（『尾張志』）。現在、傍示本公民館の傍に「傍爾本城址」の石碑があるが、城跡は公民館から南側一帯と推定されている。民家の敷地で立ち入りはできないが、城跡の東側には断崖の地形、南側には櫓台のような台地と崖下へ降りる旧道が残っている。昭和57年（1982）、東郷町教育委員会が聞き取り調査を行い、かつての堀の位置や幅、当時の様子などが確認された。地元の方の話によれば、堀は西側と南側にあり、深さは約3m、幅は約4～5mで水が溜まっていた、井戸らしきものもあったとのことだ。以前、特別な許可を得て、東側の崖の上から三河方面を望んだことがあるが、城は丘陵の先端部に築かれ、見晴らしのいい場所であった。ここから氏重はどのような気持ちで岩崎城へと向かったのだろう、あれこれ思いを巡らせていた。

傍示本城 堀跡　東郷町教育委員会提供

東側の崖

櫓台（推定）

傍示本公民館

丹羽塚（愛知県愛知郡東郷町諸輪中木戸西）

岩崎丹羽家ゆかりの地　諸輪

諸輪中木戸西にある「丹羽福誠之墓」と刻まれた石碑。地元では、長久手の戦いに敗れた武士が葬られた遺跡と伝わる。東郷町の諸輪は、かつて日進市域を中心に勢力を拡大した岩崎丹羽家の治める地であった。２代目岩崎城主・丹羽氏識（うじさと）は天文３年（１５３４）に諸輪に清安寺を創建、諸輪上（北）城を居城とするなど、早くから諸輪との関わりを持っていた。諸輪には他にも、傍示本城主・丹羽氏重が城主とされる諸輪中城が存在する。このように、諸輪は古くから丹羽家と深い関係にあることから、丹羽福誠も丹羽一族ではないかと推測されるが、丹羽家の系図に「福誠」の名は存在しない。また、長久手の戦い時という点に関して、諸輪では岩崎城の戦いで敗れた丹羽一族の残党狩りが行われ、和合一帯も放火されるなど、東郷町には戦いの伝承も多く残ることから、これは言い伝えを信じてもいいのかもしれない。

諸輪御嶽神社と御嶽信仰

昭和41年（１９６６）に圃場整備が行われるまで、諸輪南木戸西には「丹羽山」と呼ばれる小高い山があり、山頂には古い石碑があった。ここが現在地に移る前の丹羽塚であるが、この場所は清安寺の飛地境内となっていた。清安寺が関係しているとなると、やはり丹羽家の遺跡であろうか。旧丹羽山のすぐ南には諸輪御嶽神社があり、御嶽教の先達が代々語り継いできた話によれば、塚に眠るのは「丹羽福誠」なのだという。明治31年（１８９８）、村人がこの塚を掘り返したところ、石室が発見された。この付近には古墳も存在していることから、丹羽山は古墳である可能性も示唆されたが、結局判明しなかった。明治40年（１９０７）になって、地元の有志が伝承の通り、丹羽家の遺跡として福誠の石碑を建立した。それ以来、「丹羽さんのお祭り」として塚の前の広場で相撲などが奉納された。丹羽山が整地された際、石碑は現在の場所へ移された。だが、諸輪御嶽神社では、今でも毎年10月には丹羽祭が行われている。

結論として、丹羽福誠が丹羽一族で長久手の戦いに関係するのかは謎に包まれたままであるが、神社には「福明霊神」と「明誠霊神」の碑があり、諸輪ゆかりの丹羽一族を祀ることと御嶽信仰がどこかで入り混じった結果、「丹羽福誠」が誕生したように思われてならない。

丹羽山　東郷町教育委員会提供

丹羽塚

市藪（愛知県愛知郡東郷町諸輪中市）

丹羽氏重の側女おくらと子の市兵衛

岩崎城の戦いで討死した丹羽氏重。そんな氏重は諸輪中城主として諸輪の地を治めていた。氏重には「おくら」という美しい側女がおり、「市兵衛」という子どももいた。氏重はおくらと市兵衛を中城の近くに住まわせ、二人のために食糧や什器を納める蔵を建てさせたという。氏重の死後、諸輪では丹羽一族の残党狩りが行われた。二人は隠れていたが、市兵衛が氏重の子と判明してしまい、黒装束の武者たちに斬り殺されてしまう。おくらは悲しみで泣き続け、ついには亡くなってしまった。それを気の毒に思った村人が二人を藪の中に埋めて供養した。それからこの藪は市兵衛藪といわれ、のち「市藪」と呼ばれるようになったと伝わる（＊現在、「市藪」の呼称は残っていない）。市兵衛藪は清安寺の東側、旧道沿いにあったという。現在、広い駐車場となっている付近がその場所だ。そして、この辺り一帯は諸輪中城の推定場所でもある。開発によって昔の面影は残っていないが、おくらが信仰していたと伝わる稲荷社が氏重とおくらの穏やかな生活の記憶を今に伝えている。

市藪　稲荷社

隠狭間（かくれはざま）（愛知県愛知郡東郷町諸輪百々）

岩崎城（長久手）の戦いの折、和合（現・東郷町和合）一帯は放火され、焼野原となった。この話が本当であれば、放火したのは池田恒興・森長可の手勢だと思われるが、確証はない。逃げてきた人々がこの谷に隠れたことから「隠狭間」の呼び名がついたと伝わるが、現在は残っていない。現在の東郷美化センター南辺りだという。

赤丸周辺が隠狭間（推定）
国土地理院空中写真（平成 19 年）を加工

蚊谷上池・下池（愛知県愛知郡東郷町和合北蚊谷・東蚊谷）

岩崎城（長久手）の戦いで、和合村は焼失し、村人らは三河方面に逃れた。その間に、傍示本の人々が和合に二つの池を造ったと伝わるが、その理由は不明であり、池の造成も短期間では難しく、この伝承には疑問も多い。この池は「上池」と「下池」に区分されていたらしく、上池（現・和合北蚊谷）は土地改良事業で埋め立てられ姿を消してしまったが、下池（現・和合東蚊谷）は今でも残っている。

蚊谷下池

剱門坂（愛知県愛知郡東郷町和合南蚊谷）

岩崎城（長久手）の戦いの折、落ち武者であろうか、深い傷を負った者が大勢この地にやって来たそうだ。亡くなった者が身に着けていた兜や鎧・刀などが埋められたため、このように呼ばれるようになったという。大正時代初期に村人が辺り一帯を掘ったとも伝わるが、出土品はなかったとのことだ。現在、この呼称は失われている。

剱門坂（和合の交差点から北東を見る）

愛知県名古屋市守山区西城二丁目

小幡城

おばたじょう

小幡城の変遷

小幡城は大永2年（1522）、織田敏信・信安家臣の岡田重篤によって築城された。この重篤の子が星崎城主・岡田重孝であり、信雄に長島城で殺害された三家老のうちの一人である。天文4年（1535）に起きた松平清康の「守山崩れ」以降、織田信光の居城となるが、信光の死により一時廃城となった。そんな小幡城は小牧・長久手の戦いの時、徳川軍の手で改修されることになる。「**廿四日、春日井郡小幡ノ旧城ヲ修シ**」（『武徳編年集成』）。この時、家康の家臣・本多広孝らが城を守備したとされる。「**小幡には織田信光の古城の跡あり、直に砦を御取立本田豊後守広孝を入置る、参州江通路として岩崎迄八遥き故、小幡の砦にて是を繋**」（『長久手合戦記』）。小幡城は三河へ向かうための繋ぎの城として、織田・徳川軍の重要な拠点となっていたようだ。

書状に記された小幡城攻め

秀吉が北陸にいる丹羽長秀に宛てた書状には、「**去六日に池勝入・森武・孫七郎・左衛門督人数弐万四五千にて、至小幡表差遣、小幡城二ノ丸迄攻入、首百余討取**」（惟住長秀宛天正12年4月8日付羽柴秀吉書状）とあり、4月6日に岡崎別働隊の池田恒興・森長可らが2万4～5千の軍勢で小幡城の二の丸まで攻め込んだと記されている。しかしながら、この時の小幡城攻めは他の史料では確認することができない。それに池田・森軍の行軍ルートから考えても、小幡城はルート上から少し離れた場所に位置するため、俄には信じがたい部分もある。おそらくこの書状は戦況を知らない長秀に自軍の有利を伝えるため作成されたものであり、誇張表現を多分に含んでいると思われる。

小幡城跡周辺図

重要な役割を果たした家康の陣城

岡崎別働隊を追う徳川先遣隊、家康本隊は途中で小幡城に入城した。そして、この城を出撃の拠点として、先遣隊は岡崎別働隊の総大将・三好秀次のいる白山林に追撃に向かい、家康本隊は色金山まで軍を進めた。長久手の戦い後は、家康が小牧山へ帰陣するための休息の城となった。家康が小幡城にいるこのタイミングで、秀吉本隊は龍泉寺城まで迫ってきていた。家康としても秀吉と決戦を挑むのであれば、絶好の機会であったかもしれない。だが、現実的に秀吉の大軍を今相手にするのはリスクが大きかったことだろう。長久手の戦い直後という自軍の消耗具合やここで負ければ先の勝利が水の泡になってしまうといった懸念も家康の頭にはよぎったにちがいない。この時の状況が記されている史料があるので紹介しておきたい。「忠勝、水野惣兵衛忠重を伴ひ、御前に来て曰、某か軍勢、今日敵ニ当テざるゆへ、聊労ぜる旨、忠重か兵を加へ給ハバ、今宵不意ニ竜泉寺へ押寄、短兵急ニ攻撃に於てハ敵一定狼狽して敗北すべし、且犬山より北方に於て秀吉を討捕ルべし、敵の地利備の厚薄、数回斥候を以、是を見セしむる事詳也、最も越度有べからざる旨言上ス、神君ノ曰、両人か謀尤可也、然共夜軍又危し、今日吾大利を得たり勝て尚謹ミ戦ざる事、是良将の宗とする処也、勝ハ過さぬ物成ぞと、強て是を制し給ふ」（『四戦紀聞尾州長久手戦記』）。本多忠勝と水野忠重が龍泉寺にいる秀吉に対して夜襲を進言するが、家康は慎重な姿勢を見せている。

その後、家康は菅沼定政に斥候を任せた。定政によれば、「龍泉寺城に駐屯する羽柴軍は皆甲冑を脱いで、晩食を食べている、今夜は襲って来ない」とし、この報告を受けて家康は早々に小牧山へ帰陣することを決意したという。

小幡城に遺されたもの

現在、本丸跡には老人施設が建っており、施設の前（駐車場）には案内板が設置されている。だが、小幡城の見所はこんなものではない。昭和初期の頃まで城の遺構は残っていたそうだが、現在は失われてしまっている。しかし、それらの痕跡は今でも見ることが可能だ。「城址東西百十間、南北六十間、東南西二重堀、北切岸 西北古ハ沼、今ハ田」（『尾州古城志』）。小幡城は技巧的な構造をしており、二の丸は馬出機能を有していた。小牧・長久手の戦い時の改修といわれる理由も納得できる。ここからは『春日井郡小幡村古城絵図』を頼りに城跡を歩いてみたい。最もわかりやすいのは本丸東側の堀跡である。これは本丸と三の丸を分断する堀であり、現在は堀底が道となっているが、面影は残っている。二の丸の南側（西城小学校東門周辺）にも堀の名残と思

本丸を望む

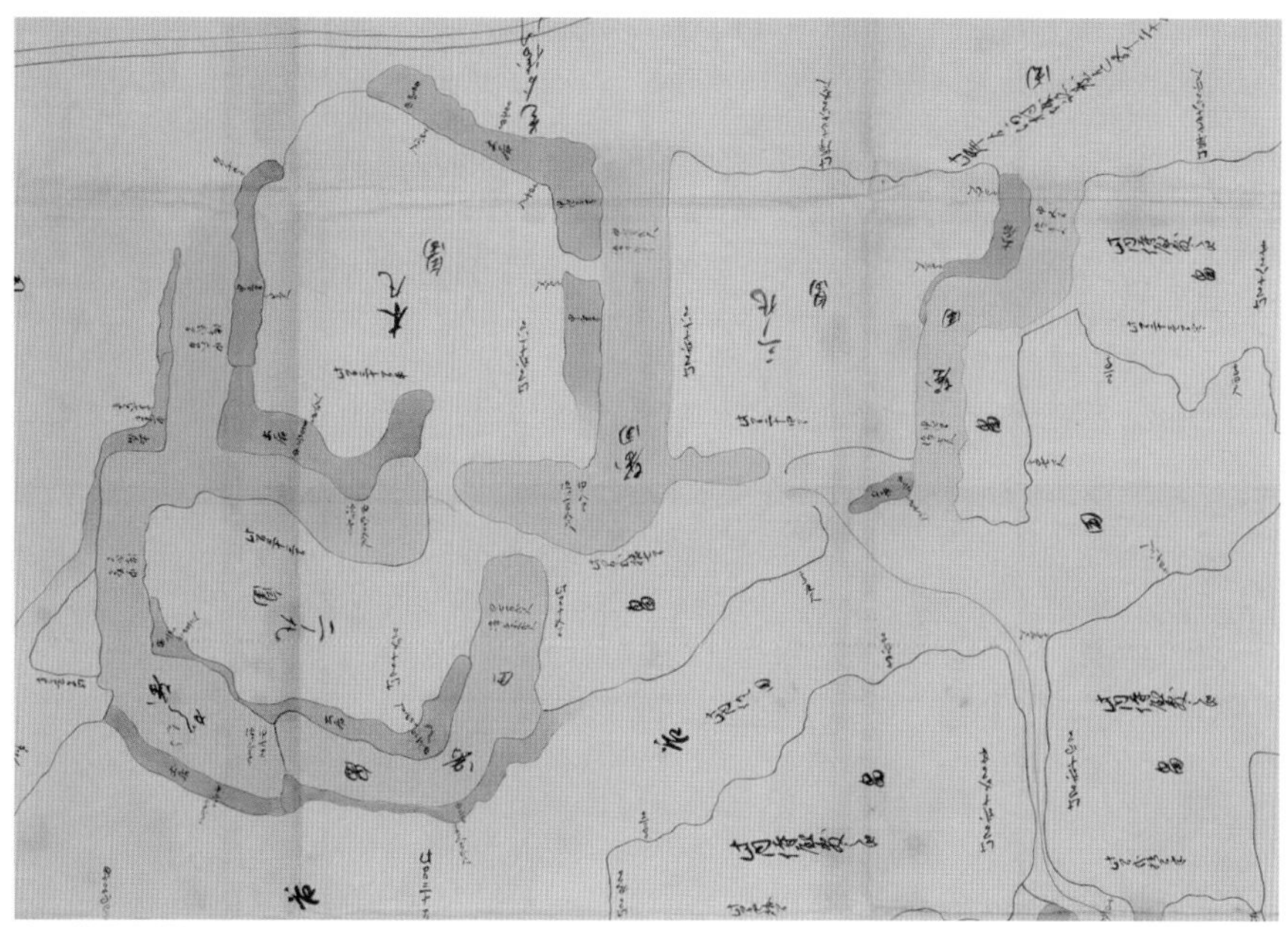
春日井郡小幡村古城絵図　名古屋市蓬左文庫蔵

堀の痕跡（二の丸の南側）

堀の痕跡（本丸と三の丸の間）

われる高低差が確認できる。周囲には数軒の武家屋敷が配置されていたことも絵図から確認できる。今では宅地化されてしまい城域の全体像はつかみにくいが、城跡を歩いてみると小幡城の規模の大きさが実感できる。また、案内板のある地点から西へ歩いていくと下に降りる階段がある。ここに立つと周囲が一望でき、小幡城がこの位置に築かれた理由もよくわかる。そして、階段を下りて城の北側に立ち、本丸方向（老人施設）を見上げてほしい。断崖（切岸）が迫ってくるような威圧感、あなたの目には小幡城がどのように映るだろうか。

愛知県名古屋市守山区竜泉寺一丁目

龍泉寺城

りゅうせんじじょう

長い歴史をもつ龍泉寺

天台宗の開祖である最澄により、延暦年間（782~806）に創建されたと伝わる龍泉寺。鎌倉時代より参詣者を集め、尾張四観音の一つとして知られる。寺は庄内川南岸の崖の上に位置しており、尾張平野を一望できる場所にあったことから軍事上の価値が認められ、城として利用され始めたといわれる。『信長公記』からは、弘治2年（1556）、織田信長の弟・信行が岩倉城主・信安と図って信長を討つために、龍泉寺を軍事施設へと変貌させたことがわかる。信行の死後、城の機能は失われていたと思われるが、天正12年（1584）4月8日付の秀吉の書状には「龍泉寺山を根城ニ搆、柏井・大草何も取積丈夫之普請申付候」とあり、秀吉の手によって改修されたことはまちがいなさそうだ。そんな龍泉寺城はというと、秀吉が退却する際、羽柴軍によって諸堂が放火されたと伝わる。「天正年中長久手之役、豊臣家軍ヲ于此ニ駐ム時兵燹ニ罹テ堂宇什器悉ク焦土ト成ル惟本尊ノミヲ存ス也」（『龍泉寺記』）。しかし、焼失した寺は慶長年間に再興され、現在も境内には仁王門など当時から残っているものもある。

秀吉と家康が最も接近した瞬間

4月9日の長久手の戦いで味方が大敗したことを知った秀吉は大軍を率いて救援に向かう。しかし、進軍途中で日没になったため、秀吉は一時、龍泉寺城に入城し、陣城とした。この時、家康は龍泉寺城から目と鼻の先にある小幡城にいた。この瞬間、両者は約3㎞という距離で対峙したのである。家康は長久手の戦い直後であり、徳川軍将兵の疲労などを考えると、秀吉にとっては攻撃を仕掛ける絶好のタイミングであったように思われる。だが、秀吉は家康を攻めなかった。両者の間でどのような駆け引きがあったのか、今となってはわからないが、史料を参考にするのであれば、次のように記されている。「時ニ敗兵等段々馳来て、既に徳川殿・信雄卿小幡へ兵を収め給ふ由告ル、秀吉即チ小幡の城へ至り、責破らんと有けれバ、稲葉一鉄等、頻りに諌めけるハ、

龍泉寺周辺図

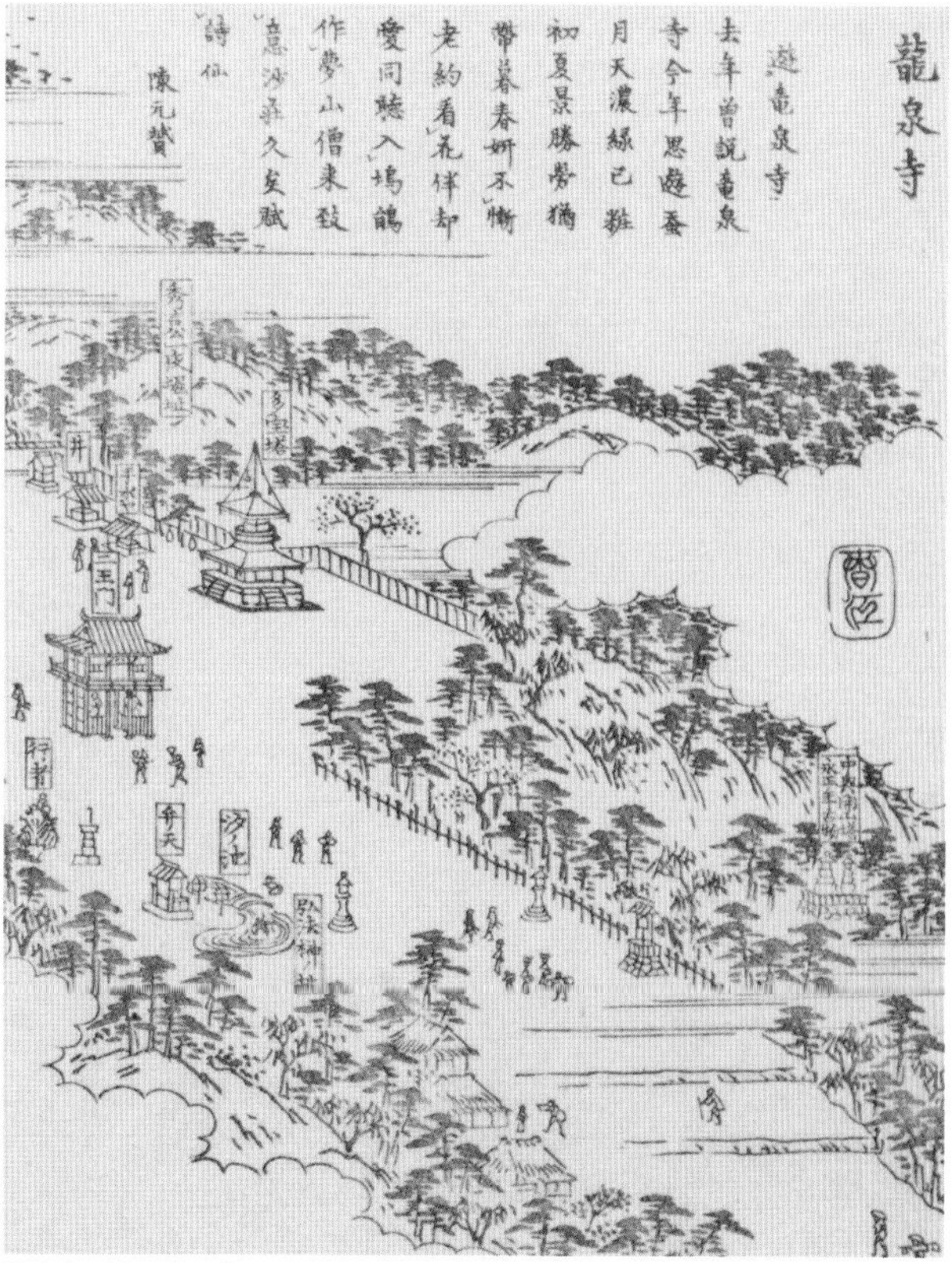

今日曜霊既ニ西ニ没ス、敵も又敢て進ズ、唯冀くハ、今日ハ先柏井迄兵を収メ可ならんと、深く諫言を加ふ、蓋シ中ノ剋（刻）過て、敵城を襲ざるハ古法也、稲葉逗の老武者故、理ニ中ル旨是を感ズ」（『四戦紀聞尾州長久手戦記』）。秀吉はこの機に乗じて小幡城に夜襲をかけようとするが、稲葉一鉄が夜襲は古い戦法であると諫言し、実行されなかったとある。秀吉は徳川軍の夜襲に備えて、一夜のうちに空堀を造らせ、総攻撃を翌日早朝に決めた。忍の報告でそれを知った小幡城の家康は夜を徹して庄内川を渡り、小牧山へ引き上げたというのが事の顛末だ。この一連の話は、どこまで信じていいか悩ましい部分もあるが、仮に秀吉がここで家康との決戦に臨んでいたならば、歴史がどのように変わっていたかわからない。

龍泉寺（部分）『尾張名所図会』後編四　愛知県図書館蔵

一夜堀碑　『守山市史』

豊公の一夜堀

模擬天守の裏に南北に伸びた堀の一部が現存している。堀の長さは約30m、幅は約5mであるという。この堀は秀吉が一夜にして造らせたものと伝わり、「豊公の一夜堀」の石碑が堀（竹藪）の中にある。だが、現在この場所は立入禁止となっている。『尾張名所図会』には龍泉寺が描かれており、多宝塔の裏側に注目すると「秀吉公一夜堀址」と紹介されている。この堀が秀吉の一夜堀であるかどうかは断言できないが、鎌倉時代中期に著された『沙石集』には「尾張国龍山寺（龍泉寺）ハ、昔龍王ノ一夜ノ中ニ造リ、供養セル寺也。夜明ケレバ、塹ハホリサシタリトテ、当寺モ其跡見ヘ侍リ」とあり、この時点ですでに堀の存在が明記されている。秀吉の一夜堀は、この伝説と混同されて伝わったものではないかと思われるが、信行時代の龍泉寺城にも堀が存在していた可能性を考えれば、秀吉は従来からあった堀を改修したということになろうか。

龍泉寺

龍泉寺に遺されたもの

龍泉寺には歴史的に重要な文化財が数多くある。現在、城跡には模擬天守（宝物館）が建っており、内部は資料館として開放されている。中には国指定重要文化財の木造地蔵菩薩立像や奉納刀など一部の寺宝や天井には勇壮な姿の龍の絵なども展示され、見応えがある。ただ、開館日時が限られているので注意してほしい。一夜堀など城の遺構を見ることができないのは残念ではあるが、模擬天守の裏には展望デッキがあり、ここからは庄内川越しに小牧山を望むことができる。ここがいかに要害の地形で、軍事上重要視されてきたかがよくわかるだろう。秀吉は確かにここにいた。翌日、家康に決戦を挑むつもりであったのだろうか。その夜はどんな覚悟で何を考えながら過ごしたのであろう。尾張平野をぼんやりと眺めながら、秀吉に思いを馳せていた。

模擬天守

龍泉寺からの眺望

愛知県名古屋市守山区深沢一丁目

吉根城

きっこじょう

北野彦四郎の居城

吉根城の築城時期や城主など、詳しいことはわかっていない。だが、小牧・長久手の戦い前後の時期で、この地を北野彦四郎という人物が治めていたことは明らかとなっている。「一　弐百六拾貫文　きっこ・いわ井ノ郷共ニ　北野彦四郎」（『織田信雄分限帳』）。彦四郎は織田信雄の家老・岡田重孝の家臣であったようである。この頃、重孝は星崎城主であったが、重孝亡き後は弟の善同（庄五郎）が羽柴方として星崎城に籠城した。この時、彦四郎も星崎城にいたと思われるが、星崎城は水野忠重・石川数正らの攻撃を受け落城、彦四郎の消息はここで絶たれてしまった。「星崎ノ城ハ、（略）岡田長門守居城トナル、然ルニ長島ニテ長門守誅セラレ、（略）弟岡田庄五郎城ニ篭リテ防キ、其外ノ面々集リ殺害ノ段ヲ憤ル、（略）信雄トハ敵トナリ、秀吉ニハ味方ノ埒ナレハ楯篭候間、何卒御加勢奉願ト告来ル、城兵ニハ（略）又長田弥左衛門・喜多野彦四郎（略）是等ハ岡田臣ニシテ千計リノ勢ヲ以テ立篭ル」（『小牧陣始末記』）

彦四郎の三日天下

そんな彦四郎が再び姿を現すのが、岡崎別働隊・池田恒興が上条村にやってきた4月7日のことである。織田方の篠木・柏井衆は村瀬作右衛門を中心に上条城で話し合いを行い、池田軍に従うことを決めるわけであるが、のちに彦四郎が徳川に味方するよう村人らを脅すような場面がある。「偖村瀬作右衛門・森川権右衛門一揆ノ大将集リ、柏井ノ辺ヲ守ル、此処ニ於テ池田以下ノ面々制法ヲ定メ、三州ヘ押入ルコトヲ謀ルト也、此処ヘ北野彦四郎参リ土民ヲ恐ドス、吉根村出ノ者、右村々ノ者ヘ申渡スハ、御目見帳ニ附クベシ、若シ附カズバ各撫切リニスベシト、何ガ土民ノコトナレバ怖レテ彦四郎カ申旨ニ任セシト也、然レトモ当分ノコトニテ後迄保ツコトニテ無ク、威勢ニ恐レテノ事、後ニ土民ノ悪口ニ、彦四郎ノ三日天下デ有リシト云ヒケルト也」（『小牧陣始末記』）。彦四郎は反信雄として星崎城で戦っていたはずだが、この時は織田・徳川方であるような印象を受ける。星崎城

吉根城跡周辺図

での戦いの後、彦四郎は転身したのであろうか。戦いの翌年も彦四郎が吉根村を治めていることからすると、信雄のもとでうまく立ち回ったのであろう。

吉根城に遺されたもの

城跡は上島古墳群内に位置し、現在は神明社となっている。社伝によれば、神明社は享保9年（1724）に遷座されたものだという。境内の中で一際目立つのが、こんもりとした土盛りの小山である。これは古墳の名残らしく、上には山神が祀られている。一見櫓台に見えるかもしれないが、墳丘を城の一部として利用した例は多いため、これもそうであろうか。上に登ってみると、北を流れる庄内川と急峻な崖がよく見え、川を天然の堀としていたことがよくわかる。城の遺構と思われるものは残っておらず、宅地開発や護岸工事で失われたと思われる。吉根橋から庄内川と吉根城を同時に望んでみるのもおすすめだ。

野田（吉根）の渡し

現在、吉根橋が架かっている辺りには、かつて野田（密蔵院の南）と吉根を結ぶ渡しがあった。『東春日井郡誌』には野田の渡しについて、「天正の役、池田勝入兵を分ちて三隊となし、自ら先鋒を率ゐて大日渡を超へしとき、第二隊堀久太郎秀政は実に此処より渡河し、而して先鋒の兵と志段味に合せし舊蹟なり」と記されている。岡崎別働隊の堀秀政の軍勢が庄内川を渡河したのがこの地点であると伝わる。「時ニ池田以下ノ面々二三万ノ人数ナレバ、段々手分ケヲシテ三列ニナリ川ヲ越ス、（略）中ノ瀬最一ツ川筋野田ノ渡シヲバ堀久太郎秀政」（『小牧陣始末記』）

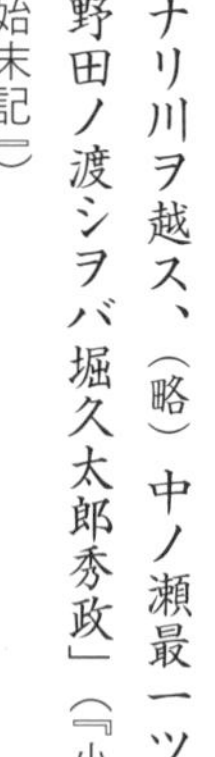

神明社

山神神社

吉根橋

野田の渡し

愛知県名古屋市
名東区神月町

猪子石城

いのこしじょう

横地氏の居城

植田城主・横地秀政の弟・横地秀次は天白村から猪子石村に移り、初代城主となってこの地域を支配した。信雄に所領を安堵されていた秀次であったが、小牧・長久手の戦い時は羽柴方に味方し、恒興の道案内をしたといわれる。そのため、徳川先遣隊に猪子石城は焼かれ、秀次は美濃国の木曽村（現・土岐市木曽町）へと逃れたという。しかし、秀政の子・秀種と秀行の兄弟は織田・徳川方につき、徳川先遣隊に属して岡崎別働隊を追った。弟の秀行は堀秀政との桧ヶ根の戦いで討死、兄の秀種は堀隊に敗れて香流川沿いを敗走する徳川軍の殿をつとめ、猪子石まで逃れてきたが、乱戦の中で討死した。

痔塚神社

香流川のほとりには敵味方多くの遺体があったとされ、猪子石村の人々は秀種ら戦死者を集めて塚を築いた。当時、この塚は「横地塚」と呼ばれていたそうだ。秀種が腰から下を負傷していたことから、この塚を参拝すれば、腰から下の病気が平癒すると信じられていた。時は流れ、周辺の地形も変化する中で塚は残り、明治時代に至る。明治30年（1897）に横地重ヱ門が社を奉納し、地塚神社として崇めたといわれる。それがいつからか「痔塚神社」となった。その後管理の変遷もあって、令和2年（2020）に猪子石神明社の境内に移り、現在に至る。

猪子石城跡周辺図

月心寺

猪子石城に遺されたもの

猪子石神明社とその西側の月心寺あたりが猪子石城跡と伝わる。『猪高村誌』には、東西五十間、南北六十間で二重の堀があったと記録されているが、城の遺構を確認できるものは何も残っていない。だが、小高い地形やすぐ南を流れる香流川など、立地に着目して周辺を散策してみると、次第に城の姿が見えてくるかもしれない。

痔塚神社

あけ坂（愛知県名古屋市名東区赤松台）

夜明けを待った武将？

現在の名東区赤松台の北西端付近は四方を見渡すことができる高台であり、江戸時代からここは「物見塚」と呼ばれていた。実はここに小牧・長久手の戦いにまつわる伝承が残っている。一人の武将が戦況を偵察するため、この高台（山）に登って夜明けを待った。それからこの場所を「明け坂」と呼ぶようになり、それがのちに「赤坂」に転化したと伝わる。また、夜あまりに人馬の音がするので民衆が山へ避難し、再び山を下った時に夜が明けたことに由来するという異説もある。夜明けにこの位置にいる部隊となると、徳川先遣隊の大須賀康高らの可能性が高い。彼らは猪子石原を通って白山林に進軍している。人馬の音も、もしかしたら大須賀隊かもしれない。ちなみに、この日の日の出は午前4時頃とのことだ（『日本戦史小牧役』）。現在は団地となっており、周囲を見渡すことはできないが、確かに高台であることはわかる。実際にここから日の出を見てみたいが、それまで待機するには不審者に疑われても平気な不屈の精神が必要かもしれない。

あけ坂

了玄院

愛知県名古屋市名東区高柳町

了玄院

落武者 小関三五郎

長久手の戦いで池田方として参戦した小関三五郎。戦いで敗れた三五郎は落武者となって、藤森の石ヶ根（現・名東区石が根町）に身を潜めた。再起を図ってこの地に住み着き、藤森城主を称するようになったが、戦傷がひどく、失意のうちに没したと伝わる。

藤森城跡

城の位置は藤森神明社とする説もあるが、弘化４年（１８４７）の『藤森村絵図』には神明社の南西に「古城址」が描かれている。その具体的な位置に関して、古くから住む地元の方の話によれば、現在の本郷駅周辺に了玄院と墓地が数ヶ所あったという。さらに昔の伝承によれば、村人たちが三五郎の居館（あるいは城）跡に松を植え、そこは「小関塚」と呼ばれていたそうだ。塚は墓地の一画にあったといわれる。これらの伝承を信じるのであれば、藤森城は本郷駅の近くに存在したことになろうか。現段階ではこれ以上のことはわからない。土地開発で小関塚は壊され、松も伐採されてしまうが、関わる者が熱病になり、村人はこの松を「おこり松」として敬遠するようになったといわれる。代わりに碑を建立し、三五郎の霊を慰めたそうだ。

了玄院に遺されたもの

了玄院は昭和51年（１９７６）に現在地に移転した。現在、了玄院の墓地には「郷士小関殿墓」と刻まれた碑や長久手の戦いと小関三五郎について刻まれた碑が立っている。本堂には三五郎の位牌（法名：玄庵道了禅定門）も残されている。これまで天正12年（１５８４）以降の小関三五郎の話をしてきたが、位牌には文明６年（１４７４）とあり、三五郎の生きた時代とこれまでの伝承が合わないという問題が発生する。伝承が入り混じった可能性は高いが、今後も検証が必要になりそうだ。

しかし今回、藤森城と小関氏の伝承をたどっていく中で、藤森城の姿が徐々に見えてきたこと、小関氏の生涯に迫ることができたのは私にとって大きな一歩となった。

小関三五郎位牌

小関三五郎の碑

極楽（愛知県名古屋市名東区極楽）

負傷兵　安息の地

名東区は文字どおり名古屋市の東部に位置し、その最も東側にあるのが極楽地区である。地名の由来は諸説あるが、一説には名古屋市の西部は木曽川・庄内川などの洪水被害も多い地域であったため、人々は安住の地を求めてこの地に至り、「極楽」としたというもの。また一説には長久手の戦いで負傷した兵士たちが極楽山（現・猪高緑地）を越えて、この地に逃げ込み「ここは極楽だ」と言い合ったとする説がある。地理的に見れば、長久手古戦場からも近く、ここに敗残兵が逃げてくることは十分に有り得る。戦場より命からがら逃げ込んでくることを考えると、池田や森の兵士だった可能性が高い。傷ついた身体を引きずって死に物狂いで山を登り、向こう側に辿り着いた彼らにとって山が身を隠してくれるこの場所は、つかの間の安息を得られるまさに「極楽」であったのだろう。

名東区と長久手市との境に「親鸞山」と呼ばれる小山が見えるが、この山はもともと「極楽山」と呼ばれていたという。現在、親鸞山は猪高緑地の一部となっている。ここからは長久手古戦場方面もよく見える。長久手から逃げてきた兵士たちが見た「極楽」を追体験したいのであれば、長久手側から猪高緑地を越えて、極楽に下りてみるといい。彼らの気持ちがよくわかることだろう。

親鸞山（極楽山）

親鸞山から長久手方面を望む

標識

うとう坂（愛知県名古屋市名東区社が丘一丁目）

「ウトウ」とは低く小さい谷、せまい峠道を意味するそうだが、坂の名の由来として、長久手の戦いにまつわるものがある。戦いに敗れた兵士がこの辺りまで逃げてきた際、追撃してきた兵士がここで「鉄砲を撃とう」と言ったことから、「うとう坂」と呼ばれるようになった。信憑性に欠けるが、上社五丁目の北端から北東に向かう坂道だと伝わる。区画整理で坂の道幅も広がっており、往時の姿は留めていないが、現地を訪れると確かに急な坂道となっている。誰かがここで鉄砲に撃たれて亡くなったのであろうか。冥福を祈りながら坂をのぼった。

うとう坂

兜塚（愛知県名古屋市名東区猪子石原三丁目）

現在、マンションの駐車場の一角に「兜塚」の石碑がある。これは長久手の戦い時に戦死した兵士の塚と伝わる。この塚には、過去に鎧の音を聞いた話など、少し怖い伝説もあったが、姿を変えつつも地元で手厚く供養され、大切に守り続けられてきた。地理的に見れば、長久手からこの辺りまで逃げてきた兵士も多かったように思われる。名東区には敗残兵にまつわる伝承も多いため、本当のことなのかもしれない。

兜塚

長福寺

愛知県名古屋市千種区京命１丁目

長福寺

大須賀隊の放火で焼失した寺

天正12年（１５８４）４月９日、徳川先遣隊が三好秀次を破り、敗走する三好軍を追撃した。しかし、直後の桧ヶ根の戦いで堀秀政に敗れ、今度は徳川勢が追われる立場となった。榊原康政が御旗山で家康と合流した際、大須賀康高は猪子石方面に逃れたと伝えている。「康政伏謝シテ曰ク、（略）然モ今御旗ヲ見テ、死スルニ忍ビズ、恥ヲ懐テ来謁ス、忠重・康高ハ猪子石ニ向ヒ去ルト云云」（『武徳大成記』）。追撃してくる羽柴勢を攪乱するため、大須賀隊は周辺の寺院や民家に火を放った。その際、長福寺も巻き込まれ、堂宇は焼失してしまったとする。

現在の香流小学校の位置に、かつて「猪宝山長福寺」は存在した。幸いにも本尊の観音像は村人の手で救い出され、地中に埋められたことで難を逃れた。時は流れ、村人が観音像を掘り出し、観音堂を建立して祀った。観音堂は天和３年（１６８３）に現在地に移り、「紫磨山長福寺」となって今に至る。丸窓で中国風の本堂が特徴的だ。

たたり石

長福寺の境内には、柵で囲まれた大きな石がある。この石は小牧・長久手の戦いの後、戦死者を弔った時に使われたものだといわれる。この石に触れると祟りがある、村人からはそう恐れられていた。

大正時代になって、噂を聞いた長福寺の和尚がお祓いをした。それから石は住民らの手で、もとあった場所（字新屋敷）からコロを使い、二日半かけて寺に運び込まれたと伝わる。これまで大切に祀られ、鎮められた石、くれぐれも不用意に触らないように……。

たたり石

御器所八幡宮

愛知県名古屋市昭和区
御器所４丁目

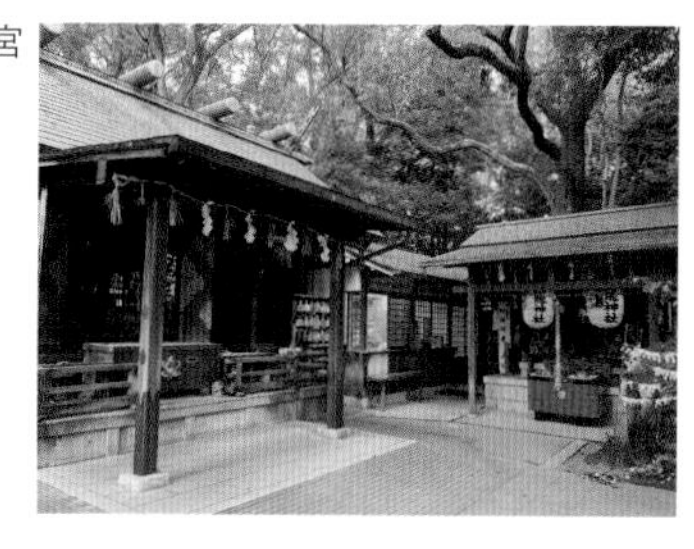
御器所八幡宮

家康が戦勝祈願したと伝わる神社

戦国時代に御器所の地で勢力を持った佐久間氏が領内の鎮守として創建したと伝わる。社伝によれば、家康は小牧・長久手の戦いの際、島田（現・天白区島田）の大島氏の案内で戦勝祈願に訪れたという。訪問時期も定かではないが、家康がこの辺りに立ち寄るとすれば、浜松から清須にやってくるタイミングであろうか。案内人とされる大島氏は桶狭間の戦いで敗れた浪人であったが、島田の地に住みついて、のちに池場（現・天白区池場）の豪農となった人物である。戦いの後、家康は勝利した事を感謝し、大島氏に八幡宮の社殿造営を命じたとされる。

慶長５年（１６００）の棟札には、「大島雲八源光義」の名が記されている。「八幡祠在御器所村（略）嘉吉元辛酉佐久間美作守家勝同右衛門尉信盛重修、慶長五年庚子大島雲八源光義」（『尾張徇行記』）。江戸時代には広大な境内を持ち、岡崎街道（飯田街道）や塩付街道などを通る人々からも八幡宮の森を目標に参拝することができたそうだ。

家康が戦勝祈願し、その願いが成就したこともあり、御器所八幡宮は必勝の神様で知られ、現在パワースポットとして多くの参拝者が訪れている。

徳川家康必勝祈願所 標柱

愛知県名古屋市南区本星崎町

星崎城

ほしざきじょう

星崎城の籠城戦

星崎城の築城時期や城主については、鎌倉時代に地頭・山田重忠が築いたとも、戦国時代初期に鳴海の土豪・花井右衛門兵衛が在城していたなど諸説ある。記録として残る城主は、織田家に仕えた岡田助右衛門重善（直教）からである。後を継いだ長門守重孝（直孝）は信雄の三家老の一人となっていた。しかし、天正12年（1584）3月6日、重孝は秀吉に内通したとして信雄に殺害されてしまう。これに怒った重孝の弟・善同（よしあつ）は星崎城に籠り、織田・徳川方に対抗する姿勢を見せた。「参州岡崎ノ城代石川伯耆守、刈屋ノ水野惣兵衛忠重・同藤十郎勝成兵ヲ発シ、岡田庄五郎ヲ尾州愛智郡星崎ノ城ヲ攻ル、城ヨリ軽率ヲ出シ戦ケルカ、敗入ル」（『武徳編年集成』）。翌日、徳川家家臣・石川数正、刈谷城の水野忠重・勝成らが星崎城に攻め寄せ、激しい攻防戦が繰り広げられた。「忠重勝成分兵使焼城外小屋、進至二丸」「（城中軍兵トモハ）、矢炮ヲ飛セ石弓ヲ放シ掛爰ヲ専途ト防キシ程ニ、寄手ノ手負多カリケリ、去レトモ寄手は大勢ナレバ、手負ヲ助ケ荒手ヲ入替息ヲモ不継責タルニ」（『水野記』）。最終的に善同は城を明け渡し、17日には忠重が受け取っている。戦後、山口重勝が寺部城から移り星崎城主となっていたが、後継の重政が天正16年（1588）に伊勢国・茂福城に転封となり、星崎城は廃城となった。

岡田切吉房

岡田重孝の殺害を任されたのは、信雄の家臣・土方勘兵衛雄久であった。土方家の家譜には、雄久が長島城内で重孝を斬殺したときの様子が詳しく記されている。信雄が秀吉から贈られた鉄砲を披露し、重孝が鑑賞していたところ、雄久が背後から重孝を襲った。しかし、重孝はこれに抵抗、今度は雄久が危うい状況になり、信雄自身で手をくだそうとするが、雄久は助太刀不要と止めを刺したという。「雄久亦膝行為見之、抱岡田即以短刀刺之、雖然、岡田剛強不屈之、抜短刀截雄久、不截、再以截雄久之額也、於是羽林亦抜刀、与岡田会刃、羽林命雄久曰、放

星崎城跡周辺図

之放之、雄久振首謂大雖也、与僕可截之、不放之、終刺殺之」（『土方菰野家譜』）。最終的に誰が殺害したのかその真相はわからないが、信雄が重孝を斬ったと伝わる刀が現存している。「岡田切」の号で知られ、作者の吉房は鎌倉時代に活躍した刀工の一人だ。しかし、重孝を斬った刀は「鯰尾藤四郎」であるとした異説もあり、謎は深まるばかりである。「土方後ヨリ飛掛リテ抱スクメ、彼鯰尾ニテ胸板ヲ指通ス」（『小牧陣始末記』）

二の丸と堀の跡

城址碑

星崎城に遺されたもの

星崎城は笠寺台地南端に位置する。笠寺小学校と周辺の住宅地が城跡にあたるが、明瞭な遺構を確認することはできない。だが、明治24年（１８９１）測量の地形図からは、曲輪や堀といった遺構が残存していたことがうかがえる。大正6年（１９１７）、城跡の中心部に名古屋鉄道が敷設され、南北方向に線路が貫通、大正12年（１９２３）から昭和3年（１９２８）にかけて、笠寺小学校の建設工事もあり、城跡は大きく改変されてしまった。しかし、江戸時代の絵図や地籍図などから星崎城の想定はできる。星崎城は本城・二の丸・三の丸が直線的に並ぶ構造であった。古城絵図と現地形を対照させると、小学校の東半分が本城、その南に二の丸という配置になる。本城の周囲には堀が巡り、土橋で二の丸に接続していた。この堀に関しては昭和60年（１９８５）の試掘調査で、プールの北と西から堀の一部と考えられる溝が検出されている。小学校南側の道路は二の丸南の堀であったと思われ、高低差が確認できる。小学校と星宮社の間は住宅地と

星宮社

大手道

なっており、ここには三の丸があった。神社の北側から小学校方面に向かって延びる道が大手道だといわれる。また、小学校の西にある善住寺・幸蓮寺など寺院境内地にも曲輪や切岸の名残が見られる。運動場の北西端の斜面も曲輪の切岸であろうか。東の住宅地は侍町、星宮社の南には城下町が形成されていた。「町」や「町西」といった地名に城下町の面影を感じることだろう。小学校校門を入った右手奥に「星崎城址」碑と案内版が建てられているが、不審者にまちがわれないように注意したいところだ。

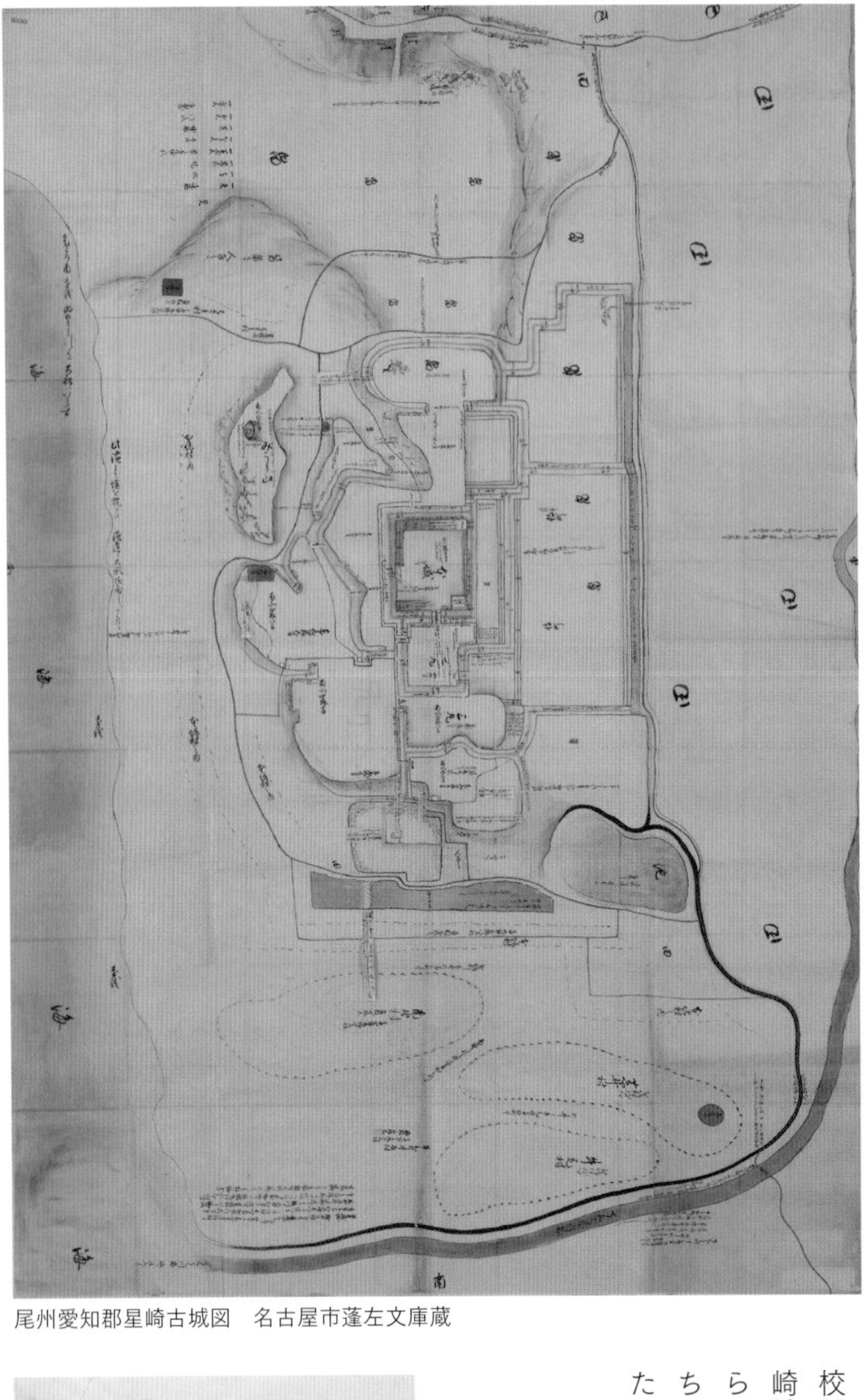

尾州愛知郡星崎古城図　名古屋市蓬左文庫蔵

善住寺 西側の高低差

愛知県名古屋市
西区比良三丁目

比良城

ひらじょう

佐々一族の居城

比良城は天文年間（1532〜1555）に佐々成宗によって築かれたと伝わる。天文5年（1536）、佐々成政は成宗の子としてこの城で誕生した。成政といえば、織田家の中でも指折りの猛将として知られ、天正9年（1581）には信長から富山城主として越中一国を与えられている。成政が移った後も比良城には佐々一族が在城したと伝わるが、詳しいことはわかっていない。

「小城では比良城ほど良い城はない」

『信長公記』には、比良城に関するこんな逸話がある。若き日の信長が、比良城の南にあった池に大蛇が出るという噂を聞き、真偽を確かめるため訪れた。信長自身も池に潜って探したが、大蛇は見つからなかった。その頃、比良城の佐々成政が信長に逆心を抱いているとの風説があった。この時、成政は「信長はついでに比良城の見物にやってくるだろう、信長に疑いをかけられ、殺されてしまうかもしれない」と恐れていたという。そこで、成政の家臣・井口太郎左衛門が信長の暗殺を提案したというが、結局信長は比良城に寄らず清須に帰ったため、窮地を免れた。

徳川軍に改修された比良城

比良城は小牧・長久手の戦いの時、徳川軍の改修を受けることとなった。清須の前衛拠点としても、重要視された城である。『長久手合戦記』によれば、成政の古城を改修し、小牧と清須の繋ぎの城としたと記されている。「小牧より清須の城繋には比良村に幸ひ佐々内蔵介が古屋敷あり、是を砦に家康公御取立なり」（『長久手合戦記』）。また、『家忠日記』には3月24日に松平家忠が比良城の普請を行ったとある。「廿四日、辛丑、比良の城普請ニ越候」（『家忠日記』）。長久手の戦い後も、家康は小幡を出て比良に立ち寄ったのち小牧山に帰っている。「小幡を御出平江御掛り、小牧江御帰陣」（『尾州愛智郡長久手村御合戦略記』）

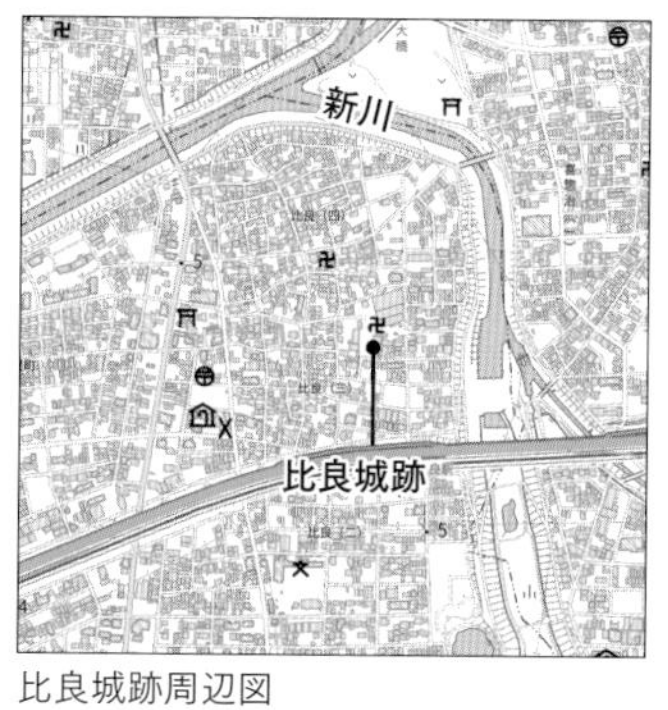

比良城跡周辺図

末森城の戦い

成政は小牧・長久手の戦いで織田・徳川方に呼応し、9月には羽柴方の前田利家と末森（現・石川県羽咋郡宝達志水町竹生野、南吉田）で戦っている。成政は末森城の戦いで前田軍に大敗を喫し、翌月には越後の上杉景勝に攻められ、東西から挟撃されるという状況に陥った。そんな中、信雄が秀吉と和睦し、家康も停戦してしまう。成政は北陸で孤立無援となり、家康に再度挙兵を願い出るわけであるが、この時の有名な逸話、佐々成政の「さらさら越え」はご存じだろうか。詳しい内容はここでは割愛するが、成政が家康に救援を求めるため富山から極寒期の北アルプスを越え、遠江の浜松まで踏破したというものだ。現在、この逸話は史料の裏付けもあり、本当の話であるともいわれるが、ルートに関しては未だに議論されている。成政は浜松城で家康と面会したものの良い返事は得られなかったという結末を迎えるのであるが。

光通寺

佐々成政城址　石碑

蛇池

比良城に遺されたもの

光通寺一帯が城跡と伝わる。光通寺は寛永2年（１６２５）に創建された寺であり、以前この近辺は「城屋敷」と呼ばれていた。城は東西38間（約75m）、南北40間（約80m）の規模で二重の堀が巡らされていたといわれる。現在、遺構は残っていないが、周囲より少し高い場所に寺が建っているのがわかる。寺の墓地の奥には「佐々成政城址」の石碑がある。先ほど紹介した『信長公記』にもあったように、かつて名城といわれた比良城の姿をもう見ることは叶わないが、信長が潜った蛇池は今でも存在する。比良城から少し離れるが、ここから８００ｍほど南下すると蛇池があり、今は蛇池公園として整備されている。ここで大蛇が発見され、信長が家来や周辺の村人を集めて池の水を抜いてまで探したという話だが、今となってはそんな不気味な雰囲気はなく、子供たちの声で賑わっている。

名古屋市中川区
前田西町一丁目

前田城

まえだじょう

前田利家の生誕地？

現在、城跡に建つ速念寺の寺伝によれば、前田利家はこの城で生まれ、幼少の頃に荒子城に移ったとされる。しかし、同じく中川区にある荒子城には「前田利家卿誕生之遺跡」という巨大な石碑が建ち、こちらは荒子城で生まれたとしている。双方の主張はあるが、この利家生誕の地問題はいまだ解決していない。豊臣政権下では五大老の一人となり、加賀百万石の礎を築きあげた利家。その前田氏の本家筋にあたる前田与十郎家は、代々この前田城を居城としていた。

前田長定の寝返り

小牧・長久手の戦いの時、佐久間正勝から蟹江城の留守を預かっていた前田城主・前田長定は秀吉方に内応した。この時、前田城は長定の子・長種が守備していた。6月16日に蟹江城が滝川一益らに奪われたことを受け、18日、家康はまず石川数正、安部信勝らに蟹江城の支城である前田城と下市場城を同時攻撃させた。「十八日　大神君ノ兵石川伯耆守、安部弥一郎及ト信雄、兵ヲ発シテ前田ノ城ヲ攻ム。城主前田甚七郎長種暫時是ヲ防クト云ヘトモ、城兵多ク命ヲ損シ疵ヲ被テ利ヲ失フノ間、長種遂ニ降テ城ヲ遁レ去ル」（『家忠日記増補』）。長種も善戦したようであるが死傷者を多く出し、ついには城も落城、23日に明け渡されたとある。「廿三日、戊辰、前田城わたし候」（『家忠日記』）

速念寺 本堂

前田城跡周辺図

前田城に遺されたもの

現在、前田城に城の遺構は残っていない。寺の隣にある長須賀小学校も城の跡地だといわれるが、正確な位置や規模は不明である。本堂は利家の鯰尾兜を模したユニークなデザインとなっている。利家ファンには、荒子城とともに聖地といえる場所かもしれないが、境内には蟹江城の戦いで討死した前田与十郎長定の墓もあるので、こちらもどうかお参りしてほしい。

前田与十郎長定の墓

名古屋市中川区
東起町四丁目

東起城

ひがしおこじょう

前田一族の城

東起城の正確な築城年代は不明だが、一説には荒子城ができた後ともいわれる。前田利春（利昌）が荒子城を築いたのが天文13年（1554）とされることから、その頃あるいはそれ以降に築かれたことになろうか。小牧・長久手の戦い時は前田三郎四郎和春が在城していた。『菅原氏御系図』によれば、和春は利春の異母兄・兼利（右馬允）の次男（三男の説も）ともいわれる。和春は前田長定と同盟関係にあったとされ、下市場城における戦いで羽柴方として参戦するも討死した。

東起村の始まり

東起村の起源であるが、当時庄内川の川底は今よりも高く、豪雨になればすぐに決壊し、川沿いに肥沃な土が流出した。これに目をつけた下之一色村の住人が庄内川を越えて、この土地を耕作した。下之一色村から見て庄内川の「東を起こす」という意味から東起村が生まれたという。

東起城跡周辺図

東起城に遺されたもの

江戸時代の地誌類には、東起城の項に

「東西六十四間、南北七十二間あり。城主ハ前田三郎四郎和春」（『張州府志』）と、城の規模や城主の名が記されている。城跡は東起白山社の南西一帯と伝わり、天保12年（1841）の絵図や明治17年（1884）の地籍図からは「城屋敷」の字名も確認できる。また、地籍図からは城の西側と南側も堀に囲まれていたことがわかる。南側中央には大手道を示すような朱線が引かれており、百曲街道とつながっていた。白山社は寛永16年（1639）の造営と伝わり、江戸時代から村の鎮守社として祀られてきたのだろう。城の北東に位置しており、白山社以前には何らかの社が鬼門除けとして祀られていた可能性もある。白山社正面の南北にのびる幅の広い道は、堀を埋めて白山社の参道にしたものと考えられている。大手道と思われる道を南下すると、途中で堀の名残のような用水路があり、そのまま百曲街道に合流する。この街道から南は江戸時代初期、尾張藩主・徳川義直の命で干拓され、新田開発が行われたエリア（熱田新田）だという。そうなると、東起城は海辺の集落にあった城、ということになろうか。かつての海岸線を想像しながら歩くのもまた一興だ。

東起城
堀跡（推定）

地籍図「愛知郡熱田新田西組」に加筆
愛知県公文書館蔵

堀跡（推定）

堀跡（推定）

愛知県名古屋市
中川区下之一色町

下之一色城

しものいっしきじょう

前田一族の城

築城者や年代については諸説あるが、一説には前田与十郎種利が築いたと伝わる。小牧・長久手の戦い時は蟹江城主・佐久間正勝に属し、清須と長島を連絡する役割を担っていたと考えられる。しかし、蟹江城の戦いの際、前田長定が羽柴方に寝返ったことで、長定の嫡男・長種が守る下之一色城は織田・徳川軍に攻められ、落城することとなった。また、『前田与十郎系図』には長定の妹もこの戦いで命を落とした旨が記されている。

失われた下之一色城

城跡は現在の国道1号線・三日月橋の下流あたりと伝わるが、明和4年（1767）に起きた庄内川の氾濫で翌年には河川敷となってしまい城跡は悉く失われたという。さらに、天明7年（1787）の尾張藩による新川開削でも周辺は破壊されているため、もはや位置に関しては不明としか言いようがない。「今為河而古址悉亡矣」（『張州府志』）。現在、名古屋市立正色小学校の正門横に「下之一色城址」の石碑があるが、この石碑もこれまで点々と移転して、現在の場所に落ち着いたようだ。三日月橋を渡って新川の対岸から小学校方向を望んでみるのもまたおすすめだ。川底に城が眠っているかもしれない、と考えるだけでロマンを感じるのは私だけであろうか。

小学校方面を望む

石碑

戸田（名古屋市中川区戸田）

家康が滞在した戸田村

天正12年（1584）6月16日、織田・徳川方の蟹江城が羽柴方の滝川一益・九鬼嘉隆らによって占拠された。大野城主・山口重政の使者と先陣の井伊直政の報告を受け、清須城にいた家康は諸将に触状を出し、家康自身はわずかな手勢で先に清須を出陣した。「家康ハ重政ノ使者及直政ノ報告ニ接シ援助迅速ヲ要スト為シ、直ニ激ヲ諸隊ニ伝ヘ、其集合ヲ待タス、左右数騎ヲ従ヘ馳セテ之ニ赴キ、戸田村ニ抵ル頃、兵属スル者僅ニ五百人諸隊ハ漸次ニ集合セリ」（『日本戦史小牧役』）

清須を出陣した家康は16日の夜までには松葉（現・大治町西條）に着陣。翌日、家康は戸田村（現・名古屋市中川区戸田）に移動した。この時、家康は戸田村内にあった一つの堂がある場所に陣を構え、屋根の上から四方を偵察したと諸史料には記されている。「権現様ハ、清洲より松葉の宿に出御、翌日軍勢を戸田へうつし給ふ、此所にひとつの堂あり、権現様其堂のやねの上により四方を御覧して」（『山口家伝』）。またこの時、家康は重政を戸田に呼び寄せ、羽柴方に寝返らなかった重政の忠節を称え、馬を下賜したとされる。「大神君戸田ニ陣シ玉フ、時ニ本田平八郎忠勝ヲ以テ重政ヲ召ス。（略）今大逆徒ニ与セス節義ヲ守ル事忠志最モ浅カラサルノ由御感有テ、御馬黒毛ヲ重政ニ賜ル」（『家忠日記増補追加』）。しかしながら、家康が一時的に陣を敷いた場所は、戸田村のどこであるのか、それは判明していない。戸田八幡神社という伝承はあるが、確証がないのが現状だ。

戸田八幡神社

円長寺

愛知県海部郡大治町西條南屋敷

円長寺

井伊直政の駐屯場所

6月16日、山口重政が守る大野城を滝川・九鬼水軍が攻めた。井伊家の記録によれば、「敵大野ノ城ヲ攻ム、直政、此時、松葉ノ里ニ陣取テ、此告聞ヨリモ、馬烟ヲ蹴立テ馳向フ」（『井伊家譜』）とあり、大野城で攻防戦が繰り広げられていた時、井伊直政はすでに「松葉」に布陣していた。今となってはその地名こそないが、戦国以前からこの辺りは「松葉荘」と呼ばれる荘園であった。現在の範囲でいうと大治町・甚目寺町の大半と七宝町の中央部、津島市の一部にまで及ぶ。では、直政は一体どこに陣を敷いていたのだろうか。

円長寺の由緒によれば、直政がこの地に駐屯した際、寺の修理や保護をしたとされる。そうだとすれば、直政は円長寺のある西條村（現・大治町西條）にいた可能性が高い。ちなみに『尾張志』には、西條村は「松葉庄の本郷」であったと記され、松葉荘の中心地であったことがわかる。直政は円長寺、もしくはそのすぐ近くの松葉城を一時的な拠点として駐屯していたと考えられる。（＊松葉城は『信長公記』にも登場し、天文21年〔1551〕に那古野城主の信長が、松葉城を奪った清洲織田氏の坂井大膳らと戦いを繰り広げた場所でも知られる）。家康も清須からの進軍途中で一時松葉に滞在し、その翌日に戸田へと向かっている。

井伊直政の活躍

直政が重政の報告を受けて自らの判断で蟹江に向かったのか、家康の指示なのか、史料ごとに記述も異なり真相はわからないが、いずれにしても直政は大野方面に援軍としていち早く向かい、さらに蟹江城の海門寺口付近を柵で封鎖、また柵を破るなどの働きを見せたのはまちがいないのであろう。

「井伊兵部少輔、松葉の里ゟ来り、柵を海中に付て船路を塞申候故、敵船も不得入、敵軍も弥敗北」（『譜牒余録』）。「井伊掃部、松葉の宿より海雲寺辺に、竊に小船にのり、さくの木を切やふり」（『山口家伝』）。

円長寺に遺されたもの

応仁の乱の頃、円長寺は焼失してしまったが、文明3年（1471）に再建されたという。その後、天正12年（1584）には、直政との関わりもあったが、小牧・長久手の戦い後、豊臣政権下で寺領は廃絶し、衰退してしまった。しかし、江戸時代になり、尾張藩初代藩主・徳川義直が造営し、それ以後は藩主が鷹狩りをする際の休憩所になったと伝わる。そのため、尾張藩主拝領の品々も寺宝として大切に保管されている。

愛知県海部郡
蟹江町城一丁目

蟹江城（かにえじょう）

蟹江に目を付けた秀吉の戦略

蟹江城は伊勢湾一帯の水上交通の要衝にあり、かつては信長の家臣・滝川一益の支配下にあった。天正10年（1582）、一益が伊勢に移ると信雄配下の佐久間正勝が入城、その後も正勝が城主を務めていた。長久手の戦い後、秀吉は蟹江城の攻略に乗り出す。蟹江は小牧や清須、長島の中間地点に位置していた。秀吉はこの蟹江城を奪うことで家康・信雄両者の連絡線を分断し、尾張の制海権を掌握しようとしたのである。信雄から萱生城の修築を命じられた正勝は蟹江城の留守を叔父の佐久間信辰と家臣の前田長定に預けていた。城主不在の最中、旧城主の一益が調略をしかけ、城を預かっていた長定が羽柴方に内応、信辰は城の明け渡しを迫られ、無血開城を条件に退去を余儀なくされた。これを受け長定の子、長種が守備する前田城も秀吉方へ寝返ってしまう。その後、一益・九鬼嘉隆率いる水軍が白子浦（現・鈴鹿市）に集結、数十艘の船で3千余の兵が蟹江に向かった。長定に招き入れられた滝川軍は蟹江城を占拠した。「（六月）十六日、辛酉、かにへ、下嶋、前田城、滝川調儀にて取候」（『家忠日記』）

鈴木重治『海東郡史談』挿絵
蟹江町歴史民俗資料館蔵

蟹江城跡周辺図

鈴木重安・重治兄弟の奮戦

城内では佐久間家と親類関係にあった鈴木重安・重治兄弟が抵抗した。兄の重安は自身の屋敷に火をつけて狼煙を上げ、清須城にいた家康に蟹江城の異変を知らせたともいわれる。家康自身も清須城での入浴中に蟹江方面から上がる煙を見て、浴衣姿のまま馬に乗り、蟹江城に向かったとする伝記もある。弟の重治は城を脱出して清須に向かう途中、家康に遭遇、蟹江城が攻撃を受けたことを知らせた功績により、家康から槍を賜ったという。

秀吉の雪辱戦　蟹江城の戦い

　その後、家康・信雄は蟹江に集結、籠城する滝川勢との間で蟹江城の戦いが起こった。この戦いで家康は家臣の酒井忠次や榊原康政、本多忠勝、大須賀康高、信雄の家臣・佐久間正勝、山口重政、丹羽氏次といった諸将を総動員、城を包囲して6月22日に総攻撃を仕掛けた。中でも井伊直政は織田・徳川方の戦局を有利に導く活躍ぶりであったからか、信雄が直政に宛てた感状も残っている。また、

城井
古城跡
古城堀
西光寺
古城橋
前田口
海門寺池

蟹江本町村絵図
徳川林政史研究所蔵

蟹江合戦
『絵本太閤記』挿絵

九鬼水軍との海上戦には信雄自身も大船に乗って参加していたことがうかがえる。「六月十九日御本所様（織田信雄）、大舟にてのりかけ、敵舟をとり、人数討捕候」（『家忠日記』）。両軍入り乱れての激しい攻防戦の末、7月3日には織田・徳川方が蟹江城の奪還に成功した。「（七月）三日、丙子、かにへ別心人前田与十郎ニ腹ヲきらせ候て、かにへ城わたし、滝川舟にてのき候」（『家忠日記』）。秀吉は一益らの蟹江城占拠を知り、6月25日には椋本（現・津市）の辺りまで進軍してきていたが、一益は2週間足らずで城を明け渡してしまった。秀吉はその事を知って怒り、後に滝川父子を追放する。江戸時代前期に書かれた『老人雑話』には「賤ケ岳の戦いは太閤一代の勝事、蟹江の軍は東照宮一世の勝事なり」と記されている。家康にとって、蟹江城での勝利がいかに重大な出来事であったかを物語っている。

蟹江城に遺されたもの

現在、城跡は住宅地となり、蟹江城址公園内には大正４年（１９１５）に建てられた城址碑が静かに佇んでいる。蟹江城は天正13年（１５８５）の大地震により壊滅してしまったとも、後に家康によって水田などに整備されたともいわれる。「天正十三年十一月二十九日ノ夜大地震尾州海東郡ノ小城共大方不残破損中ニモ蟹江ノ城跡形モナクユリ沈メ」（『東照軍鑑』）。城の往事の様子は江戸時代の『蟹江本町村絵図』からうかがい知ることができる。公園から西へ30ｍほど歩くと本丸井戸跡があり、この井戸は絵図と同じ場所にあることから、長らく残存しているものと思われる。蟹江城にはこの井戸しか残っていないと思われるかもしれないが、蟹江城はかつて広大な規模を誇った城であり、その痕跡は今でも随所で確認することができる。蟹江城は三の

石碑

本丸井戸

水路

海門寺口付近

古城橋

茶がゆ

丸まで有する城であり、周囲は三重の堀で囲まれていた。実は城址碑周辺には水路（暗渠）がめぐらされており、堀の名残と考えられている。絵図に描かれている堀の場所と現在の水路（暗渠）の位置を照らし合わせると、途切れることもあるが、おおむね絵図の通りに水路が走っている。絵図に表記されている「古城堀」（現在は暗渠）や「古城橋」（現在は昇平橋）なども確認することが可能だ。

江戸時代以降、西光寺の側には鈴木重治の代から代々鈴木家の屋敷が構えられていた。西光寺の境内にはかつて蟹江城主先祖供養塔があったが、現在は富吉神社（銭洗尾張弁財天）に移されている。現在、屋敷跡の隣に建つ料亭「丸河」の玄関には門が移築されている。屋敷は蟹江城の戦い後、大野の海岸に乗り捨ててあった船の材木を用いて再建されたとも伝わるが、これについては定かではない。城の南側には海門寺口、東側には前田口という門を備えていた。これらの門で繰り広げられた戦いの様子は諸史料にも記されている。だが、「前田口」周辺は交差点となり、「海門寺口」は「海門寺」という名称が公民館に残るのみだ。蟹江城の戦いでは多くの寺社が戦火に巻き込まれて焼失したとされる。（＊龍照院など焼け残った寺もある）実際にそれらの寺を訪れてみると、戦火がここまで及んでいたのかと驚かされる。

茶がゆ伝説

この籠城戦に耐えていた城兵はまともに米を炊く暇もなかったといわれる。大釜にお茶が煮えたぎっていたため、水の代わりに米を炊いた。こうして茶がゆが誕生した。非常に香りが良く、城兵に好評だったという。この茶がゆの味が現代まで伝わっている。茶がゆは蟹江町観光交流センター祭人で提供されているので、昼休憩に立ち寄って、籠城兵になった気分で茶がゆを食べてみてほしい。胃腸にやさしいと定評だ。

かつて両軍の激戦が行われた蟹江。今ではそんな戦いの舞台であったことが嘘であるかのように、落ち着いた風情のある古い町並みが訪問者を迎えてくれる。旧街道や蟹江川沿いを自転車で走り、心地よい風と歴史を感じながら、のんびりとした時間を過ごしてみてはいかがだろうか。

愛知県海部郡
蟹江町

下市場城

しもいちばじょう

下市場城における戦い

蟹江城の戦い時は羽柴方に寝返った前田長定の弟・長俊が守備していた。当時の記録によれば、下市場城の周辺は川が堀の役目を果たし、深田や沼地が広がる天然の要害であった。これでは織田・徳川の軍勢も容易に城に近づくことができず、城への攻撃も困難であったように思われるが、葦の根を踏むことで城壁に迫ることができたという。「酒井左衛門尉忠次・大須賀五郎左衛門康高・榊原小平太康政・岡部弥次郎長盛・山口長次郎重政ヲ先鋒トシテ、尾州下市場ノ城ヲ襲ハシメ玉フ、（略）神君ハ此城後ノ沼、数年葭蘆繁ル故、其根夥シク沼中に蔓ル歟ト、人ヲシテ密ニ窺シメ玉フ所、果シテ其根殆ント竹椽ヲ掻タル如ク深泥ノ中歩ム事ヲ労セス」（『武徳編年集成』）。下市場城は6月18日の夜8時頃に落城、城主の長俊は討死した。「十九日、甲子、昨日戌刻ニ下嶋城責崩、敵討捕候」（『家忠日記』）「山口重政ガ従卒竹内喜八郎、是ヲ追掛、与平次ヲ撃テ、其首ヲ得タリ」（『家忠日記増補』）。また真偽の程は不明であるが、下市場城への攻撃は干潮を狙って開始されたため、九鬼水軍の舟は入江を進むことができず、すぐに救援に駆けつけることができなかったといわれる。

幻の下市場城

下市場城の位置や規模など、城の詳細は史書類に一切記されていない。川底に沈んでしまったのか、そもそも城自体が存在しなかったのかなど、今となっては謎に包まれたままである。ちなみに天保12年（1841）の『蟹江新田村絵図』によれば、この段階では畑地となっている。『小牧陣始末記』には、「下市場ノ地名今諸図ヲ検スルニ見出ス能ハズ古今其名称ヲ同フセザルカ姑ク再考ヲ待ツ」と記されており、やはり江戸時代の頃でも地名が残るのみで詳しいことはわからなかったようだ。そして現在も「下市場」の地名しか城の名残はないが、現地を訪れてみると古い家屋も多く、城跡らしい雰囲気は漂っている。

「下市場」付近　蟹江新田

大野城

おおのじょう

愛知県愛西市
大野町郷前

蟹江城の支城

大野城は蟹江城の支城として信雄の家臣・佐久間正勝によって築城され、小牧・長久手の戦い時は正勝の家臣、山口重政が守備していた。重政は羽柴方から味方をするよう誘われたが、秀吉への助力を拒んだ。重政は母親を人質にされながらも正勝への恩を貫いた。「重政頭をふりていはく、我少年ゟ正勝につかへ、めくみを受く事年久し、なんぞふた心をいたかんや、故に母を蟹江にとどめて人質とする也、（略）我正勝にそむかさる時ハ、母たとひころされ給ふも、なんぞ我をうらみ給はんや、我ただ此城に自害して正勝かをんをほふぜん、いかてかむほんに組せんやと云て」（『山口家伝』）

大野城の戦い

大野城での攻防戦については諸史料に見られる。「かたきの兵を時のこゑをあけて、かこみおせむる事甚急なり、又てきの船十そう海上より大野川にうかむて、城下に至る」（『山口家伝』）。船で大野城に攻め寄せた滝川・九鬼勢に対して、重政は大量の松明を用意し、敵船が城壁まで迫った所を見計らって投げ入れたと伝わる。「滝川・九鬼カ大船大宮丸ニ取乗テ、大野ヘ押寄ケレハ、城中ヨリ山口兵ヲ出シテカ戦シ、続松ヲナゲ火矢ヲ射込、九鬼兵船三艘ヲ焼クル」（『武家事紀』）。

九鬼水軍はこの不意の火攻めに狼狽、船は火災で焼失し、九鬼勢の中には川に飛び込む者もいたといわれる。重政からの知らせを受けた信雄は、加勢として家臣の梶川秀盛・小坂雄吉を大野城に向け、そして信雄自身も自ら兵を率いて、6月16日には大野城に入り、重政の戦功を賞した。「信雄此告ヲ聞テ、梶川五左衛門尉秀盛・小坂孫九郎雄吉等ヲ遣シ、山口ヲ援助ス、既ニシテ、信雄大野ノ城ニ来テ、重政ガ軍功ヲ大ニ労フ」（『家忠日記増補』）。最終的に滝川勢は大野城攻めに失敗、下市場城に撤退する。

大野城に遺されたもの

現在、水田の中に「大野城址」の石碑が立つのみで遺構は残っていない。大野

大野城跡周辺図

城の東側には三日月状の大きな池（大膳川：旧名は大野川）がある。かつての川の流路とは少し異なるが、大野城を守る天然の堀のような役割を果たしていたと思われる。大野城を訪れた際は、日光川に架かる橋の上から蟹江城や下市場城との位置関係、距離感などを確認してみるといい。大野城が蟹江城の西側を守る要であったことがよくわかるはずだ。また、周辺を散策してみると、興味深いことに「滝川」姓で立派な蔵のある古い家が多いことに気づく。大野城を攻めた滝川一族が土着したのであろうか、非常に気になるところだ。

石碑

赤目城

あかめじょう

愛知県愛西市
赤目町杉土居

赤目横井氏の居城

横井氏は鎌倉幕府執権・北条高時の次男、時行を祖とする。時永の代で横井と改称し、明応2年（1493）に赤目に居城を構えた。横井時永はその後、海東・海西の一郡を領し、勢力を振るう在地領主の一人である。「**横井元祖掃部介時永（略）、明応二癸丑年秋海西郡江討入、元赤目築城而居住、海西海東二郡領之**」（『御黒印由緒書控』）。4代目赤目城主の横井時泰は家康と緊密に結びつき、徳川政権下でも家康より旧領を安堵され、赤目横井氏の繁栄の基礎を築いた人物だ。小牧・長久手の戦いは、時泰にとっても命運を左右する重要な戦であった。6月16日、羽柴方の滝川一益が蟹江城を奪い、家康は直ちに出陣し奪回戦を展開する。

赤目城跡周辺図

蟹江城を取り返す上で、秀吉の竹ヶ鼻方面からの侵攻を阻止する必要があった。赤目城にいた時泰は家康と度々連絡を取り合っているが、木曽川筋の羽柴軍の動きに睨みを利かせていたと思われる。「**敵方の様子、精を入れられ、御注進本望に候。異なる子細候はば、追って、承るべく候。此の表の事、聊も由断なく候**」（横井伊折助宛天正12年6月20日付徳川家康書状）。結果的に蟹江城の戦いは家康の勝利で収束する。家康にとって織田・徳川方を堅持した赤目横井氏の存在は、戦略上大きかったにちがいない。

赤目城に遺されたもの

横井氏の家譜によれば、時泰の代で現在の赤目の地（旧落伏村）に城が移されたとあるが、もっと後のこととする史料もある。「時泰　伊折介（略）又赤目之城地年々川欠ニ成仍之隣郷　落伏村江移住と有年月日不相分」（『横井家御家譜』）。

いずれにしても、小牧・長久手の戦いの頃、古赤目村にあった赤目城（現・愛西市二子町）の正確な位置や構造などは何もわかっていない。定納白山神社付近が城跡ともいわれる。江戸時代に赤目城が移転して以降、今でも変わらず城跡には横井氏宅がある。また、赤城神社が隣接しており、これは横井氏が代々氏神にしていた八幡社を合祀したものとされる。

現地に遺構はないが、神社のある高台は城跡の名残を感じさせる。その周辺を取り巻く水路もかつての堀跡のように思われてならない。城跡から北西約５００ｍ、横井氏の菩提寺である一心寺には、かつて赤目城にあった門（裏門）が移築されている。

一心寺 移築門

一心寺 鐘楼門

赤目城跡 赤城神社方面を望む

森武蔵守長可公遺跡

（愛知県西春日井郡豊山町豊場中之町）

遺跡の正体

豊山町のとあるアパートの敷地内にひっそり佇む墓石。アパートのベランダ脇には「森武蔵守長可公遺跡」の標柱もある。ただ、これは豊山町が指定する史跡ではなく、この場所の地主が建立したものだ。その方はもう存命ではないとのことだが、知り合いの方の話によれば、これは「家相」によって建てられたものだという（家相とは、家の方角や間取りから吉凶を判断するもの。鬼門や水回りの位置など。神仏思想や陰陽道の影響を受けて江戸時代に普及した）。では、なぜ森長可が供養されているのかというと、長久手の戦いで討死した長可の胴体がここに埋葬されたという伝承があり、その怨念を鎮めるためだったそうだ。しかし、そのような歴史的根拠は今のところ何も見つかっていない。

森長可の首と胴体

長久手で討死した長可がその後どうなったのかは諸説ある。戦場で森の家臣らは長可の死体を担いで金山に撤退しようとした。しかし、途中で断念して首と胴体を分け、首だけでも持ち帰ろうとした、このように考えるのであれば、胴体の塚があってもおかしくはない。それにしても、徳川軍の砦が目前に迫るこの場所に、彼らが逃れてきたというのは中々信じがたい部分もある。この件で墓石を建てたご本人から詳しい経緯を聞くことができないのは悔やまれるが、もし今後新たな発見があり、この話が信用に値するということになれば、この遺跡が指定史跡になるのも夢ではない。

森武蔵守長可公遺跡

愛知県清須市
清洲

清須城

きよすじょう

織田信雄の重要拠点・清須城

天正10年（1582）6月27日、清須会議で尾張国を相続した信雄は清須城を本拠としたが、信孝の死後、尾張・伊勢・伊賀の三か国を領有、居城を清須城から伊勢の長島城に移した。天正12年（1584）3月6日、信雄は秀吉に通じた自身の三家老を殺害、秀吉との戦いが始まった。3月7日に浜松を出た家康は13日には清須に着陣、信雄と会見する。**「家康今日清須迄着陣、見参のため只今清須へ相越候也」**（吉村又吉郎宛天正12年3月13日付織田信雄書状）。清須は織田・徳川軍の合流ポイントとなり、両軍はここで戦いに備えた。戦時中も家康は清須を滞在場所としている。最終的に清須が戦場になることはなかったが、秀吉が清須城の水攻めを計画していたこと、清須周辺を8月に放火したことは記録に残っている。しかしながら、清須での放火が事実であれば、秀吉の軍勢がどのように清須に至ったのかは不明であり、日記自体が「小折」と誤った可能性もある。

「信雄居城長嶋并清須辺悉洪水候条、侍之儀者不及申、土民百姓迄及餓死候」（佐竹宛天正12年6月4日付羽柴秀吉書状写）。**「一又尾州小牧表へ築州出陣、八月廿六木曾河ヲコサル、ト云々、廿八日、彼表清洲辺迄被手遣、悉放火」**（『顕如上人貝塚御座所日記』）。信雄は講和後、長島城に戻るが、翌年の天正大地震により城は壊滅、再び清須城を居城とした。しかし、清須も地震の被害は大きく、城下が液状化したともいわれる。

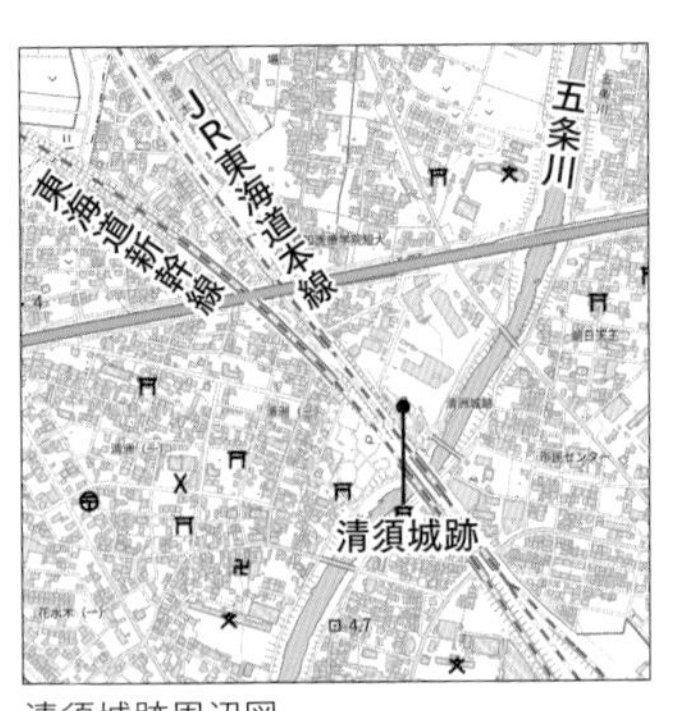

清須城跡周辺図

清須城に遺されたもの

信雄は天正大地震や木曽川大洪水を機に、天正14年（1586）、清須に居城を移し、城の大改修を行った。五条川右岸に4つの曲輪が南北に連なる主郭部を持ち、その南側に本丸があった。現在の清洲古城跡公園・清洲公園辺りが本丸跡である。ここから野面積石垣とそれを支える土台木列が発見されており、また周辺から「木瓜紋」の金箔瓦が出土していることから、本丸に瓦葺きの壮麗な天守が建っていたことが想定される。城の範囲は東西約1・5km、南北約2・7kmにも及び、城下町を含めた総構えが形成されていた。しかし、慶長15年（1610）に家康は、清須の城下町や住民も含めた大移動（清須越）を行ったため、清須城の長い歴史は幕を閉じた。

清須城の城域は東海道新幹線の線路で分断され遺構もないが、五条川に架かる朱塗りの大手橋の近くに、五条川工事の際に発見された石垣の一部が移築復元されている。

現在、本丸跡から五条川を挟んで対岸に天守が建っているが、これは平成元年（1989）に建てられた模擬天守である。漆黒の下見板張りに真っ赤な高欄が目立つ豪華な天守。あなたもきっと戦国時代の趣を感じるにちがいない。

清洲城天守

移築復元された石垣

日吉神社

愛知県清須市清洲

日吉神社

清須城下の総鎮守

日吉神社はもと「山王社」と呼ばれ、その歴史は奈良時代にまで遡る。天正12年（1584）3月13日、家康と信雄は会見し、両軍は清須に集結した。3月18日、家康は山王社に対し、自軍の兵士が社塔の破壊や放火、竹木の伐採をしないよう禁制を出している。しかしながら、山王社は戦火に巻き込まれ、神宝も全て焼失してしまったという。これがいつのことかは不明であるが、8月に羽柴方の軍勢が清須周辺を放火したとの記録はある。「山王権現社　此地国府たりし時城下の氏神として繁栄せり（略）天正十二年長久手合戦の兵火に諸宇焼失し今ハ頗る衰へたり」（『尾張名所図会』）。その後、松平忠吉が清洲城主となった際、日吉神社は大々的に修復・造営されることとなった。現在でも清洲の総氏神として信仰を集める神社であり、境内には荘厳な社殿が構えられている。

八剱砦（愛知県岩倉市八剱町城屋敷）

信雄の居城?

信雄が築いたと伝わる八剱砦。八剱町にある「下り松公園」の西側、アパートと畑地に囲まれた場所に大きな石碑が立っている。これは天保15年（1844）に建立されたという山神の碑である。碑には「天正之頃（略）八剣之城主北畠中将織田信雄即之居城而當巽角有一古墳是則神徳之地而當城擁護之尊神也」とあり、信雄の名と砦跡に古墳が存在した旨が刻まれている。八剱砦に関する史料や伝承はこの碑文の他に残っておらず、詳細は不明のままだ。信雄が何度か小折城（生駒屋敷）を訪れていることから、この砦にも立ち寄って、一時滞在した可能性も十分に考えられる。

周辺の開発で砦の実態はわからないが、明治時代の地籍図には堀や土塁を思わせる長方形の区画が見受けられる。砦のすぐ西を流れる五条川（幼川）は西から攻めてくる敵を想定した天然の堀であろうか。現在、砦跡に遺構はないが、七面山古墳がほぼ完全な形で墳丘を残している。山神の碑文にもある通り、この古墳は砦の一部となり、見張り台のような形で利用されていたのかもしれない。

山神の碑

七面山古墳

龍潭寺

愛知県岩倉市本町北門前

岩倉での布陣

天正12年（1584）8月に入り、秀吉は再度大軍を率いて尾張に出陣、19日には小口・羽黒、28日には小折方面まで進出した。秀吉のこの動きに対し、家康は清須を出て岩倉に布陣、防衛の体勢を整えた。「（八月）廿八日、辛未、羽柴こほり筋へ押出し所々放火候、家康も清須より岩くら迄御うつり候」（『家忠日記』）。その後、9月7日に家康は重吉城へ陣を移し、岩倉を離れている。家康は1週間ほど岩倉にいたことになるが、どこに滞在したのであろう。陣所の候補として、岩倉城が想定されるか、永禄2年（1559）に岩倉城は信長によって破却されたとあり、また、城が使用された形跡も見つかっていない。

家康が滞在したと伝わる寺

実は、岩倉城跡の北西に位置する龍潭寺には、小牧・長久手の戦い時に家康が滞在したとする記録が残されている。龍潭寺にある元禄7年（1694）の書上によれば、家康は龍潭寺に12日間滞在したという。家康は天下を平定したのち寺田を寄付する旨を約束し、その印として旗を下賜したとある。「権現様小牧陣之時龍潭寺江十二日被為懸御腰其時為御意家康治天下者此験可致持参由被仰御幡験下置」（『龍潭寺書上』）。

その6年後に書かれた由緒書きには、和尚の名前や旗が紛失した件など、具体的な内容が記されている。「小牧役起時将軍家康公詣此寺憩留凡十有二日命住持天洲和尚曰吾若握天下於掌内必為寺附料田興朱章故以旛信賜天洲以為證和尚不幾入寂後董斯席遂失所賜旛信是亦寺一不幸也」（『龍潭寺縁由』）。岩倉における家康の様子を知る上では貴重な史料だ。

龍潭寺

愛知県江南市
小折町・田代町など

小折城

こおりじょう

生駒氏の居城

大和国生駒郷からこの地に移住した初代・生駒家広は、小折城主としてこの地を治めた（『生駒家系譜』）。次第に勢力を蓄えた生駒氏は、織田氏と緊密な関係となり、4代・家長の頃には信長の尾張統一や美濃攻略の大きな力となった。信長亡き後、家長は信雄に仕え、小牧・長久手の戦い時も信雄方として参戦した。3月15日、家康と信雄は小牧と清須をつなぐ要衝の地である小折を訪れ、家長の屋敷を自軍の拠点にすることを決めたようだ。「（同十五日）、御両所（家康・信雄）は夫より三ツ井重吉、小折辺を御見立、生駒八右衛門構、是を砦と御見立有」（『長久手合戦記』）。小牧山周辺で砦が築かれるのと同時に、小折城も信雄の手で改修されたのであろうか。「信雄、生于小折城中、今名其地、曰西丸、其後、修復小折城、内建高楼、外浚隍塹、其遺跡所在、有之」（『張州府志』）

8月28日、秀吉が大軍を率いて尾張北部に出陣、河田（現・一宮市浅井町）へと進出した。秀吉は堀秀政らに河田城の普請を命じるとともに、先陣として稲葉一鉄らを下奈良まで派遣する。この事態を受け、信雄と家康は小折にて秀吉への対応を協議した。それから10月に秀吉が撤退するまで、家長に小折城を任せている。「八月廿八日、秀吉十万余騎ヲ引具シ尾州河田へ打出テ、取出普請ヲセサセ、（略）源君清洲ヨリ三井・重吉へ出張シ、取出ヲ拵サセ給ヘバ、信雄ハ郡村へ打出テ源君ト示合セ、（略）郡村ニハ信雄ノ家来生駒八右衛門ヲ残置キ」（『東照軍鑑』）

小折城跡周辺図

小折城に遺されたもの

小折は小牧と苅安賀を結ぶ東西の街道、名古屋から岩倉を経て犬山へ向う南北の街道が交差する交通の要衝であった。現地案内板にある江戸時代後期の『丹羽郡小折村生駒家屋敷絵図』によれば、小折城は本丸・二の丸・三の丸を有し、その周囲には堀と土塁が設けられ、さらには総構えを持つ広大な城であった。昭和36年頃まで堀に囲まれた本丸跡（神明社の東側辺り）が残っていたが、現在城の遺構はなく、宅地と畑になっている。昭和50年（1975）、布袋東保育園が建設されるにあたり、隣接地に「生駒氏の邸址」碑が建てられた。絵図と照らし合わせれば、この石碑のある場所が二の丸の北辺りであろうか。明治時代の地籍図を片手に城跡を歩くと、かつての地割や旧道がよく残っていることに気づかされる。小折城の総構えの堀と土塁も姿を消してしまったが、地籍図からそのラインを想定することは可能だ。南側は東西の街道に沿った城下町のさらに南に堀の名残（水

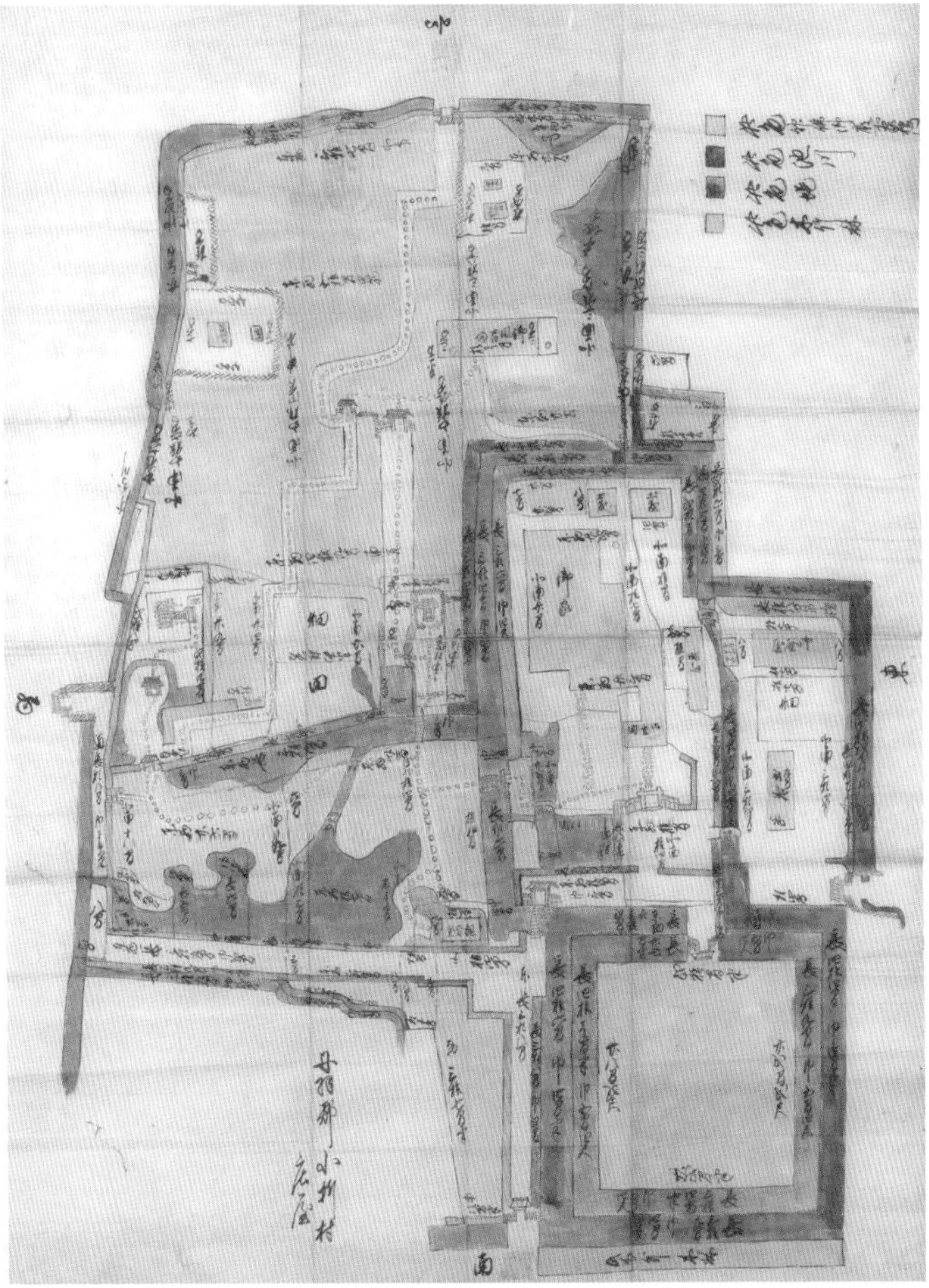

丹羽郡小折村生駒屋敷絵図　生駒家蔵

石碑

小折城趾　『小牧山合戦史蹟写真帖』
小牧市図書館蔵

生駒墓所を望む

小折城 本丸付近

龍神社

路）が確認できる。東側は柳街道の東にある北へ延びる道で般若寺付近まで続いている。西側は生駒氏の氏神、また信雄の守護神である龍神社までが総構えの範囲だと思われる。西南部（名鉄犬山線の線路沿い）には方形区画の水田がみられるが、ここは出城と推定されている。総構えを歩くのは大変であるが、小折城の規模がわかるだけでなく、街道や城下町、菩提寺の久昌寺をも取り込んだ広大な城であったことを肌で感じることができる。

松杜天神社

愛知県江南市小折東町

松杜天神社

社伝によれば、創始年代は承和年間（８３４～８４８）まで遡るともいわれる。天神社は、小折城の大手口門から少し南下した場所にある。小牧・長久手の戦い時には、信雄と家康がこの神社を訪れ、祈願したと伝わる。両者が生駒屋敷（小折城）に立ち寄った時のことであろうか。生駒家からの信仰も厚く、社殿造営の際は木材の寄進もあったという。

現在の社殿は昭和２年（１９２７）に改築されたもので、平成の修復を経て現在に至っている。

愛知県江南市
宮後町八幡

宮後城

みやうしろじょう

蜂須賀小六（正勝）が住んだ屋敷

宮後城には元々、安井氏が居住していたが、16世紀中頃、母親が安井氏の出であった蜂須賀小六は宮後城に住むようになり、以後、蜂須賀家の居城になったと伝わる。これが別名「蜂須賀屋敷」と呼ばれる所以である。「此村に蜂須賀小六の屋敷跡あり今は民の屋敷になり」（『尾張国地名考』）。その規模は一辺１００ｍを超える広大なものであった。蜂須賀屋敷の様子に関しては『武功夜話』の伝える部分が多い。宮後城は天正12年（１５８４）の小牧・長久手の戦いの際、小牧山を包囲するための拠点として秀吉の手で改修された。城は内郭と外郭から成り、周囲には堀と土塁がめぐる構造であったとされる。しかし、これが改修後の姿であるのか今のところ明らかにするものはない。11月に戦いが終結してまもなく、講和条件の一つとして宮後城は破却された。城や諸道具の処分先を記した秀吉の文書には、宮後城について生駒家長へ預けるよう指示が出されている。「城　一宮後　生駒八右衛門へ　一宮後　同（兵粮）　同（長嶋へ）」（天正12年11月15日付羽柴秀吉判物書立）

宮後城に遺されたもの

城跡は江南市立古知野東小学校と江南自動車学校の間に位置し、県道64号一宮犬山線が城域を南北に分断する形で通っている。昭和43年頃までは外堀や古井戸も残っていたそうだが、現在は住宅地となっている。令和5年には、宮後城の内郭と想定される場所の発掘調査が行われた（以前、木碑が立っていた空き地）。調査の結果、片側に石積みを持つ溝（堀）が発見された。これは16世紀中頃から後半の遺構であり、小牧・長久手の戦い時の改修が想定されるものであった。また、外郭推定場所を歩いてみると、城跡を思わせるクランクや堀の名残のような側溝も確認できる。城跡の南端にある宮後八幡社の境内には、石積みの土塁が残存している。この場所は宮後城の出城であったという見方もある。八幡社は安井氏が勧請したもので、寛永元年（１６２４）に蜂須賀小六の子・家政が再建したと伝わ

宮後城跡周辺図

る。特に本殿は桃山時代の建築様式が残る貴重なものだ。家政は宮後城で生まれ育ったとされ、県道の北側には「蜂須賀家政公生誕之地」の碑が建てられている。蜂須賀家はこの地から歴史の表舞台に登場し、秀吉と深い関わりを持った。その秀吉が小牧・長久手の戦い時、ここに立ち寄っていたかもしれないと思うと、感慨深いものがあった。

調査区全景（北から）
江南市教育委員会提供

発掘調査の様子
江南市教育委員会提供

宮後八幡社　石積土塁

宮後城 標柱
株式会社アーキジオ提供

五丁堀砦（愛知県江南市前野町新田北）

謎に包まれた砦

五丁堀砦は小牧・長久手の戦い時に築かれた砦で、織田・徳川方の前野喜左衛門義康が３百の手勢で守ったとされる。ここから西に約１㎞の地点には、羽柴方の宮後城があり、この砦が実在したのであれば、最前線に位置したことになる。五丁堀砦は『武功夜話』に記述があるのみで他の史料では確認できない。「**前野喜左衛門、青山新七門の人数取出二ヶ所に加え、五町堀、大道取出俄に作り候なり**」（『武功夜話』）。現在、砦跡は畑地となっている。かつて行われた土地改良事業で「五丁堀砦」の小字名は失われる事になった。それを残念に思った地元の郷土史会が昭和 50 年（1975）に石碑を建立したのだという。五丁（約 545 m）の堀が構えられていたため、この名が付いたという話もあるが、真偽のほどは不明である。

五丁堀砦跡

曼陀羅寺

愛知県江南市前飛保町寺町

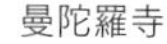

曼陀羅寺

戦いに巻き込まれた曼陀羅寺

正中元年（１３２４）、後醍醐天皇の勅願で建立された曼陀羅寺。天正12年（１５８４）４月７日、曼陀羅寺は秀吉からの安堵状、11日には家康からの禁制を得て、戦火を免れようとした。しかし、長久手の戦い後、秀吉は小松寺山砦に陣を敷き、西方の曼陀羅寺まで軍を展開させる。この時、曼陀羅寺も羽柴軍の拠点の一つとして利用されたと思われ、最終的には戦いに巻き込まれることとなった。「四月十四日、（秀吉）躬ラ小松寺山ニ屯シ、西ハ日保曼陀羅寺、東ハ二重堀、北ハ郡・青塚・小口ニ至テ砦十余箇所ヲ築キ」（『武徳編年集成』）

尾張の名刹

曼陀羅寺は西山浄土宗に属する寺院であり、通称「飛保の曼陀羅寺」と呼ばれる。曼陀羅寺正堂には本尊の弥陀三尊が安置されている。この正堂は寛永９年（１６３２）、阿波国の大名・蜂須賀家政によって寄進されたものだ。家政が幼い時、曼陀羅寺の末寺・本誓院（旧梅陽軒）で学問の手習いを受けた縁によるものと伝わる。南北朝時代前期の紫宸殿風の桧皮葺の屋根は見事なものだ。昭和45年（１９７０）に曼陀羅寺は寺域の一部を提供し、昭和60年（１９８５）に曼陀羅寺公園として整備された。現在、藤の名所として知られる。

蜂須賀家政公顕彰碑

曼陀羅寺
『尾張名所図会』後編五
愛知県図書館蔵

一ツ目（愛知県江南市中奈良町一ツ目）

一つ目のお化け

現在、中奈良町には「一ツ目」という変わった地名があり、小牧・長久手の戦いにまつわる伝説が残る。隣の上奈良町の南に「観音寺」という地名があるが、ここには昔、観音寺という有力な寺が存在した。しかし、小牧・長久手の戦いで観音寺は秀吉に攻められ、寺僧らが応戦するも敗北、多くの戦死者を出したという。戦いの後、羽柴軍は中奈良の一ツ目の地に穴を掘り、ここに戦死者を埋葬した。それから後になり、雨の夜になると、この穴から戦死者の亡霊が現れるようになり、それが不思議なことに、皆一つ目であったことから「一ツ目」の地名がついたと伝わる。明治初年まで、ここは塚のある草原であった。

一ツ目

富士塚（愛知県江南市南山町東）

信雄と家康が戦場を望んだ場所

家康と信雄が小折城（生駒屋敷）を訪れた帰路、二人は富士塚に登って敵地を視察した。「神君自小折村登富士塚。察視敵境。而歸小牧」（『富士塚碑文』）。碑文からはいつの話か判断できないが、日時が明記された史料もある。「天正十二年、八月、秀吉再出兵于尾州、神祖与信雄偕至小折、登富士塚、觀望之事見」（『張州府志』）。8月下旬に再度、秀吉が尾張北部に出陣し、これを受けて信雄と家康は小折にて秀吉への対応策を練っている。この時に富士塚に登った可能性は十分考えられる。また、家康と信雄は3月15日、16日頃にも小折を訪れており、このタイミングで富士塚に立ち寄るのも不自然ではない。「家康公・信雄、清須を御立有之、三ツ井重吉・小折近辺を御巡見有」（『長久手合戦記』）

富士塚の碑

富士塚の上に立つ六角の石碑。これは生駒家6代・利勝が初代・家広からの由緒と武功を後世に伝えるために建てたものである。利勝は天和2年（1682）に林羅山の孫・信篤に碑詞を依頼、石碑に刻んで亀型の台石の上に建てた。この碑は現在、江南市の指定文化財となっている。余談ではあるが、富士塚は『尾張名所図会』でも紹介されており、亀にも犬にも見える台石と見物人が描かれている。特徴的な亀型の台石から別名「お亀塚」とも呼ばれ、親しまれてきたそうだ。

富士塚に遺されたもの

かつての原形こそ留めてはいないが、富士塚は古墳時代の前方後円墳とされる。発掘調査はされていないが、付近一帯からは須恵器や土師器といった多くの土器片が採集されている。現在、周囲は住宅地と畑地になっているが、現地を訪れると突然現れる富士塚の存在感に驚くことだろう。実際に登ってみると、遠目に小牧山を望むことができる。当時ここからは犬山方面もよく見えたはずだ。

碑銘塚　『尾張名所図会』後編六
愛知県図書館蔵

富士塚
『小牧山合戦史蹟写真帖』
小牧市図書館蔵

富士塚

愛知県一宮市大和町
苅安賀火口上

苅安賀城

かりやすかじょう

信雄の家老 浅井長時

永禄4年（1561）、近江の戦国大名・浅井長政と同一族とされる浅井（新八郎）政高が苅安賀城を築いた。政高は古くから信長に仕え、馬廻りとして活躍。政高の死後は、子の田宮丸（浅井長時）が後を継ぎ、苅安賀の地を治めた。長時は信忠の家臣であったが、本能寺の変後は信雄に仕え、家老の一人となった。しかし、長時は秀吉に内通したと信雄から疑われ、長島城で岡田重孝、津川義冬らとともに殺害されてしまう。長時を討った人物は信雄の家臣・森久三郎（勘解由）とされる。その後、苅安賀城は信雄方の攻撃を受け、13日（＊17日とも）に落城した。「十三日、（略）浅井田宮丸討レ、其臣苅安賀ノ城ヲ守リケルカ、遂ニ陥ル、彼城ヲ信雄ヨリ森勘ケ由ニ授ク」（『武徳編年集成』）。信雄は森久三郎を苅安賀城に入れ、城主としている。それ以降、織田・徳川方の前線基地として再構築された。

苅安賀城に遺されたもの

中世の頃、苅安賀は街道の宿場町として栄え、政高が苅安賀城を築いてからは城下町となる。発掘調査で国内各地の陶磁器が多数出土したこと、鉄器生産が盛んに行われていたことなどが判明し、町の繁栄が裏付けられた。『苅安賀村絵図』（弘化年間）には、町を貫く街道の南に苅安賀城跡が小高い森のように描かれている。城跡は苅安賀自動車学校から南側一帯にあったと推定され、構造も不明であるが、規模は地誌類に散見される。「東西四十三間、南北三十間。四方ニ重堀」（『尾陽雑記』）。現地からは井戸や柵列、堀と考えられる大溝などが発見された。現在、城跡には何も残されておらず、自動車学校西側の道路沿いに石碑が立つのみである。

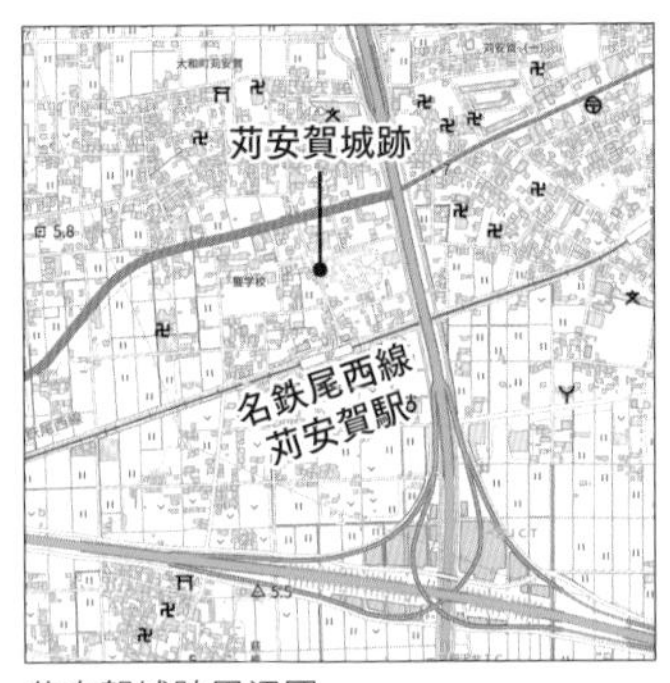

苅安賀城跡周辺図

石碑

東宮重城（愛知県一宮市萩原町東宮重西屋敷）

小牧・長久手の戦い時、信雄の家臣・酒井新左衛門が築いたとされる。「**在東宮重村酒井新左衛門居此今為田圃**」（『張州府志』）。位置的には、苅安賀城の支城のような役割であったと思われる。東宮重神明社が城跡と伝わるが、具体的な場所や規模を記した史料はない。城跡らしい地名（「西屋敷」・「東屋敷」）は残る。

神明社

二子砦屋敷（愛知県一宮市萩原町萩原）

小牧・長久手の戦いの際、織田・徳川方の砦の一つとして築かれた（あるいは改修された）といわれるが、明確な根拠はない。役割としては、東宮重城と同じく苅安賀城の支城だと思われる。城跡は萩原二子西北端の名鉄尾西線の踏切付近とされるが、現在は畑地となり遺構も存在しない。

二子砦屋敷跡を望む

首池（くびいけ）（愛知県一宮市蓮池首池）

「蓮池」の地名にある通り、かつては蓮の生い茂る池が存在していた。では、「首池」の由来は何か。5月に入り、秀吉は信雄の城である加賀野井城を攻めた。加賀井方から降伏の申し出があったが、秀吉は一人残らず討ち取るよう命じた。加賀野井城は5月7日には落城し、この時多くの城兵が処刑されたという。その討ち取られた首が500ほど蓮池の小堤に並べられていたというのだ。秀吉はそれらの首を見物した後、蓮池の中へ沈めたと伝わる。「一 首五百計討取、其首を蓮池の小堤に御懸被成候て御覧せられ、謀叛をせなんたなと被仰候由、其首を池へ入候由、今に首池と云て有、今は田なりと申候、（聖徳）寺内より南東の方十五町程」（『尾濃葉栗見聞集』）。加賀野井城の悲劇を物語る伝承である。

蓮池首池

冨田聖徳寺

愛知県一宮市冨田

秀吉の陣所となった寺

寛喜年間（1229~1332）、聖徳寺は大浦に創建された。「寛喜年中親鸞聖人此寺を羽栗郡大浦に建立し、直弟閑善を住持として、（略）是より永正年中中島郡富田にうつし是より先に同郡刈安賀へうつし又大浦へ戻りしとぞ」（『尾張名所図会』）。だが、洪水や戦火などで寺は転々と移動し、永正年間（1504~21）に冨田に落ち着いた。

天正12年（1584）5月1日、秀吉は大浦城から聖徳寺に陣を移した。「五月朔日富田之寺内に御陣を居られ、二日加賀野井弥八郎か居城を取巻給ふ」（『太閤記』）。秀吉は当初、聖徳寺へ使者を出し一夜の宿を頼んだが、寺側から拒否されたため無理やり陣所として利用したとされる。「一向宗聖徳寺、（略）寺跡芝原と云所に通所あり、浄慶寺号す、秀吉加賀野井城を攻給ふ時、芝原に御馬を立て、聖徳寺へ御使有て、一夜の御宿仕候へと被仰遣、住僧叶かたき由申候得共、無理に寺内を本陣に御借候、西は川通りなり、南東に一夜の内に塀懸申候」（『尾濃葉栗見聞集』）。信雄の書状からは、加賀野井城の包囲中も秀吉が聖徳寺に滞在していることがわかる。「一 筑前、富田之寺内在之旨、得其意候、加々野井取巻之由、自吉藤折々注進候」（不破広綱？宛天正12年5月5日付の織田信雄書状）。かつて秀吉が陣所とした聖徳寺。時は流れ、現在はバス停の片隅に「聖徳寺跡」の石碑と案内板が立つのみである。

冨田聖徳寺跡 バス停

奥城
おくじょう

愛知県一宮市奥町下口西

奥城における攻防戦

織田信秀の家臣・梶川高秀が楽田よりこの地に移住してから、高秀と子の高盛が奥城を居城とした。高盛は信長に従ったが、信長死後は信雄に仕えた。小牧・長久手の戦い時、高盛は信長の弟・中根（織田）信照を城に迎えて籠城する。しかし、羽柴軍の激しい攻撃に晒され、加賀野井城に続き、5月9日には奥城も落城した。「**奥城取巻候、悉可責殺処ニ、信長舎弟中根と中仁相籠候、余痛敷候而助命**」（毛利右馬頭宛天正12年5月9日付羽柴秀吉書状）。高盛や信照らは生き延びたが、その他城兵は悉く討ち取られた。

奥城に遺されたもの

現在、一宮市立奥町西保育園の敷地内に奥城の石碑が立っている。現地に遺構はなく城の構造も不明である。奥城の石碑の見学には保育園の許可が必要なので注意してほしい。また保育園から少し東側に貴船神明社があり、境内には「梶川高盛公宅之址碑」が建てられている。ここは高盛の屋敷地と伝わる場所だ。同じく境内には「奥村伊予守永福出生之地」の石碑もある。奥村永福は赤尾助右衛門宗親（後に奥村氏を称す）の子として、ここ奥の地で誕生した。父とともに前田利家に仕えた永福は天正11年（1583）に能登国（現・石川県）の末森城を与えられる。天正12年（1584）9月9日、越中国（現・富山県）にいた織田・徳川方の佐々成政が羽柴方の永福らが守備する末森城を包囲した。永福は少数の兵で籠城、前田の援軍が到着するまで耐え抜き、最終的には前田軍とともに佐々軍を撃退した。これが小牧・長久手の戦い時、北陸で展開された「末森城の戦い」である。意外な縁に感動を覚えながら、しみじみと永福らの活躍に思いを馳せていた。

奥城跡周辺図

石碑

愛知県一宮市
明地南古城

吉藤城

よしふじじょう

信雄の家臣・遠藤三郎右衛門の居城

小牧・長久手の戦い時は織田・徳川方の拠点となっていた吉藤城。それ以前のことは定かでないが、室町時代から遠藤氏がこの地を治めていたといわれる。天正12年（1584）5月に入って、秀吉は信雄の拠点の一つ加賀野井城を包囲した。秀吉の動きはそこから約2㎞の位置にある吉藤城を通して信雄に知らされていたようだ。「**筑前、**（略）**加賀野井取巻之由、自吉藤折々注進候**」（不破広綱宛天正12年5月5日付織田信雄書状）。この事態を受け、信雄は吉藤城の守りを強化するため、織田長益・滝川雄利・飯田半兵衛らを援軍として派遣、兵糧や玉薬を送っている。「**源五・三郎兵衛・半兵衛・吉藤へ差越候、吉藤之儀も人数丈夫ニ在之事候、勿論兵粮玉薬をも遣候条、可心易候**」（不破広綱宛天正12年5月5日付織田信雄書状）。5月7日に加賀野井城は落城したが、吉藤城がその後どうなったのかは伝えられていない。

吉藤城に遺されたもの

『寛文村々覚書』には「壱反弐畝拾弐歩」と吉藤城の規模が記されており、この頃すでに田畑になっていたとある。現在、城跡は水田となり、尾西工業団地東側の細い道路沿いに「吉藤城跡」の石碑と案内板が立っている。石碑の周辺から室町時代の土器片や中国北宋時代の銅銭などが出土したことから、城の存続期間が少し明らかになった。城の遺構こそないが、「南古城」や「金屋敷」といった地名からは往時の姿を偲ぶことができる。

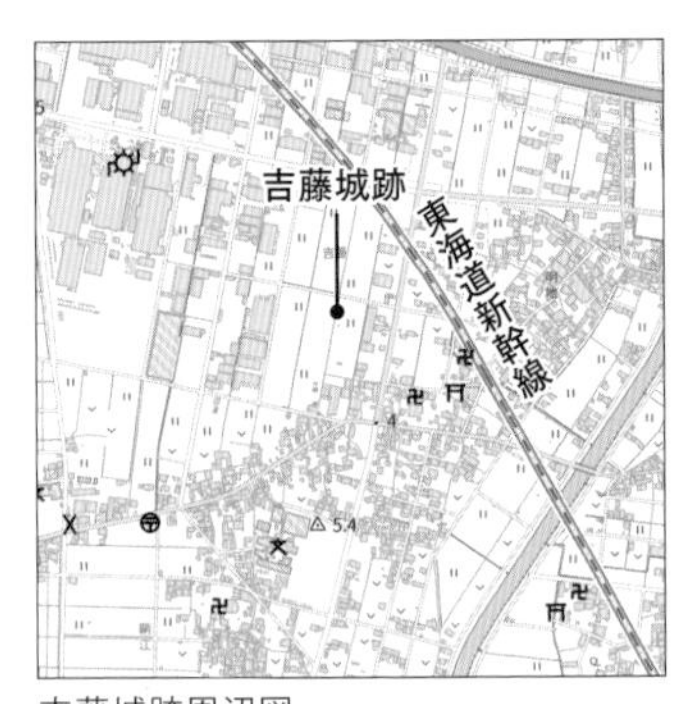

吉藤城跡周辺図

石碑

愛知県一宮市
木曽川町黒田古城

黒田城

くろだじょう

山内一豊ゆかりの城

天文年間（1532〜55）、岩倉織田氏の家老の一人であった山内盛豊は黒田城を預かっていた。土佐藩の祖で有名な一豊はこの城で生まれたといわれる（＊岩倉説も）。弘治3年（1557）、信長の襲撃を受けて黒田城は落城、生き残った山内一族は岩倉城に逃れたものの、永禄2年（1559）に岩倉織田氏も滅亡した。一豊は流浪し、苅安賀城に一時身を寄せている。その後、黒田城主はめまぐるしく変わり、信長の死後は信雄の家臣・沢井雄重が城主となった。

黒田城主・沢井雄重

天正12年（1584）の小牧・長久手の戦いの際も黒田城を守備していた雄重であるが、黒田城を家臣に任せて、4月9日に長久手の家康のもとに参陣したとする史料もある。家康から問いただされた雄重は、黒田城が沼に囲まれた要害であり、備えも万全である旨を伝え、この戦いで勝てなければ黒田城の守りを固めても意味がないと説得し、家康の許しを得たという。「尾州黒田ノ城主沢井左衛門尉、長久手ノ御陣所へ御見廻トシテ参上シケルニ、公仰ラル、ハ、大事ノ境目ノ城預ケタルニ何トシテ来リケルト御尋有ケレバ、左衛門尉承リ、黒田ノ城四方沼ニテ候故、鉄砲十挺御座候ヘハ堅固ニ持コタヱ候故、譜代ノ者トモニ能々申付置参上仕候」（『東武談叢』）

黒田城の水攻め?

長久手の戦い後、秀吉が尾張西部に侵攻し、竹ヶ鼻城が水攻めにされている頃、6月7日に黒田城も水攻めを受けていたとされるが、諸史料にほとんど記録がなく、黒田城の水攻めについては、詳細もわかっていない。家康の家臣・渡辺半蔵や沢井雄重らが黒田城で防戦していたところ、秀吉が水攻めを実行したが、雄重が堤を切って水を抜いたという。「六月七日、渡辺家并ニ久保家ノ伝ニ、尾州羽栗郡黒田ノ城、信雄ノ臣沢井修理是ヲ守ル所、（略）（渡辺）半蔵本丸ニ篭リ、沢井修理ニ丸ヲ守衛シテ防戦ヲ厲マントス、秀吉又当城ヲ水攻ニセラル、沢井地理ヲ

黒田城跡周辺図

詳ニ量リ提防ヲ断テ水ヲ落シ、剰寄手へ夜撃シ」（『武徳編年集成』）。仮に秀吉が水攻めをしたとすれば、かつて黒田城の東側を流れていたとされる木曽川支流の黒田川から取水したのであろうか。

黒田城に遺されたもの

現在、城跡は一宮市立黒田小学校の敷地となっている。周辺の開発もあり、城の遺構は残されていないが、小学校の北を流れる野府川が堀の名残だと思われる。『葉栗郡黒田村古城絵図』によれば、本丸と二の丸の周囲は堀と土塁がめぐり、本丸土塁の北西隅には櫓台があったことがわかる。西と南には武家屋敷が集中していた。現在、小学校北東（本丸推定地付近）に小公園があり、模擬冠木門が城跡の雰囲気を漂わせている。黒田城の案内板や「黒田城趾」の石碑、「澤井雄重公没後四百年」の記念碑、山内一豊の銅像などがあり、その一画に黒田城の歴史が凝縮されている。ここで一休みして帰るのもいいが、黒田城の規模を肌で感じたい方はそのまま踏切を渡って、城の外周歩きを楽しんでほしい。

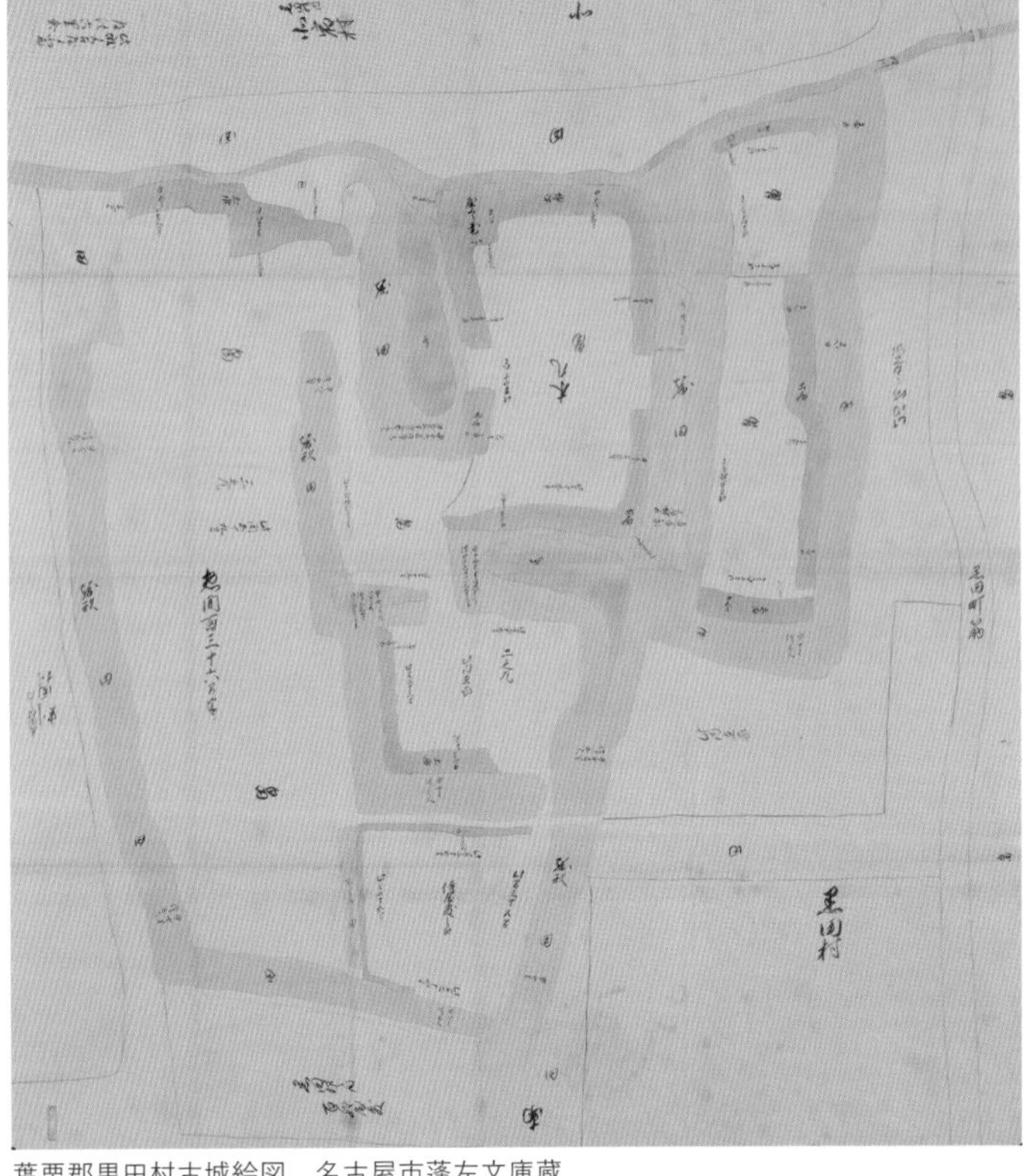
葉栗郡黒田村古城絵図　名古屋市蓬左文庫蔵

石碑

愛知県一宮市
三ツ井・丹陽町重吉
など

重吉城

しげよしじょう

尾張西部における家康の陣城

岩倉城主・織田信安に仕えた尾藤（源内）重吉の居城と伝わる。その子の甚右衛門知宣は秀吉の藤吉郎時代からの家臣として有名だ。尾藤重吉は天文22年（1553）、この地の豪族・三井氏の居館（三井城）跡に岩倉城の出城として城を構えた。これが重吉城である（＊三井重吉城とも）。永禄元年（1558）、信長が岩倉城を攻めた際、重吉城下を放火、翌年には重吉城も落城した。そんな重吉城は小牧・長久手の戦い時、織田・徳川方の城として改修され、清須と小牧山を繋ぐ役割を担うこととなった。8月下旬に尾張北部へ入った秀吉は、西に砦を築きつつ、この間に和議を進行させている。しかし、まとまりかけた和議も9月7日になって決裂、家康はこれを受け、直ちに全軍を率いて重吉城に移り、秀吉を迎え撃つ体勢を整えた。「（九月）七日、己卯、無事のきれ候て、茂吉へ惣人数御うつし候」（『家忠日記』）。史料によっては秀吉が重吉に布陣したとあり、両者がここで大軍同士のにらみ合いをしていた可能性もある。

重吉城に遺されたもの

『丹羽郡重吉村古城絵図』には、当時の重吉城の姿が詳細に描かれている。本丸の東側に二の丸が置かれ、それぞれ堀と土塁で囲まれている。二の丸の南には馬出状の空間も確認できる。複雑な縄張りをしていることから、小牧・長久手の戦いの頃の改修がうかがえる。城の西を流れる青木川も天然の堀の役目を果たしていたようだ。城跡は丹陽中学校の南側にあったが、区画整理や中学校建設によって改変され、現在は住宅地と畑地となっている。中学校のプール南東に「尾藤源内重吉城跡」と刻まれた石碑が小高い場所に立っているが、城跡を感じさせるものはこれぐらいしかない。明治時代の地籍図と照らし合わせてみると、石碑がある場所よりも、もう少し南側が城跡だと思われる。かつて家康が陣城とした城にも関わらず、その姿を留めていないのは悔やまれる。ひたすら住宅地を練り歩いていた記憶しかないが、当時、家康はこ

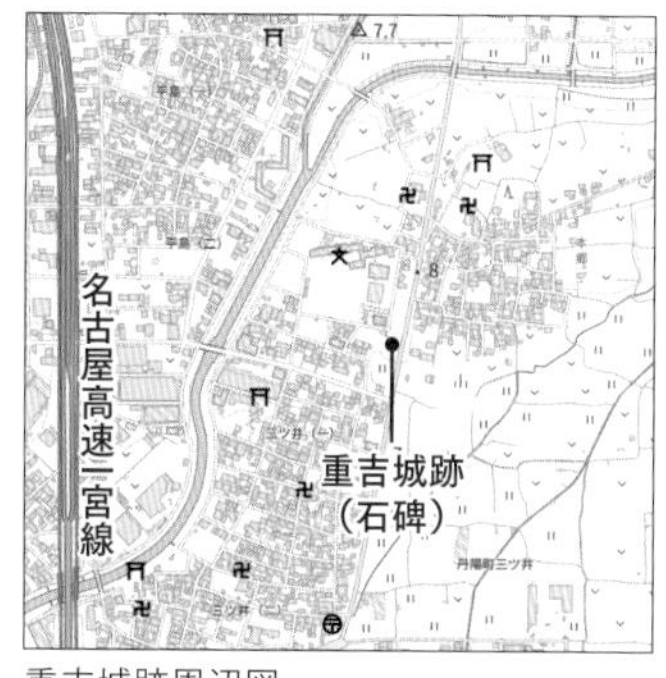

重吉城跡周辺図

こにいて、秀吉の大軍を迎え撃つべく指揮をとっていたのだろうか。どの方向から秀吉が侵攻してくるのか、敵味方の城・砦の配置など、ここで再度確認してみるといいだろう。

重吉城跡 南東方面を望む

石碑

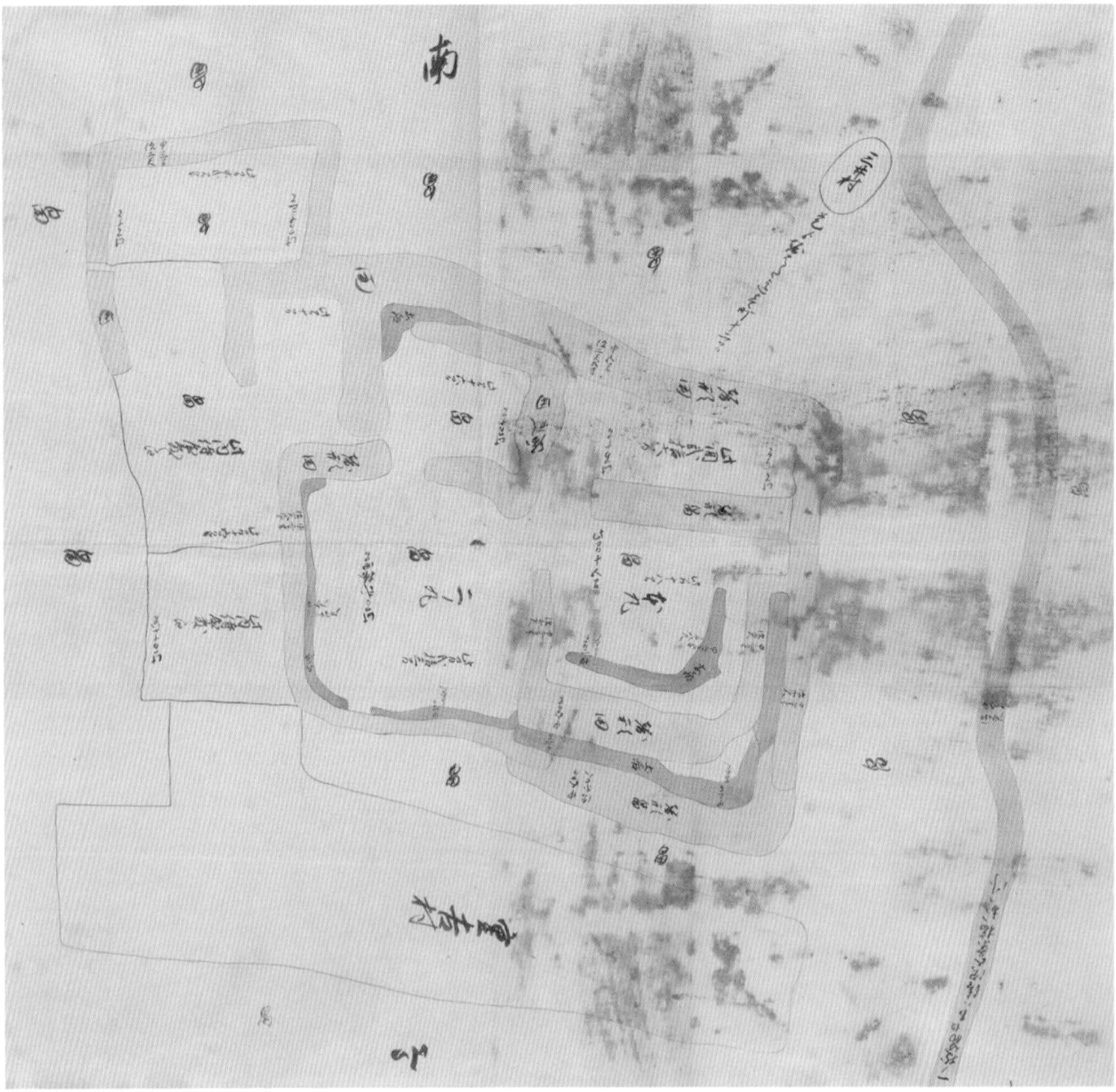

丹羽郡重吉村古城絵図　名古屋市蓬左文庫蔵

愛知県一宮市
赤見二丁目

大赤見城

おおあかみじょう

西郷家員が守備した城

織田弾正左衛門勝久、平七郎久長が居住したとされる。小牧・長久手の戦い時、秀吉は8月後半から9月にかけて再び尾張に出陣するが、その際、赤見の地も戦場となっている。秀吉の書状からは、8月28日に赤見に出陣して周辺一帯を放火したこと、一宮にいた織田・徳川方の勢力と戦闘が起きたことがわかる。「去廿八日小牧之西へ押廻、奈良・赤見其外無残所令放火候、一宮ゟ敵少々取出候処、先手之者追付頸百余討捕候」（蛛庵 石川小七郎宛天正12年9月朔日付羽柴秀吉朱印状）。大赤見城は徳川軍の重要拠点の一つとされ、家康の家臣・西郷家員が城を任されていた。家康の書状には、家員に大赤見城を守備させるために5百人分の扶持（ふち）を与える旨が記されている。「赤見在城之事 右扶持方五百人之通、毎月無相違可相渡候、以此旨人数相当程可被相抱候」（西郷孫九郎宛天正12年10月16日付徳川家康朱印状写）

大赤見城に遺されたもの

現在、大赤見公園の南側にある民家の脇に石碑が立つのみで、城の遺構は残っていない。「地内市場屋敷」付近が中心地と推定されており、その北側には「〇〇屋敷」といった小字が広がる。小字名などから考えて市場を備えた完成度の高い城下町が形成されていたと推測されるが、天正12年段階での城の構造や城下が形成された時期など、その他のことは何もわかっていないのが現状だ。

大赤見城跡周辺図

石碑

愛知県一宮市
本町三丁目

一宮城

いちのみやじょう

真清田神社の神主 関氏

一宮城の城主として関十郎右衛門長重とその子、小十郎右衛門長安の名がみえ、史料ごとに異なるが、長安が一宮城主であったことはまちがいなさそうだ。関長安は信長に従って小谷城の戦い、信忠に従って長島一向一揆征伐などに加わっている。天正2年（1574）、信長が蘭奢待（らんじゃたい）を切り取った際には、その一部が長安に与えられており、長安はそれを真清田神社へと奉納している。

本能寺の変後、長安は信雄の家臣となるが、森長可の妹婿という立場から小牧・長久手の戦い時は秀吉に味方し、居城の一宮城を捨て美濃に退去した。その後も長可と行動をともにするが、長久手の戦いで討死という運命をたどる。ちなみに、長安の弟・加平次は信雄に仕え、一宮近辺と祖父江に領地を持ち水軍を率いたが、秀吉方と疑われ、祖父江にて信雄の家臣・土方雄久に殺害された。

関氏不在となった一宮城は、織田・徳川方の城として利用される。8月下旬、再び尾張北部へ入った秀吉が尾張西部に軍を進めたことで一宮市域が戦場となった。**「此表之儀、去廿八日小牧之西へ押廻、奈良・赤見其外無残所令放火候、一宮ゟ敵少々取出候処、先手之者追付、頸百余討捕候」**（蛛庵 石川小七郎宛天正12年9月朔日付羽柴秀吉書状）。秀吉の書状には、8月28日に一宮城から出撃した織田・徳川勢との間で小競り合いが起き、一宮城の城兵が百人余り討死したとある。また、この小競り合いの前後の時期で、家康は秀吉の侵攻に備えるため、一宮城の普請を命じている。**「八月下旬之時分と存候、**（略）**権現様より一宮に御取出御普請被遊候」**（『尾州表一戦記』）。この頃の守将もよくわかっていないが、家康家臣・菅沼定盈（さだみつ）が入っていた可能性が考えられる。**「時に菅沼氏**（織部正なり）**進んて云ふ、我こゝを守へし、守ることならすは討死せんと云、遂に一の宮にをく」**（『老人雑話』）

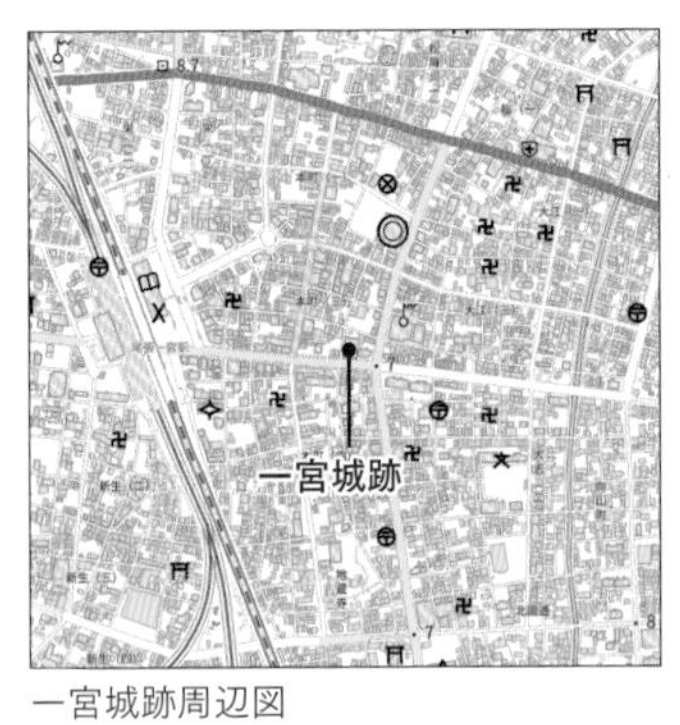

一宮城跡周辺図

一宮城に遺されたもの

一宮城は大江三丁目から本町三丁目付近にあったとされ、「城屋敷」という旧小字も残っていた。堀がめぐらされた城館であったと思われる。「城墟東西二十八間、南北五十間、一重堀」（『尾州古城志』）。大正の頃までは遺構を残していたそうだが、現在は一宮駅前の伝馬通り沿いにある三菱ＵＦＪ銀行の玄関前に石碑が立つのみである。

石碑

下奈良城
しもならじょう

愛知県一宮市
春明北本郷

下奈良城の築城

小牧・長久手の戦いの時、秀吉は小牧山を包囲するため、下奈良に一時的な城を築いた。秀吉の書状によれば、天正12年（1584）9月には下奈良城の普請が完了間近で早い内に兵糧や玉薬、兵士を入れる予定であったことがわかる。「下なら八一、宮後・幸田三ケ所普請丈夫ニ申付、はや過半出来候、二三日中ニ兵粮・玉薬以下并人数等四五千計入置」（前田又左衛門尉宛天正12年9月16日付羽柴秀吉書状）。しかし、11月には信雄と秀吉が講和し、下奈良城は短期間で破却されることとなった。城が破却された後、諸道具は河田城に、兵糧や薪は長島城に移されている。だが、下奈良城にはもう一つ興味深い話が伝わっているので紹介しておきたい。それは秀吉が築城する以前に下奈良城が存在したことを示唆するものである。もともとこの城には信雄の家臣・山本小三郎という人物がおり、秀吉がこの方面に進軍してくると、羽柴軍には敵わないと覚悟して一族もろとも戦わずに最期を迎えたという伝承がある。

下奈良城跡周辺図

この話の真偽はわからないが、羽柴軍がもともとあった城を改修して利用した可能性もあるのではないだろうか。

下奈良城に遺されたもの

江戸時代の地誌類や村絵図には下奈良城の姿は見られない。明治時代の地籍図からは方形区画の城であったように思われるが、城跡は宅地化され、わからなくなってしまった。現在、道路沿いに石碑と案内板が設置されている。実際に城跡周辺を歩いてみると、堀跡のような側溝が確認できる。また、宅地の区切りとして積まれた丸石の石垣も民家の所々で散見されるが、これらの石はかつて城で使われていたものとも伝わる。

石碑

側溝

丸石

河田城（こうだじょう）

愛知県一宮市
浅井町河田上新田

秀吉が在陣した城

羽柴軍が一時的に築いた砦で稲葉貞通（＊稲葉一鉄とも）が守備した。「四月末つかた犬山の未申なる奈良高田ふたつの村に城をかまへ、羽柴長谷川藤五郎・稲葉右京を置て守らせ」（『豊鑑』）。また、秀吉の書状によれば、9月には河田城の普請が完了間近であったことがわかる。「下ならハ一、宮後・幸田三ケ所普請丈夫ニ申付、はや過半出来候、二三日中ニ兵粮・玉薬以下并人数等四五千計入置」（前田又左衛門尉宛天正12年9月16日付羽柴秀吉書状）。9月18日付の信雄の書状にも、秀吉が河田城に在陣している旨が記されている。「筑前未かう田ニ令居陣候」（吉村又吉郎宛天正12年9月18日付織田信雄書状）。9月に再度、尾張北部に侵攻しようとした秀吉のもとで下奈良城と同様に普請されたようだ。11月15日に秀吉は下奈良城の諸道具を河田城に運び込むよう命じている。その翌日には堀秀政が在番していたようで、信雄の家臣・兼松正吉に講和後の治安を保証する書状が送られている。

川底に眠る城

城跡は現在の浅井町河田上新田にあったが、昭和38年（1963）の木曽川護岸工事によって川底に沈んでしまった。現在と位置は少し異なるが、堤防道路から団地に降りていく道の途中に石碑がある。実際に現地を訪れてみると、この城が木曽川の渡河点に築かれていたことがよくわかる。

河田城跡周辺図

石碑

愛知県一宮市浅井町
大野古屋敷北

大野城

おおのじょう

大野一族の城

石清水八幡宮の神官・大野伊賀守治定が信長から大野村の領地を与えられ、築城したと伝わる。治定には嫡男・佐渡守定長がいたが、大野城を継いだのは治定の3男・治久とのことだ。ちなみに定長の子は豊臣秀頼の側近として知られる大野治長である。小牧・長久手の戦い時、大野城は羽柴軍によって利用された可能性もあるが、確かなことはわからない。秀吉が入城するため、堀秀政らが無断でこの城の外堀を掘り、治久と争いになったという話もある（『塘叢』）。『太閤記』には「上奈良村・河田村・大野村三ヶ所、要害の普請はしめ有、九月下旬大かた出来せしかハ」と大野城のことが記されているが、同時代史料と普請された城が一致せず、誤伝ではないかという見方もある。だが、仮に誤伝だとしても、大野に城があったという書き手の認識から起きたことなのかもしれない。

大野城に遺されたもの

城跡の「古屋敷北」が開墾された際、石垣や木杭が大量に出土したといわれている。大正の頃までは土塁なども残存していたが、河川改修工事で失われてしまった。現在は大野極楽寺公園の一部となり、桜の里公園に隣接する野球場になっている。グラウンドの南側に石碑があるので、見逃さないようにしたい。

石碑

大野城跡周辺図

小山城

おやまじょう

愛知県一宮市
千秋町小山

小牧山の防衛ラインを形成した城

織田・徳川方が一時的に築いた城で、青木川の自然堤防上に位置する。小折と重吉を結ぶ拠点として使用されたと思われる。守将は信雄の家臣・佐藤四郎右衛門とも、家康の家臣・松平家忠や西郷家員らが蟹清水砦・北外山砦などと交番で守備したともいわれる。天正12年（1584）10月23日付の信雄の書状によれば、信雄は家臣の坂井利貞に命じ、小山城普請のための道具や竹木などを苅安賀城の森久三郎から石川康通へと急送させている。すると、守備していた人物は家康の家臣・石川康通ということになろうか。

「小山之取出普請之道具共、竹木以下森久三郎かたより請取、早々石河長門守かたへ可相渡候」（坂井文助宛天正12年10月23日付織円信雄書状）

小山城に遺されたもの

「郷北ニアタリ平岩太左衛門トイヘル人居城セリ、然ルニ斯人承応年中名古屋へ引移ノミギリ、（略）其居城ノ地ヲ乞請、玄立代其地ニ寺を移建、（略）構ヘノ壕ハ今田ニ開墾シ」（『尾張徇行記』）。江戸時代の地誌には平岩太左衛門の居城とあり、承応年間（1652〜55）に移転し、その後城跡に西恩寺が建立されたとある。『千秋村史』によれば、明治の頃は境内の北側に高さ一間ほどの土塁があったともいわれるが、現在は消滅している。ここの旧字名は「城」、西恩寺の山号は「城跡山」であり、在りし日の小山城を思うことはできる。

西恩寺

小山城跡周辺図

【コラム】『小牧長久手合戦図屏風』

家康にとって長久手の戦いは、局地戦とはいえ秀吉に勝利した記念すべき一戦であった。この屏風にはその「勝利の栄光」が克明に描かれている。写本も多く存在するが、最も制作年代が古いと考えられているのは、尾張藩の付家老・成瀬家に伝わったものである（犬山城白帝文庫蔵）。屏風の構図は長久手の戦いにおける主要な場面を一つの画面に盛り込み、右上から左下にかけて時間の経過を表している。山の背後には、家康の所在を示す金扇の馬印や葵紋の旗、信雄の馬印が見える。中央には、徳川の鉄砲隊が整列して発砲する場面が描かれ、森長可が眉間から血を流して討死、森軍が敗走している様子もわかる。また、池田恒興も床机の傍で永井直勝に首を取られ、池田元助も安藤直次に組み伏せられ首を取られようとしている。

これらは諸本に共通するところであるが、実はそれぞれに特色がある。成瀬家本には成瀬正成が２ヶ所に出現し、その武功が強調されている。大阪城天守閣本（本書カバーで使用）の制作年代は18世紀頃のものと考えられ、成瀬家本とほとんど差異はないが、地面を土色と暗緑色に塗り分けて高低差や草地を区別するなど、全体的に暗い印象を感じさせる。尾張藩の付家老・渡辺家に伝わるもの（豊田市蔵）は成瀬家本を手本として描かれたものと考えられるが、渡辺半蔵が２ヶ所に姿を見せ、渡辺家独自の屏風であることが示唆される。だが、名古屋市博物館所蔵のものは他のものとの特異性が認められ、森長可や池田元助の討死場面がカットされ、他の屏風にはない岩作村と安昌寺、色金山（床机石）などが出現する。このような屏風ごとの図柄の違いは、自家を誇る思いや制作者の意図が感じられ、興味深いものである。展示の機会などで各屏風を鑑賞し、そこに込められたメッセージをどうか感じ取ってほしい。

長久手合戦図屏風　豊田市蔵（浦野家旧蔵）

岐阜

岐阜県可児市兼山

美濃金山城

みのかねやまじょう

森長可の居城

『金山記全集大成』によれば、天文6年（1537）、斎藤大納言正義（妙春）が金山城（烏峰城）を築城したと伝わる。信長の東美濃攻略に伴い、永禄8年（1565）に信長の家臣・森可成が入城した。しかし、元亀元年（1570）、宇佐山城を預かっていた可成は朝倉・浅井連合軍に攻められ討死。その跡を継いだのが長可であった。信長が本能寺の変で討たれた後、情勢が不安定になったことから長可は信濃国の新領地を放棄、天正10年（1582）6月24日、金山城へ帰還する。その後、長可は近隣の反発勢力を制圧、東美濃を掌握した。天正12年（1584）3月13日、犬山城を奪った池田恒興は娘婿の長可に犬山への出陣を要請。翌日、長可は3千の兵を率いて犬山に向かった。4月9日、長可が討死したため、忠政が15歳という若さで跡を継ぎ、金山城主となった。長可の遺言状には忠政の身の危険を案じて、城主を継がせたくない旨が記されてあったが、

森長可画像　可成寺蔵

美濃金山城跡周辺図

美濃金山城跡 主郭

秀吉に聞き入れられなかったようだ。

金山城に遺されたもの

城が破却されたのは慶長5年（1600）頃のことであるが、城跡には今でも忠政時代の様子が色濃く残されている。これまでの発掘調査で、天守や門に使用されたと思われる瓦や茶碗などの出土遺物、主要な曲輪からは建物の礎石が数多く確認されている。各曲輪の周囲には石垣が築かれ、特に本丸周囲や出丸、米蔵の石垣は残り具合も良く見事なものだ。他にも、本丸北東には自然岩盤と石垣の融合、三方を石垣で囲う桝形虎口など築城技術の高さが見て取れる。石垣の角落としの痕跡も破却の作法がわかるものとして歴史的価値が高い。

破城の痕跡

天守台石垣

出丸石垣

兼山湊（金山湊）

『船問屋福井次郎左衛門由緒記』には、永禄11年（1568）に信長が上洛する際、京都御所修築の材木を兼山湊で船積みしたとあり、この頃すでに舟運が盛んであったことがうかがえる。天正12年（1584）3月20日、秀吉は恒興に対し、木曽川の出水時の渡河に備えるべく、上流と下流から犬山に船を集めるよう命じた。長可にも金山・犬山間の船を犬山に集めるよう指示を出している。「一 水出候者、かちわたり御座有間敷候条、船成次第ニ犬山渡りへ上下之船を可有御寄候、森武へも被仰候て、金山より犬山之間、船悉御よせ尤候事」（池勝入宛天正12年3月20日付羽柴秀吉書状）。秀吉は大軍で木曽川を渡河するため、兼山湊の船を必要とした。長可の手配のもと、ここから多くの船が犬山に運ばれていったのであろう。現在、湊跡には常夜燈と石畳が残り、かつての栄華をわずかに留めている。

伝米蔵跡 石垣

兼山湊跡

森家の菩提寺・可成寺

森可成が宇佐山で戦死し、妻・妙向尼が菩提を弔うため長可を開基とし、翌年に創建したと伝わる。本堂の裏には可成・長可・乱丸・坊丸・力丸らの墓所があり、長可の肖像画、長可着用の脛当など森家ゆかりの品が多く保管されている。脛当は鎌倉時代の制作とされ、現存最古の脛当として知られる。長可の遺品は忠政に伝わったが、その後、4代目津山藩主・長成によって可成寺に納入されたという。

可成寺

真禅寺

岐阜県可児市西帷子

森長可 位牌

真禅寺

森長可の首が葬られたと伝わる寺

真禅寺は文永年間（1264〜74）の創建と伝わる。永正8年（1511）には土田城主・生駒氏の菩提寺となっていたが、天正2年（1574）に生駒氏がこの地を離れて無住となったため、天正11年（1583）に森長可が菩提寺に定めた。寺伝によれば、この時長可が真禅寺の堂宇を再建し、同時に寺領を寄付した証文があったそうだが、火災で焼失してしまったとのことだ。翌年、長可は長久手で討死、家臣らは首だけでも金山に持って帰ろうと犬山から土田（現・可児市土田）へ抜けようとした。しかし、旧城主・生駒氏は前年に自分の城を焼いた長可の遺体がここを通るかもしれないと土田の刎橋付近で待ち伏せしており、通行を妨害。家臣らは金山に戻れず、涙ながらに真禅寺に首を葬ったという伝承がある。現在、寺の裏山には首が埋葬されたとする首塚がある。

長可の小姓が首を持ち去った？

また、長可の首に関して合戦記などには異説もある。長久手において、大久保忠世の家臣・本多八蔵が長可の首を取ろうとしたが、眉間に鉄砲痕があり、拾い首と言われるのを嫌い、長可の鼻と鶴丸の家紋がある脇差を奪ったという。「一　森勝蔵首ハ本多八蔵とられ候由承候、脇指をとり被申、鼻を御かき候て、聢知れ不申候」（『尾州小牧軍記』）。そこへ長可の小姓・田中某が現れ、「長可の首を取った」と叫びながら、徳川軍の陣中を走り抜け、金山に持ち帰ったとする。「鬼武蔵といへる大将を我壱人して討取りたりと、大音声揚て是を見よやくくといひながら乗り通る、（略）実検の場所は方角違ひと呼掛けれ共、兎角聞不入、乗過たり、後日に森か小姓に田中某と云者にて金山へ持参す」（『長久手合戦記』）。この話だと長可の首は金山に届けられたことになるが、真相は一体……。

首塚

土田の刎橋

岐阜県可児市大森

大森城

おおもりじょう

久々利城主・土岐三河守悪五郎の家臣・奥村元信の子・又八郎元広が築城したと伝わる。天正10年（1582）、元広は米田城主・肥田玄蕃とともに森長可に反抗した。長可は家臣の各務勘解由・林長兵衛・野呂助左衛門ら約3百の兵に大森城の攻略を命じる。しかし、奥村氏の抵抗は激しく、長可は援軍を派遣。大森城は総攻撃を受け、元広はやむなく城に火をかけ逃亡した。

大森城は大森神社の裏山一帯にあり、三つの曲輪が並立する構造となっている。

大森神社

城跡には遺構が良好に残っており、中でも主郭の切岸と巨大な横堀は見る者を圧倒する。また、城の北・南側の曲輪には高い土塁が築かれ、桝形虎口も導入されている。技巧的な形態であることから、小牧・長久手の戦いの頃、森氏の支城として改修されたのではないかとする見方もある。なお、城跡からは炭化した貯蔵米が出土しており、落城したことを今に伝えている。

横堀

土塁

大森城跡周辺図

岐阜県可児市今

今城

いまじょう

天文年間（1532〜55）に土豪の小池刑部家継が築いたと伝わる。元亀元年（1570）、小池氏は美濃金山城主となった森長可に反抗したため、今城の退去を強いられ帰農した。以降、金山城の支城として機能していたと思われる。城跡が位置する丘陵は「愛宕山」と呼ばれ、昭和30年代まで本丸には愛宕社が祀られていた。また、三の丸北東の曲輪には小池氏の墓石と伝わる五輪塔があり、小池氏の存在を偲ぶことができる。今城には横堀や土塁による区画、桝形虎口といった戦国末期の技巧的な造りが見られることから、小牧・長久手の戦い頃に森氏の改修を受けたと考えられている。今城は遺構の残存具合が良く、堀・土塁・虎口といった城の構成パーツを一通り確認できるため、土造りの城を知る上では初めに見ておきたい城の一つだ。

堀

主郭 土塁

井戸

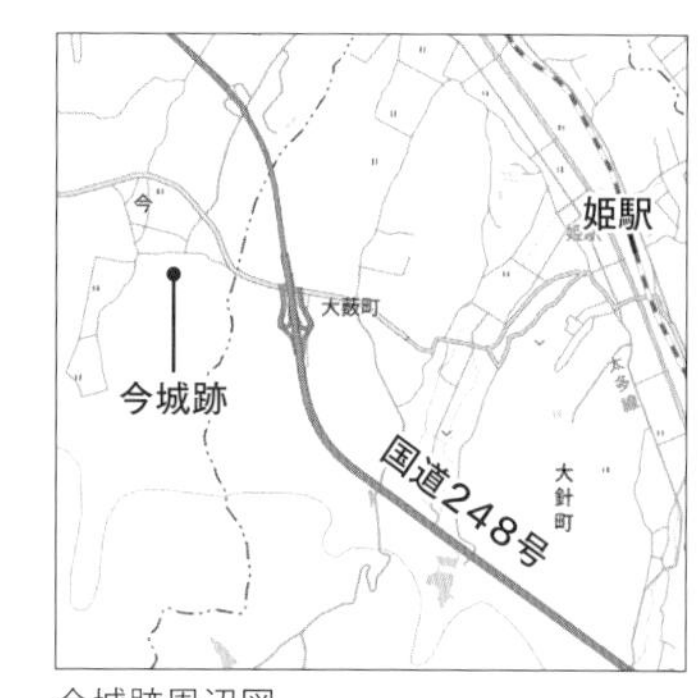

今城跡周辺図

岐阜県可児市
室原・長洞

室原城

むろはらじょう

金山城主・森可成が甥の森（可児）六郎左衛門秀行を室原城主とした。小牧・長久手の戦い時、秀行と子の盛行は長可を助け奮戦するが、秀行は徳川勢に討たれ、盛行も室原城に火を放って落城した。

室原城は妙智寺背後の山頂部に位置する。城跡には曲輪や堀切といった遺構が残るが、登城路が整備されておらず、立ち入りはおすすめできない。

石碑

室原城跡周辺図

岐阜県各務原市
鵜沼

伊木山城

いぎやまじょう

伊木清兵衛忠次ゆかりの城

伊木忠次といえば、池田家家老として有名であるが、初めは香川長兵衛と名乗っており、信長に仕えていた。信長の美濃攻略の際、伊木山城を攻め取った長兵衛はその戦功から伊木山城を与えられ、姓を「伊木」に改めたという。「濃州伊木

伊木山城跡周辺図

山之城ヲ乗取、依其功本氏香川を改、伊木氏被仰付」(『伊木清兵衛奉公書』)。その後、忠次は池田恒興に仕え、家中でも中心的役割を担うようになった。小牧・長久手の戦い時、恒興の家臣たちは秀吉ではなく、信雄につくよう主張。しかし、忠次は池田家の繁栄のためには秀吉につくべきと、ただ一人反対した。恒興はこの進言に従い、秀吉に味方することになったといわれる。「伊木清兵衛は、今秀吉公と、当時日本之大名残らす一方に付て武略をたくらへ申すとも、秀吉勝利あるへし、願くは秀吉に御味方有て先祖の家を起し」(『池田家履歴略記』)。また戦時中、秀吉は戦況報告や城普請の指示などを忠次に対して行っていることからも、忠次が池田家の代表者のような立場であったことがうかがえる。

天正12年(1584)3月13日に池田軍が犬山城を奇襲した際、忠次は先鋒を務めた。また、岩崎城の戦いにおいても

犬山城から伊木山城と木曽川を望む

犬山城天守閣ヨリ秀吉ノ進路ヲ望ム
『小牧山合戦史跡写真帖』小牧市図書館蔵

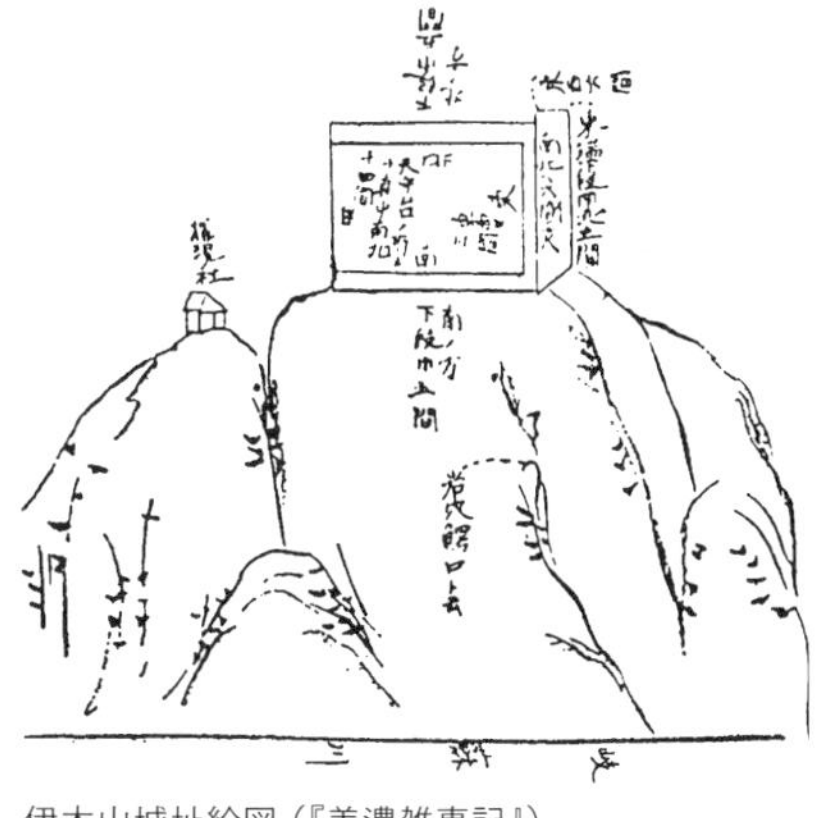
伊木山城址絵図(『美濃雑事記』)

忠次は先鋒として城の大手口を攻撃している。その直後に起きた長久手の戦いで恒興と元助は討死したが、忠次と次男・輝政は難を逃れた。池田家は当主と嫡男を失う形となり、家中は混乱状態にあったが、忠次が輝政や家臣団を支えたといわれる。

伊木山城に遺されたもの

犬山城天守の最上階から西を見ると、木曽川の対岸に小高い山が見える。この山が伊木山であり、城は山頂に築かれていた。永禄8年（1565）頃、信長が美濃攻略の拠点にした場所でも知られる。「伊木山とて高山あり。此の山へ取り上り、御要害丈夫にこしらへ、両城（鵜沼城・猿啄城）を見下し、信長御居陣候ひしなり」（『信長公記』）。そんな伊木山城は平成12年（2000）から発掘調査が行われ、発見された遺構などから城の全貌が明らかになりつつある。山頂の最高所に主郭部分があり、中央には櫓台状の遺構が存在した。岩盤を削って平坦面を拡張する形で曲輪が造成されていた。また、曲輪の斜面には石垣も確認されている。堀や土塁は見つかっておらず、臨時の軍事拠点であったと位置づけられている。伊木山は散策コースもあり、比較的登りやすくなっている。山頂から東へ向かうと展望台があり、ここからは犬山城と木曽川はもちろん、鵜沼方向まで一望することができる。池田軍はこの山に登って犬山城を偵察したのではないか。木曽川の渡河作戦を実行する気分で犬山城を眺められるのは、伊木山登山の醍醐味なのかもしれない。

石垣

主郭

草井の渡し跡（愛知県江南市草井町）
前渡（まえど）の渡し跡（岐阜県各務原市前渡西町）

秀吉お墨付きの渡し場

小牧・長久手の戦いの時、草井（前渡）の船頭たちは羽柴軍の木曽川渡河にたびたび力を貸している。「（秀吉卿）、（三月）廿三日四日に八、先勢犬山の下、大豆戸の渡を越、犬山五郎丸辺に陣取しか」（『太閤記』）。その功労に対し、秀吉は草井（前渡）の渡しを公的に許可、それから明治時代にかけて江南の草井と各務原の前渡を結ぶ渡船交通が発展した。しかし、昭和44年（1969）の愛岐大橋の完成に伴い、渡船業は長い歴史に幕を閉じることとなった。現在、渡し跡には石碑が建てられている。

草井の渡し

秀吉が大豆戸（まめど）に陣を敷いた？

各務原の前渡は「大豆戸（摩免戸）」とも呼ばれ、承久の乱の際には合戦場になったことでも有名だ。秀吉は9月に再度、尾張北部に侵攻するが、その際、前渡に陣を敷いていたことが史料からわかる。「今日至川縁大豆戸替陣取候」（脇坂甚内宛天正12年9月17日付羽柴秀吉朱印状）。前渡には「前渡不動山」という陣所に最適な山が存在するが、秀吉がここに陣を敷いた可能性は十分にある。山頂の仏眼院まで登って周辺を見渡すと、秀吉が望んだかもしれない景色が目の前に広がる。前渡がいかに戦略的に重要な地点であったかがよくわかるはずだ。

大豆戸ノ渡（其二）『小牧山合戦史蹟写真帖』
小牧市図書館蔵

岐阜県羽島郡
岐南町伏屋三丁目

伏屋城

ふせやじょう

羽柴方の最北端の拠点

永禄年間（1558〜70）、信長が美濃攻略のため、木下藤吉郎（後の豊臣秀吉）に命じて築かせたものと伝わるが、定かではない。天正9年（1581）、伏屋村の伏屋市兵衛は岐阜城主・信忠より知行を宛がわれ、その翌年には信雄から所領安堵状が出されている。その後も信雄に属していたが、小牧・長久手の戦いでは秀吉に味方し、竹ヶ鼻城が陥落した翌々日の6月12日には、伏屋城の留守居を命じられている。「今度伏屋城留守居儀申付候、未普請番等、無油断可入情事肝用候、然者其方物百弐拾貫、池田三左衛門ニ相理宛行訖、永代不可有相違者也」（伏屋市兵衛宛天正12年6月12日付羽柴秀吉判物）。この頃、伏屋の地は新たに岐阜城主となった池田輝政の支配下に組み込まれていたことがうかがえる。

伏屋城に遺されたもの

延宝7年（1679）の『伏屋村・成光村地論村絵図』からは、堀と土塁で区画された4つの方形曲輪が東西方向に並んでいるのが確認できる。これらの曲輪が城の主要部であった可能性は高い。もっとも東にある曲輪は他の曲輪よりも大きく、二重の土塁がめぐらされており、城の主郭を思わせる造りとなっている。北側には細長い池がのびているが、これは旧河川流路の名残だと考えられ、北方の防御を担う天然の堀であったと推定される。南側には主要部を取り囲むように曲輪群が存在していた。

伏屋城跡周辺図

現在、案内板の裏にある竹藪の中には土塁の一部が見事に残っている。土塁はL字状をしており、測量調査の結果、絵図にある東端の曲輪をめぐる二重土塁の内側に相当することがわかった。また、諏訪神社の位置や道の一部は旧状と一致しており、絵図を見ながら歩けば、伏屋城の規模なども概ね把握することができる。

伏屋村・成光村地論村絵図　伏屋邦子氏蔵

伏屋城 案内板

土塁

旧道

岐阜県羽島市
正木町大浦新田

大浦城

おおうらじょう

秀吉が滞在した大浦城

弘治2年（1556）、美濃の斎藤道三と息子・義龍が争った長良川の戦いの際、道三の加勢に来た信長が大浦に陣を敷いた。『信長公記』によれば、大浦城はもともと戸島東蔵坊という住僧の寺院であり、それが砦として利用されたといわれる。小牧・長久手の戦いの際、大浦城は羽柴方の拠点となり、伊藤牛介や一柳直末らが在陣していた。この時、秀吉は大浦城の普請を入念に行うよう指示を出している。「**大良城加勢事、面々番替ニ仕候て、人数三百宛可入置候、然者彼城普請之儀をも入精仕置尤候**」（伊藤牛介・谷兵介・石川小七郎・田中小十郎宛天正12年4月11日付羽柴秀吉書状）。また、大浦城で敵の動向を見張り、羽柴秀勝に報告すること、敵が出陣した場合は応戦することも命じている。「**其元敵之模様見合候て、御次かたへも可申遣候、ミその其近辺ニ陣とらせ候て、自然敵動候者、可懸合之由申遣候**」（一柳市介・伊藤牛助宛天正12年4月14日付羽柴秀吉書状）。長久手の戦いに敗れた秀吉は尾張西部へ戦線を移す過程で4月29日から大浦城に入り、滞在している。「**四月廿九日、秀吉大羅ノ寺内戸島東蔵房カ搆ヲ以テ砦トシ、此辺敵曽テ無ト雖、徴意有テ於次丸秀勝ヲ置**」（『武徳編年集成』）

大浦城の所在

大浦城の正確な位置や構造は不明であるが、明治時代初めにあった字「城山」は、現在の金矮鶏（ちゃぼ）神社を含む大浦新田の大部分にあたる。この範囲から推測すれば、大浦城は相当な規模を有する城であったことがわかる。地元に伝わる話として、かつて神社の北側に小高い山があったそうだが、昭和の土地改良時に崩され、周辺の埋め立てに利用されたという。これは城の一部であったものだろうか。秀吉が「大浦城があれば他所の普請は不要」とまで発した言葉通り、羽柴軍の手で改修された大浦城は、それなりに堅固な城であったのかもしれない。また、この城には嘘か本当か金矮鶏にま

大浦城跡周辺図

つわる伝説が残っている。大良の戦いで義龍の軍勢に攻められ、大浦城の落城が迫っていたとき、この城の姫が家宝の金矮鶏を抱いて井戸に身を投げた。それから毎年元旦の早朝に、金矮鶏の鳴き声が聞こえると伝えられてきたそうだ。秀吉もここに滞在した時、金矮鶏の鳴き声を聞いたのであろうか。この鳴き声の真相はいつか明らかにしてみたいが、勇気と根気が要りそうだ。

金矮鶏神社

加賀野井城

かがのいじょう

岐阜県羽島市下中町

加賀野井城の攻防戦

加賀野井城は天正年間（1573～92）に築かれ、代々加賀井氏の居城であった。小牧・長久手の戦い時、加賀井氏は信雄に属し、5月4日には羽柴軍によって城が包囲されている。「(五月)四日、庚辰、か、の江の城羽柴取巻候」(『家忠日記』)。秀吉は加賀野井城を包囲すれば、家康は必ず後詰めとして出てくると予想している。「加賀野井城ニ究竟之者相籠候間、彼等を於取巻者、必家康後巻可仕儀ニて候間、此口へ引出、及一戦可討果と存、雖相待候、人数をも不出候間、いつまで在之而も野合之一戦者、家康相果候と見及候条、彼加賀野井城、去七日攻崩」(毛利右馬頭宛天正12年5月9日付羽柴秀吉書状)。秀吉は家康を誘引するため、木曽川筋へ戦線を拡大したと思われるが、この時、家康は大きな動きを見せなかった。冨田聖徳寺に陣を敷いていた秀吉は羽柴秀勝を総大将として、加賀野井城を攻撃させた。城主・加賀井重望をはじめ信雄方の小坂雄吉、伊勢から撤退した地侍らも加わり、約2千の兵が城を守備した。しかし、5日には先手の細川忠興が二の丸まで攻め入っている

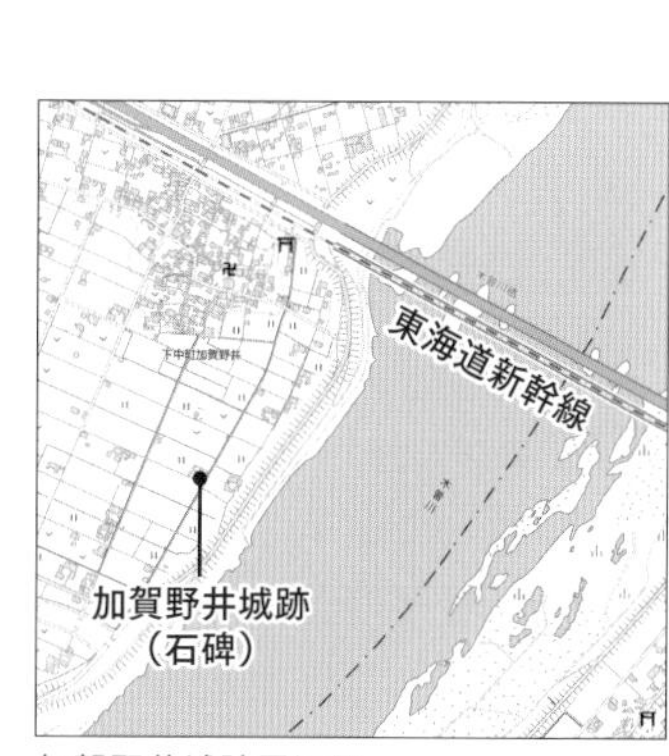

加賀野井城跡周辺図

加賀野井城跡 標柱

ことが記録として残る。「(五月五日)、忠興君は既に二の丸を攻破り、(略)藤木五左衛門成定一番に鑓を合す、(略)惣而忠興君の軍士諸手に抜んで相働く」(『細川家記』)。激戦の中、神戸城主・神戸正武は逃れることに成功したが、息子の十蔵は討死、楠城主・楠十郎正盛も生け捕りにされたのち殺害された。加賀井方は降伏を申し出て、城を明け渡す代わりに助命を懇願したが、秀吉は一人残らず討ち取るよう命じ、加賀野井城は5月7日に落城した。

加賀野井城に遺されたもの

木曽川右岸の堤防近くに城はあったが、洪水や治水工事で遺構は失われてしまい、現在は水田地帯の中に標柱が佇むのみである。江戸時代にはまだ土塁の一部が残っていたようである。「一　城跡西加賀野井村の内土井少残川欠に成り、此地始めは木曽川通り」(『尾濃葉栗見聞集』)。

ここからは木曽川の堤防も近くに望むことができ、加賀野井城が川沿いに存在したことがよくわかるにちがいない。また、城跡の南には「城屋敷」の地名が残り、当時武家屋敷が建ち並んでいたことが想像される。多くの犠牲者を出した加賀野井城、凄惨な戦いが繰り広げられたその場所には哀愁が漂っていた。

岐阜県羽島市
竹鼻町

竹ヶ鼻城

たけがはなじょう

竹ヶ鼻城 水攻め

応仁年間(1467~69)に竹腰伊豆守尚隆が築城したと伝わる。小牧・長久手の戦い時は不破源六広綱が城主を務めていた。信雄と秀吉、両者に親交があった広綱は双方から味方に誘われたものの、織田家への恩義から信雄に従った。5月

竹ヶ鼻城跡周辺図

7日に加賀野井城を攻め落とした羽柴軍は、12日には竹ヶ鼻城を包囲、ここで秀吉がとった戦術は「水攻め」であった。羽柴方として参戦していた小早川秀包は水攻めの一部始終を書き残している。「尾州表遂在陣、無其儀候、先以此表敵城両所（加賀野井城と奥城か）被討果、此刻的場（竹ヶ鼻城か）与申城令取巻、廻三里堤被築上、其問付城十四五ヶ所被申付、両国（尾張と美濃）境之大河（木曽川）被関懸、漸水入候、固屋中者一両日沈候」（棚守元行宛天正12年6月2日小早川秀包書状）。この書状から少なくとも6月2日には水攻めが行われていたことがわかる。「的場」という城の周囲を羽柴軍が付城・堤で包囲したのち、木曽川の水を引き入れて水攻めが行われ、竹ヶ鼻城の小屋が一両日の中で沈んだとする。この「的場」は城の西から南側一帯にあったことが江戸時代の村絵図などから判明している。同様に6月4日に秀吉が出した書状にも堤の規模についての記述がある。「則竹鼻城取巻候、彼要害数年相拵、堀深、即時可責入地ニ無之之条、可致水責与存、四方ニ堤高さ六間広さ弐拾間ニ三里間築廻、切懸木曽川処」（佐竹氏宛天正12年6月4日羽柴秀吉書状写）。水は城の二の丸まで浸入、町屋も浸水した。この時、城内にいた忍が信雄のもとへ注進に向かったとされる。「平城ゆへ水ニ之丸迄少乗、町屋へ三尺余湛へ候に付、床をかな筏を組、人数遣仕候、しのひの者六十人余有之、その内を以、信雄公へ此段致注進」（『竹鼻守城録』）。また、水攻めの最中に筒井順慶の陣所前の堤が崩れ、水が流れ出てしまったという話もあるが、堤を修復しようとした矢先、広綱が降伏したとのことだ。

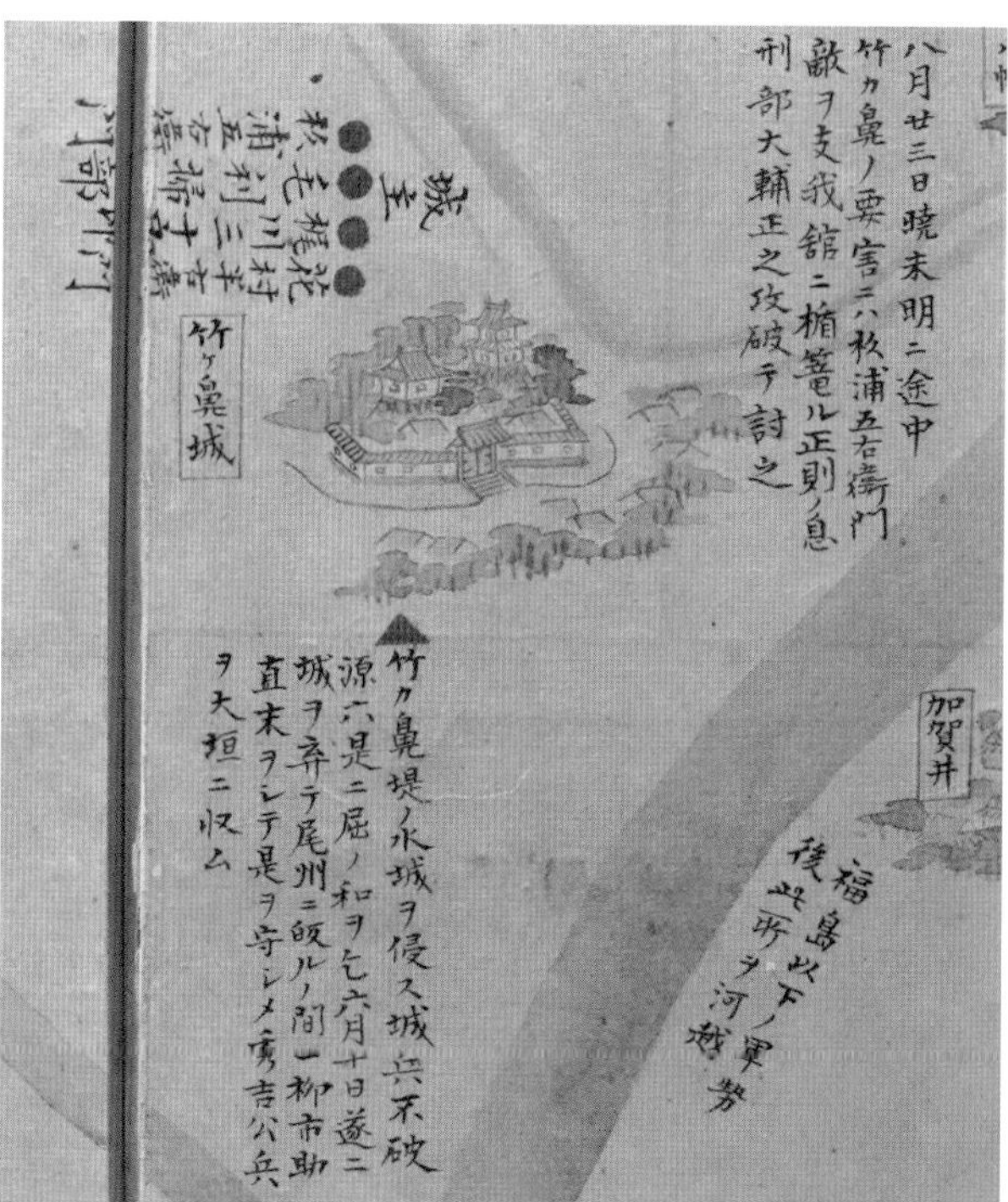

竹ヶ鼻城　四戦場之図屏風（部分）　前田土佐守家資料館蔵

実現しなかった家康の後詰め

籠城する広綱は後詰めを懇願していた。

家康が広綱に宛てた書状には、関東の北条氏の軍勢が援軍にくる見通しであるとし、「後詰の儀 聊かも油断なく候」と返答、後詰めは計画しているように思われるが、結局のところ家康は動かなかった。信雄も水攻めによる籠城はこれ以上無理と判断したからか、広綱に対し、秀吉に降伏して長島まで撤退するよう指示を出している。「其城之儀、水積候付而、可相渡之旨聞届候、不及是非事候、か様ニ早速ニ詰り候ハんと八思之外ニ候」（不破源六宛天正12年6月3日織田信雄書状）。約1カ月に及ぶ籠城戦が繰り広げられた竹ヶ鼻城であったが、6月10日に無血開城となった。「（六月）十日、乙卯、竹かはなの城わたし候」（『家忠日記』）。竹ヶ鼻城を水攻めで落とした秀吉は、今度は長島城や清須城も水攻めにする意志を表明している。大規模な堤の普請や労働力の確保、資金などが必要になるが、実際に竹ヶ鼻城が水攻めで落城した直後であったため、信雄にとってはその言葉の影響力は計り知れないものであっただろう。

間島太閤山と一夜堤

秀吉は竹ヶ鼻城の北にある小丘（間島太閤山）を本陣とし、城を中心に北の間島（現・羽島市福寿町）から西の本郷（現・福寿町）をまわって南は江吉良（現・羽島市江吉良町）、東に流れる逆川の堤に接続する総延長約4・5㎞に及ぶ一夜堤を築いた。もともと存在していた自然堤なども一部利用されている。堤は「一夜」で構築されたものではなく、あくまで「短期間」という意味であり、数日かけて完成させたのが史実に近いと思われる。「被為水攻以十万之軍兵築堤於城之四方、至五六日出来」（『勢州軍記』）。水の取水場所であるが、天正14年（1586）以前の木曽川本流は現在の境川河道と重なり、長良川に合流していたといわれ、秀吉はこの時、木曽川支流で竹ヶ鼻城のすぐ北を流れていた足近川に目をつけた。梅雨の時期であったこともあり、足近川から流れ込んだ水は相当な水量であったにちがいない。

「天正の竹ヶ鼻城戦」で築かれた「一夜堤」の跡
出典：武藤重造著『竹ヶ鼻城』（昭和8年）

石碑

一夜堤 石碑

一夜堤の跡

竹ヶ鼻城に遺されたもの

竹ヶ鼻城の位置については、歴史研究家や地元郷土史家によって諸説あり、推測の域を出ない。ただ、平成の初め頃までは竹鼻別院の北側にある名鉄竹鼻線踏切から西へ数十メートルの場所に、県指定の「竹ヶ鼻城址」の標柱や「竹ヶ鼻城本丸之趾」の石碑が建てられていたという。その後、この石碑は羽島市歴史民俗資料館の前に移転し、現在に至っている。一説には、諸史料をもとに位置を割り出した結果、もともと標柱があったその場所こそが竹ヶ鼻城跡であったとされる。城の構造自体も不明であるが、「四戦場之図屏風」に描かれた竹ヶ鼻城からは、本丸と二の丸であろうか、二つの区画で構成されているように見える。そして、おそらく当時、周囲には水堀や水路が幾重にも巡らされていたことが予想される。城下町も整備され、河川や水路を使った流通も発展していたことだろう。今でも竹ヶ鼻城跡の推定地周辺を歩くと、堀の名残のような水路が巡らされているのがわかる。一夜堤の跡地には所々に石碑が建てられている。その石碑を頼りに堤をぐるっと巡ってみるのもいい。秀吉の水攻めがいかに大掛かりなものであったかがよくわかるはずだ。一部の道路には堤の痕跡も見ることができ、周囲の農地との高低差も確認できる。秀吉が陣を敷いて指揮をとった太閤山も今は存在せず、民家の敷地内に「間島太閤山跡」の石碑が立つのみである。以前、そこの住民の方に話を聞いたところ、昔は家の裏手に小高い山があったが、耕作地を確保するため次第に崩されてしまったのだとか。

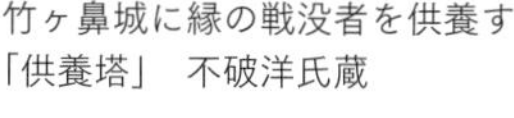
竹ヶ鼻城に縁の戦没者を供養するための「供養塔」　不破洋氏蔵

一夜堤に関しても、古くから住んでいる地元の方によれば、戦前は家の軒下よりも高い堤であったそうだ。水攻めに関する遺構が失われてしまったのは悔やまれるが、羽島市歴史民俗資料館には古写真などが展示されているので、ぜひ立ち寄ってみてほしい。竹ヶ鼻城は大規模な水攻めが展開された数少ない城の一つであるにも関わらず、まだまだその注目度は低い。今後の研究で竹ヶ鼻城に関する新たな発見や水攻めの実態が明らかになるのを期待している。

間島太閤山跡

岐阜県安八郡
安八町城

氷取城

こりとりじょう

『安八町史』には、不破源六広綱の弟・大炊頭が居城としていたとある。位置的に竹ヶ鼻城の西の守りを担っていたと思われる。竹ヶ鼻城が落城した際、氷取城も落城（もしくは降伏）したと言い伝えられている。城の位置や構造もわかっていない。「氷取村 古城跡は村の北にありて今田圃となる。何人の住みし跡にや今知りがたし」（『新撰美濃志』）。現在、安八町立名森小学校の南にある広場に案内板が建てられている。城跡に遺構はないものの、「城」という地名が当時の面影を伝えている。

案内版

氷取城跡周辺図

三七松の遺跡（岐阜県羽島市下中町石田）

八神城の毛利掃部介にまつわる悲話

八神城の毛利氏と苅安賀城の浅井氏は親戚関係にあった。長島城で浅井長時を殺害した信雄は毛利掃部介を危険人物とし、討ち取る計画を立てる。この情報を得た掃部介は八神城で信雄との戦いに備えた。信雄は竹ヶ鼻城主・不破広綱に対し、八神城攻めを命令。城兵も激しく抵抗し、両者の戦いが続く中、信雄は人質として取っていた毛利氏の娘・福万を広綱に引き渡した。その娘を竹槍で突き刺して磔にし、市之枝において毛利方に見せつけたのちに処刑した。掃部介は毛利吉左衛門らを向かわせ亡骸を奪い手厚く葬ったという。その場所が三七松のあった所と伝わるが異説も多い。「一　右の娘を市の枝村の内サイカチ本と云堤のトに串刺にして、毛利に見するなり、（略）一　娘最後の時、母へは名残の言伝へ、父へは恨の言伝のよしなり」（『尾濃葉栗見聞集』）。この話を聞いた秀吉は掃部介の忠誠を称え、感状を与えている。「今度対秀吉無二忠節、祝著候、依之知行方雖無望候、新知千貫并本知分千百六拾貫、（略）永代可被全領知状如件」（毛利掃部助宛天正12年6月21日付羽柴秀吉領知判物）

三七松の遺跡 標柱

大正8年（1919）に三七松は枯れてしまったが、枯死した松の松皮は今でも石田稲荷神社の拝殿で大切に保存されている。遺跡は一之枝浄水場の南にあり、現地には「三七松の遺跡」の標柱や五輪塔、三七松を詠んだ句碑・歌碑が立っている。

八神城に遺されたもの

築城年代は定かではないが、永禄年間（1558〜70）、毛利氏は信長に仕え、掃部広盛の代で石田城から八神城に居城を移したともいわれる。城の規模や構造については、八神城の絵図からうかがい知ることができる。「御城外ふちうち廻り長四郎申聞候は六百三間二尺有之由、（略）前野村武助申よし飯田長四郎申聞候、天明六年（1786）午五月改候」（『毛利家宅古図』）。現在、城跡は田畑と住宅地になり、土塁の一部とされる小高い場所に大きなイチョウの木が立っている。これは「八神城跡のイチョウ」と呼ばれ、天然記念物となっている。江戸時代に毛利氏が植えたもので樹齢は300年を超えるそうだ。

八神城跡のイチョウ

八神城の標柱

松ノ木城

まつのきじょう

岐阜県海津市
海津町松木

信雄の家臣・吉村又吉郎氏吉

元文5年（1740）頃に作成された『吉村氏先祖書』や『吉村系図』によれば、天文2年（1533）に吉村氏吉は吉村采女正の次男として生まれ、兄・源助とともに信長に仕えたとされる。信長の死後、氏吉は信雄の家臣となり、天正11年（1583）には松ノ木の所領を加え、三千貫余を治めるまでとなった（『織田信雄給地目録』）。その後、氏吉は松ノ木城を居城とする。小牧・長久手の戦いの中で氏吉と信雄・家康との間では、書状のやり取りが頻繁に行われている。中でも多いのが、信雄から氏吉に「敵の様子を報告するように」といった書状である。松ノ木城は美濃と尾張の国境に位置していたため、境目の城として見張りの役割を果たしていた。氏吉がここで尾張西部・美濃方面の秀吉の動きを信雄や家康に知らせ続けたことは、のちの戦局に大きく作用したと思われる。

織田信雄給地目録　天正 11 年 9 月 1 日付　大阪城天守閣蔵

松ノ木城跡周辺図

松ノ木城に迫る秀吉の脅威

小牧・長久手の戦い開戦後、信雄は松ノ木城の普請を油断なく行うよう命じている。「其方普請諸事無由断可入精候、然者其許堺目之事候間」（吉村又吉郎宛天正12年3月11日付織田信雄書状）。長久手の戦い後、秀吉は戦線を尾張西部に移し、信雄の城を次々と攻略した。この事態を受け、氏吉は信雄に対し、度々援軍を要請している。信雄は松ノ木城への加勢を決断するが、5月5日付の書状には一転、松ノ木城に秀吉が迫った場合、少々の加勢では意味がないとし、外構から退いて本城を専一に守備するように、といった指示が出されている。城の一部を放棄し、本丸に兵を集中させるという意味だと思われるが、この書状からは信雄の苦しい状況が垣間見える。信雄は秀吉が竹ヶ鼻城に集中している間は松ノ木城への攻撃はないと判断し、標的が移った場合に人数を遣わすとした。「加勢之儀得其意候、菟角ニ竹鼻取詰有之内ハ、其地へ取詰候事不可有歟、若又五千三千人数分候て取懸候事にハ、加勢に及へからす候、竹鼻引払、其方へ取懸るニ付而ハ、則人数可遣候」(吉村又吉郎宛天正12年5月13日付織田信雄書状)。6月10日に竹ヶ鼻城が落城してから数日後、松ノ木城に羽柴軍が押し寄せるが、氏吉はこれを撃退、家康はこの戦功を称えている。

主郭付近を望む

蓮臺寺南西の水田

御靈神社

松ノ木城に遺されたもの

松ノ木城に遺構はなく、住宅地や畑地となっており、城の位置や範囲についても伝承の域を出ない。御靈神社から蓮臺寺を通り、そのまま南下すると県道222号線に至る。そこから東に向かうと交差点があるが、その角の住宅が建つ場所が小高くなっており、ここが主郭ではないかと推定されている。昭和59年(1984)、松ノ木城の記憶を後世に伝えるため、当時の松ノ木の住人たちが古老の話を聞いてまとめたものがあるが、推定地付近の番地を指して松ノ木城跡と記されている。周辺からは井戸跡や瓦の破片なども出土したそうだ。また、明治21年(1888)の地籍図からは、推定地の西側に南北にのびる細長い地割りを確認でき、堀の痕跡ではないかと考えられる。他にも蓮臺寺南西の水田が周辺より一段低くなっているなど、堀跡のような部分もあるが、これはあくまで推測でしかない。今後の発掘調査に期待したい。

岐阜県海津市
平田町今尾

今尾城

いまおじょう

今尾城の変遷

文明年間（１４６９〜８７）に中島三郎太夫重長が築城したといわれる（『美濃明細記』）。以後、中島氏が居城としていたが、信長の西美濃攻略によって中島氏は滅亡。永禄10年（１５６７）、信長の命で駒野城主・高木彦左衛門貞久が今尾城を与えられ、権右衛門貞利と続いた（『新撰美濃志』）。清須会議の後、織田信孝に今尾城を含む所領を安堵されていた高木氏であったが、信孝が敗れてからは今尾城を没収され、駒野城へと退去した。その後、大垣城主・池田恒興の城となり、城代として家老の森寺清右衛門忠勝が入っている。小牧・長久手の戦い時、恒興が秀吉に味方したことで、今尾城は吉村氏吉に攻められることとなった。「至于今尾相働、町令放火候由、粉骨之儀不始于今候」（吉村又吉郎宛天正12年3月28日付織田信雄書状）。戦いの後、恩賞として氏吉に今尾城一帯が与えられた。その後、城主はめまぐるしく変わり、元和5年（１６１９）に初代尾張藩主・徳川義直の付家老・竹腰山城守正信が今尾藩主となると今尾城は廃され、跡地に今尾陣屋が設けられた。

今尾城に遺されたもの

今尾城は揖斐川左岸に位置し、大垣・岐阜へ舟運が通じる交通の要衝であった。正徳4年（１７１４）の『濃州安八郡今尾村絵図』を見ると、城の主郭部と思われる「御城屋敷」は周囲を水堀で囲まれ、外桝形虎口などが描かれている。その東には「書院屋敷」や「役屋敷」があり、それぞれが土塁で囲まれている。西側にある堤防も城の一部のような形で利用されていたのだろう。これらはあくまで江戸時代の様相であり、天正の頃はもう少し小規模であったように思われる。現在の海津市立今尾小学校辺りに主郭があったと想定されており、学校が建つ場所は周囲より高いことがわかる。校門を入ってすぐの場所に案内板、もう少し先にいくと「今尾城址」の石碑がある。学校の南側に残存する土塁は貴重な遺構の一つだ。また、学校の周囲には西側を除く三方に水路があり、堀の名残を見つけるこ

今尾城跡周辺図

とができる。学校から離れて東に向かうと、ここにも水路があるが、これも堀跡であろうか。以前はこの辺りに土塁も残存していたそうで、確かに小字の「土居内」からもその存在をうかがい知ることができる。この付近まで足を延ばしてみると、今尾城の範囲や構造がつかめるかもしれない。学校の敷地内を見学する際は必ず許可を取るようお願いしたい。

堀跡

今尾小学校

脇田城（わきだじょう）

岐阜県海津市
平田町蛇池

松ノ木城の支城？

4月21日、羽柴方の池田輝政が今尾方面へ進出、脇田城へ攻め掛かってきた。松ノ木城の吉村氏吉は応戦し、羽柴勢は多くの死傷者を出して退却したという。脇田城に関する史料はほとんどないが、氏吉が脇田城を死守したことを賞する書状が残っている。「**今尾江池田三左衛門ニ羽柴人数相添打出、わきたハ責候処、堅固ニ相拘**」（吉村又吉郎宛天正12年4月21日付織田信雄判物）。

昭和55年（1980）の『郷土海津資料集』によると、脇田村には「吉村又吉郎安実 陣地跡」があったと記されている。また、『新撰美濃志』によれば、鎌倉時代、この地には地頭館があったらしく、そこが脇田城であった可能性もある。

現在、集落一帯は「脇田遺跡」と呼ばれ、中世の脇田村と重なる遺跡と想定されている。実際、中世から近世にかけての遺物も多く採集された。氏吉と輝政の間で戦いが繰り広げられた脇田城。この集落のどこかに城は存在した。今後も引き続き、調査を進めていきたい。

旧脇田集落を望む

岐阜県海津市
海津町高須町

高須城

たかすじょう

天正期の高須

高須城の始まりは大永年間（1521～28）とも、永禄年間（1558～70）ともいわれる。『高須城主記』によれば、天正12年（1584）の頃は根野弥重郎信勝が城主とある。この時期の高須城については不明としか言いようがないが、小牧・長久手の戦い時、信雄が吉村氏吉に宛てた書状には、4月11日に氏吉が高須方面に進出し、戦功を上げたことが記されている。「昨日高須表へ相働、取出三ツ追払、首数多討捕之由、無比類働感入候」（吉村又吉郎宛天正12年4月12日付織田信雄判物）。この時の高須城が織田方なのか羽柴方なのかは判然としないが、今尾城を除いて周辺に織田方の城が集まっていることを考えると、高須城も松ノ木城の支城のような役割を果たしていたのかもしれない。だとすれば、高須に迫ってきた羽柴勢を氏吉が撃退したということになろうか。

江戸時代に高須城下を描いた『高須古城図』からは、岐阜県立海津明誠高等学校の北西、大江川に沿って舌状に張り出す部分が主郭であることがわかる。大江川の対岸からその近辺を望みつつ、天正12年の高須城の姿を思い描いていた。近世高須城がそれまでの縄張りを一部踏襲する形で築かれたと仮定すれば、その頃はまだ小城だったかもしれないが、大江川を堀としたそれなりに堅固な城だったのではないだろうか。

高須城跡周辺図

高須城跡を望む

岐阜県海津市
南濃町駒野

駒野城

こまのじょう

駒野城の変遷

永正年間（1504～21）、土岐氏に仕えていた高木貞成が駒野城を築いたと伝わる。高木氏はその後、貞政、貞次と続き、斎藤道三に仕えて勢力を拡大。貞久のとき、信長の配下となった。信長の死後、高木氏は信雄に従う。小牧・長久手の戦い時、駒野城にいた貞利や貞友らは織田方に味方し、羽柴方と戦った。6月に竹ヶ鼻城が落城した後、秀吉は吉里（現・海津町松木）・駒野（現・南濃町駒野）方面に進出するつもりであったのであろうか、付城を築くよう命じている。「**竹鼻事、助命相済候之由、吉里・駒野面ニ取出申付候**」（伏与六入・宮木入宛天正12年6月16日付羽柴秀吉書状）。また、8月16日に秀吉が美濃に出陣し、駒野城を攻めるという情報が流れた際、貞利らは援軍を要請、信雄は法泉寺（桑名市多度町）の僧・空明と太田山城の太田金七郎を駒野城に派遣している。「**其城加勢之儀、空明・太田金七郎両人申付候間、定可参著候**」（高木権右衛門・彦之助宛天正12年8月19日付羽柴秀吉書状）

駒野城に遺されたもの

駒野城は揖斐川を望む小丘に位置し、周囲は川や沼に囲まれ、頂上に堀と土塁を巡らせた主郭があった。馬出状の曲輪や麓の駒野館まで続く竪土塁も設けられていたとされる。現在、城跡の大半は城山小学校の敷地となっている。小学校建設に伴い多くの遺構が失われ改変されてしまったが、校舎の北側には主郭の土塁が良好に残されている。土塁は急斜面の北側を除いた三方に設けられ、南東隅は櫓台であったとも考えられている。職員室に立ち寄って見学の許可を取ってから主郭に向かうようにしたい。

駒野城跡周辺図

土塁

岐阜県海津市
海津町長久保

長久保城

ながくぼじょう

長久保福田氏

築城については不明だが、小牧・長久手の戦い時は福田氏が居城としていた。福田氏は信雄に属していたと思われるが、天正12年（1584）11月7日には羽柴方に寝返っている。「注進之旨披見候、仍福田別心無是非次第候、其地加勢事相心得候、先以大炊助申付、日原迄差遣、（略）然者妻子此方へ越置候旨、近比奇特候、猶相替儀切々可申越候也」（吉村又吉郎宛天正12年11月7日付織田信雄判物）。福田氏のこの動きに対処するため、信雄は氏吉への加勢を決め、隣村の日原（現・海津町日原）まで配下の平手大炊助を派遣した。信雄は氏吉の裏切りも恐れたのか、牽制する様子も見て取れる。この翌日、信雄は氏吉に対し、改めて連絡を密にするよう伝え、家康の支援も期待できるといった内容の書状を送っている。この数日後、氏吉は長久保城を攻め落とした。「長久保落居付而申越候旨聞届候、然者小一郎打入」（吉村又吉郎宛天正12年11月10日付織田信雄判物）。

長久保城は現在の誓賢寺付近にあったと伝わる。寺は一段高い場所にあり、周囲の水路なども堀の名残のように見えなくもないが、全貌はわからない。

長久保城跡周辺図

誓賢寺

岐阜県大垣市
墨俣町墨俣

墨俣城

すのまたじょう

幻の一夜城

永禄9年（1566）、木下藤吉郎（後の秀吉）が川並衆の協力を得て一夜で砦を築いたと伝わるが、この築城伝説は創作だとする見方もある。『信長公記』には、永禄4年（1561）の時点で墨俣城普請の記述がある。いずれにしても、多くの川が合流する「洲の股」のような位置に砦は存在し、信長の稲葉山城攻略に大きな役割を果たしたことはまちがいない。そんな墨俣城は天正12年（1584）4月、池田家の家臣・伊木忠次によって改修された。秀吉は墨俣城を堅固にすること、忠次には要所を任せるため普段は在城しないことを指示している。「洲俣城普請丈夫被申付之由、可然候、留守居事、慥成者尤候、其方儀者用所申付、万可事繁之条、不断ハ在城有間敷候間」（伊木長兵衛宛天正12年4月12日付羽柴秀吉書状）。小牧・長久手の戦い時、秀吉は木曽川沿いに複数の砦を構築し、渡河点を掌握した。また、木曽川の支流に目をつけ水攻めを行うなど、この戦いでは特に秀吉の「川」を利用した戦略構想が目立つ。秀吉は農民あがりという出自からも川や水の脅威を十分理解していたと思われるが、墨俣での経験が作用しているのかもしれない。天正14年（1586）6月の木曽川大洪水で川の流路が変わったため、墨俣の戦略的重要性は失われてしまった。

現在、城跡は城址公園として整備され、墨俣一夜城（歴史資料館）が建てられている。秀吉はここから天下人への道を歩み始めたと地元では語り継がれている。

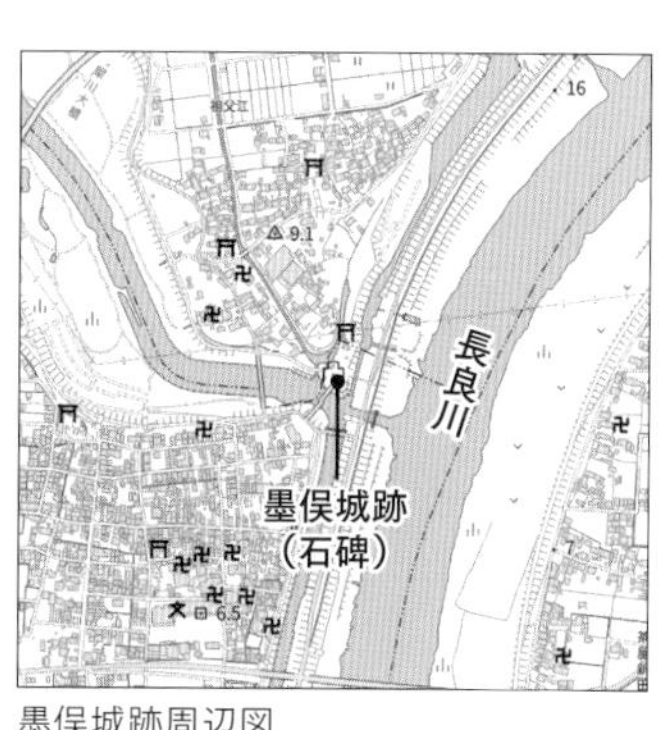

墨俣城跡周辺図

墨俣一夜城

龍徳寺

岐阜県揖斐郡池田町本郷

龍徳寺

池田恒興・元助が眠る寺

龍徳寺の由緒によれば、寺は弘仁年間（810〜824）に創建されたが一時衰退し、観応2年（1351）に再興されたと伝わる。再興の開基となったのは、この地に下向してきた池田教依であり、寺領は国枝氏・土岐氏の保護下で拡大した。しかし、池田恒利の代で戦火に巻き込まれ焼失、また、関ヶ原の戦いの際、西軍に焼き払われたともいわれる。その後、龍徳寺は家康と大垣城主・戸田氏の支援を受け、早々に再建された。現在、龍徳寺の境内には本堂や庫裡、鐘楼、南東には池田恒利の墓・稲葉一鉄が先祖と一族を供養するため創建した養源院跡がある。また、寺から少し西に行くと、恒興・元助・長久手で共に戦死した家臣らの墓所がある。岡山藩・鳥取藩の池田家にとって、龍徳寺は先祖の墓を擁することから、江戸時代以降も一族や家臣から手厚い保護を受けた。墓所には揚羽蝶の家紋が刻まれた石の扉があり、その中に墓が並んでいるが、この扉は無断で開けて入っていいものではない。かつては池田家など限られた者しか立入りが許されなかった場所だ。扉の外からお参りをするか、お寺の許可を取るか、参拝の際は注意してほしい。

池田恒興・元助の墓所

池田恒興画像　龍徳寺蔵

池田元助画像　龍徳寺蔵

小牧・長久手の戦いの戦況推移（天正 12 年〔1584〕3 月～ 11 月）

月日	出来事
3 月 6 日	織田信雄が長島城にて、自身の三家老（津川義冬・岡田重孝・浅井長時）を羽柴秀吉に内通した嫌疑で殺害
3 月 7 日	徳川家康、浜松を出陣／家康の家臣・酒井忠次、陣触を受ける
3 月 8 日	秀吉、家臣の堀尾吉晴に北伊勢への出陣準備を指示
3 月 9 日	信雄の家臣・神戸正武・佐久間正勝ら、秀吉方の関一政が守る亀山城を攻撃
3 月 11 日	秀吉、坂本（近江国）に着陣／信雄、家臣の吉村氏吉に松ノ木城の普請を指示
3 月 12 日	関一政ら亀山城で防戦する
3 月 13 日	秀吉方の池田恒興、犬山城を占拠／家康・信雄、清須にて会談／信雄、桑名にいる水野勝成に神戸への出陣を要請／信雄勢、秀吉方の浅井長時の家臣らが守る苅安賀城を攻略
3 月 14 日	秀吉の家臣・蒲生氏郷・堀秀政ら亀山城に援軍 信雄勢、峯城まで退却／酒井忠次、伊勢から尾張方面へ移動開始
3 月 15 日	家康・信雄、重吉・小折方面を視察
3 月 16 日	信雄の家臣・滝川雄利、家康の家臣・服部半蔵ら松ヶ島城で籠城／家康の家臣・榊原康政、小牧山城の普請を進める
3 月 17 日	蒲生氏郷・九鬼嘉隆ら松ヶ島城を包囲／水野忠重、星崎城を受け取る／酒井忠次、八幡林の戦いで森長可を破る
3 月 19 日	家康、家臣の本多広孝らを蟹清水砦・外山砦・宇田津砦に留守居として配置、各砦の連絡体制を強化
3 月 20 日	秀吉方の滝川一益、神戸城を受け取る／秀吉軍、松ヶ島城の天守以外を攻略／秀吉、木曽川の渡河に備えるため池田恒興・森長可らに船を犬山に集めるよう指示
3 月 22 日	小牧山城の普請完了
3 月 24 日	秀吉、岐阜に着陣／家康、比良城と小幡城を改修する
3 月 27 日	秀吉、鵜沼に着陣
3 月 28 日	家康、小牧山城に着陣／家康勢、二重堀砦を夜襲／吉村氏吉、秀吉方の今尾城の城下を放火する
3 月 29 日	信雄、小牧山城に着陣／秀吉、楽田城に着陣／秀吉、岩崎山砦に森長可 青塚砦に稲葉一鉄らを配置する
4 月 2 日	秀吉勢、姥ヶ懐（小牧山の東）まで攻め寄せ、家康勢と小競り合いが起きる
4 月 6 日	秀吉方の池田恒興・森長可・堀秀政・三好秀次ら 2 万 4・5 千、三河中入り作戦を実行に移し、岡崎へ向け進軍する
4 月 7 日	三河中入り軍、篠木・柏井に駐屯
4 月 8 日	秀吉軍、松ヶ島城を攻略／秀吉、諸将に岩崎山砦・内久保砦・青塚砦・田中砦・二重堀砦・小松寺山砦の普請、三河中入り軍には龍泉寺の改修・柏井・大草に城の普請を命じる 家康、三河中入り軍の追撃のため榊原康政・大須賀康高・水野忠重ら先遣隊を派遣、その後家康も本隊を編成し小牧山を出陣
4 月 9 日	家康の先遣隊、白山林にいる三好秀次を奇襲 秀次軍を破るも直後の桧ヶ根にて堀秀政に敗れる／池田恒興・森長可、岩崎城を攻略する／家康、長久手にて池田恒興・元助・森長可を討ち取る／秀吉、楽田城を出陣し龍泉寺に着陣／家康、長久手から小幡城を経て小牧山城に帰陣
4 月 10 日	秀吉、龍泉寺から楽田城に帰陣
4 月 11 日	秀吉、大浦城の普請を命じる／羽柴秀長・筒井順慶ら松ヶ島から尾張に着陣／吉村氏吉、高須方面に進出する
4 月 12 日	秀吉、戸木城への付城の普請を命じる／秀吉、伊木忠次に墨俣城の普請を命じる／秀吉、楽田城と小口城の普請を命じる
4 月 14 日	秀吉、小松寺山砦に在陣 曼陀羅寺方面まで砦を展開／秀吉、家臣の一柳直末らに大浦城で敵の動向を見張るよう指示
4 月 17 日	九鬼嘉隆、水軍を率いて三河に侵入 渥美半島を放火
4 月 21 日	池田輝政、今尾方面に進出 吉村氏吉が脇田城で防戦
4 月 23 日	信雄、吉村氏吉の応援要請に対し加勢を約束
4 月 26 日	秀吉、鵜沼に在陣
4 月 29 日	秀吉、大浦城に着陣
5 月 1 日	秀吉、大浦城から冨田聖徳寺に陣を移す／二重堀砦の日根野弘就・細川忠興ら、信雄勢と交戦
5 月 2 日	羽柴秀勝、信雄方の不破広綱が守る竹ヶ鼻城を攻撃
5 月 3 日	秀吉軍、竹ヶ鼻・祖父江近辺を放火 加賀野井城の外構えを突破／家康の家臣・本多忠勝、萩原に着陣

月日	出来事
5月4日	羽柴秀勝、加賀野井城を包囲／蒲生氏郷、牧城を攻略
5月5日	秀吉、冨田聖徳寺に在陣／細川忠興ら、加賀野井城の二の丸まで攻め込む／信雄、吉藤城に織田長益・滝川雄利ら援軍を派遣
5月7日	秀吉軍、加賀野井城を攻略する
5月9日	秀吉軍、信雄の家臣・梶川高盛・中根信照らが守る奥城を攻略する
5月12日	秀吉軍、竹ヶ鼻城を包囲する
5月13日	信雄、松ノ木城にいる吉村氏吉の応援要請に対し、条件付きで加勢を約束
5月14日	信雄、松ノ木城の普請のため、榊原康政・丹羽氏次を派遣する
5月15日	秀吉、羽黒城の普請を命じる
5月20日	蒲生氏郷、宮山城を攻略する
5月24日	家康、竹ヶ鼻城を堅守している不破広綱を激励し、後詰めを待つよう指示
5月28日	蒲生氏郷、川方城を攻略する
6月2日	秀吉、竹ヶ鼻城を水攻めにする
6月3日	信雄、不破広綱が竹ヶ鼻城を秀吉方に明け渡すことを了承
6月4日	秀吉、清須と長島を水攻めにする考えを示す
6月7日	秀吉、信雄の家臣・沢井雄重、家康の家臣・渡辺半蔵らが守る黒田城を水攻めにする
6月10日	秀吉、竹ヶ鼻城を受け取る
6月12日	秀吉、伏屋市兵衛に伏屋城の普請と留守居を命じる／家康、清須へ移動
6月13日	吉村氏吉、松ノ木城に攻め寄せた秀吉勢を撃退
6月15日	秀吉、羽柴秀勝・長谷川秀一・日根野弘就らに楽田への加勢を命じる
6月16日	秀吉方の滝川一益・九鬼嘉隆、蟹江城・前田城・下市場城を奪う 信雄の家臣・山口重政が守る大野城を攻撃／家康、清須を出て松葉に着陣
6月17日	家康、松葉から戸田へ陣を移す
6月18日	家康の家臣・石川数正・安部信勝ら、前田城と下市場城を攻め、下市場城を攻略する
6月20日	家康、赤目城にいる横井時泰に敵の様子を報告するよう指示／家忠、楽田に進出し青塚近辺を放火
6月21日	秀吉、八神城の毛利掃部介に感状を送る
6月22日	家康、蟹江城に総攻撃を開始
6月23日	家康軍、前田城を受け取る
6月28日	秀吉、大坂に帰国／小牧山の家康勢が物見のため楽田近辺まで進出 小口にいる秀吉勢と小競り合いが起きる
7月3日	家康、蟹江城を受け取る／滝川一益ら、伊勢へ退去する
7月5日	家康、桑名に入り、神戸・松ヶ島近辺を視察 浜田城の普請を命じる
7月7日	秀吉、一柳直末らに神戸へ加勢に行くよう指示
7月9日	秀吉、大坂を出陣／秀吉、神戸方面に家康・信雄勢が進出してきたことを了承
7月10日	秀吉、坂本に着陣／家康・信雄勢、伊勢に進出し所々を放火
7月13日	家康、清須に着陣
7月14日	秀吉、神戸城にいる一柳直末らに美濃へ移動するよう指示
7月15日	秀吉、大垣に着陣／物見に出撃した秀吉勢に対し、小牧山の家康勢が応戦、小競り合いが起こる
7月17日	家康、人数を半分小牧へ戻す
7月29日	秀吉、大垣から大坂に帰国
8月11日	秀吉、大坂を出陣し京都に着陣
8月14日	蒲生氏郷、信雄方の小倭衆が守る口佐田城・奥佐田城を攻略する
8月15日	秀吉、大垣に着陣
8月18日	秀吉、三河方面に進軍する考えを示す
8月19日	信雄、駒野城主・高木貞利より応援要請を受け、援軍を派遣／秀吉の先手、小口・羽黒まで進軍
8月27日	秀吉、楽田まで物見
8月28日	秀吉、小折・奈良・赤見近辺を放火 一宮の家康勢が秀吉勢を迎撃／家康、清須から岩倉へ移る
8月29日	秀吉方、丹羽長秀が尾張に出陣
9月1日	家康勢、楽田で刈田
9月2日	秀吉と信雄・家康 講和交渉（無事の沙汰）

月日	出来事
9月5日	家康勢、楽田で刈田
9月6日	講和交渉（無事の沙汰）
9月7日	講和交渉が決裂／家康、重吉に陣を移す
9月16日	秀吉方の下奈良城・河田城・宮後城の普請が完了間近 秀吉、兵糧弾薬や兵士を入れる予定を示す
9月17日	秀吉、大豆戸に着陣
9月18日	秀吉、河田に在陣
9月27日	家康、清須へ移動
9月28日	丹羽長秀、尾張から越前に帰国
10月4日	家康勢、小牧山城の普請
10月8日	秀吉、大垣城の普請を命じる
10月11日	家康、清須から小牧に移動 松平家忠に小幡城の番を命じる
10月16日	酒井忠次、清須に移動 榊原康政、小牧に移動／家康、家臣の西郷家員に大赤見城へ人数を入れるよう指示
10月17日	家康、浜松に帰国
10月22日	秀吉、坂本から北伊勢に向け出陣
10月23日	信雄、小山城普請のため材木を苅安賀城から送るよう指示
10月24日	秀吉、土山に着陣
10月25日	秀吉、神戸に着陣
10月28日	秀吉、信雄の家臣・滝川雄利が守る浜田城を包囲 付城の普請を命じる／秀吉、伊賀国を攻略した脇坂安治に城の破却を急ぐよう指示
10月29日	家康、信雄の家臣・飯田半兵衛に浜松から尾張に出陣することを伝える
11月4日	家康勢、小牧山城の普請
11月5日	秀吉、羽津に着陣
11月6日	秀吉、信雄方の桑部城・柿城を攻略 縄生城・桑部城の普請を命じる
11月7日	秀吉、縄生に在陣／長久保城の福田氏、秀吉方に寝返る／信雄、松ノ木城の吉村氏吉より応援要請を受け、援軍を派遣する旨を伝える
11月9日	家康、清須に移動
11月10日	吉村氏吉、長久保城を攻略する
11月11日	信雄、秀吉に講和を申し入れ合意する
11月13日	秀吉、講和条件などを諸将に知らせる
11月15日	秀吉・信雄、会見／秀吉、講和による事後処理（城の破却や兵糧の移動など）を指示
11月16日	松平家忠ら、小幡から岡崎に移動
11月17日	秀吉、坂本に着陣（その後、大坂に帰国）／秀吉、家臣の加藤嘉明に普請中の大垣城を稲葉一鉄に渡して帰るよう指示
11月21日	家康、西尾から浜松に帰国

＊本表は、東海圏における信雄・家康勢と秀吉勢、両軍の動きと関連する事項を時系列に並べて作成した。

出典は、主に文書（『長久手町史 資料編六 中世 長久手合戦史料集』掲載の書状が中心）、日記（『家忠日記』『顕如上人貝塚御座所日記』ほか）、家譜（『池田家履歴略記』『細川家記』ほか）、軍功記（『太閤記』『氏郷記』ほか）、編纂物（『徳川実紀』『武徳編年集成』ほか）、編述書（『参河後風土記』『東照軍鑑』ほか）、合戦記（『勢州軍記』『長久手合戦記』『小牧陣始末記』ほか）などの史料を使用した。

おわりに

　私は小牧・長久手の戦いの城跡や古戦場を訪ね歩く中で、各地に残る伝承を記録し整理したいと思うようになりました。伝承は継承されなければ、次第に消えていくものです。伝承には歴史的根拠もなく、真偽自体不明のものが数多く存在します。しかし、一部の伝承には整合性がとれているものやその経緯が明らかなものがあります。私はそれらが歴史を解き明かす可能性を秘めた賜物だと信じています。実際調べてみると、自治体も把握していない地元の人のみぞ知る言い伝えがありました。末裔の方や古くから地元に住んでいる方に昔の様子を伺ったり、寺のご住職に寺伝を聞いたり、古写真や文化財を見せてもらったこともあります。市史や町史の編纂段階で消されたであろう伝承を求めて村史まで遡ってみたり、かつて郷土史家さんが研究し埋もれたままになっていたものを掘り起こしたりしました。小牧・長久手の戦いにまつわる伝承を可能な限り探しましたが、膨大な量がありました。体系化するにも検証するにも、まだまだ時間がかかりそうです。例えば、家康の進軍路について、瀬戸市には家康が笠をかけたと伝わる松があり、また家康が通ったとされる道があり、長久手市には徳川軍が進軍したことからついた地名があります。それらをつなぎ合わせてみると、家康の動線が浮かび上がってくるようです。長久手の戦いの落ち武者の伝承を集めてみると、面白いことに逃げた方向が同じであることがわかります。当時の人々はなぜそこに逃げたのか、現地に行ってみると地形がそれを教えてくれることもあります。もちろん、これだけで歴史を解き明かすことはできませんが、私の活動が小牧・長久手の戦いの研究に少しでも役に立ち、また地域の歴史を知る手がかりとなればと願っている次第です。

この度、刊行の機会を与えてくださった風媒社さまには大変感謝しております。特に編集部の林桂吾さんには編集だけでなく、資料収集や写真撮影など様々な場面でお力添えをいただきました。林さんとの思い出の中で特に印象深いのは、取材のため大縣神社に赴いてお祓いを受け、一緒に青塚古墳の上から小牧山を望んだことでしょうか。今回の執筆を通して、多くの貴重な体験をさせていただき、また各地のたくさんの方とのご縁にも恵まれることとなりました。この場をお借りして、改めて厚くお礼申し上げます。

著者近影

参考文献　＊各県市町村史など基本的な歴史的資料は省いた。

桑名市教育委員会『桑部城跡第1次発掘調査報告書』1996年
桑名市教育委員会『桑部城跡第2次発掘調査報告書』1997年
桑名市博物館『本多忠勝と桑名』2021年
桑名市博物館『桑名市博物館紀要』第10号 2014年
桑名市『くわな史跡めぐり』2016年
羽津郷土史と民俗研究会『はづ 第3集～神社その2（志氏神社）～』2021年
久居市教育委員会『久居市埋蔵文化財発掘調査報告1 戸木城址発掘調査報告』1979年
津観光ガイドネット・山城調査プロジェクトチーム『津の城跡50選』2016年
福永保『近江日野が生んだ名将 蒲生氏郷が攻めた城・築いた城』2020年
横山高治『蒲生氏郷物語 乱世を駆けぬけた文武の名将』2011年
松阪市文化財センター『氏郷の城と町―松阪の誕生と発展―』2016年
犬山市教育委員会『羽黒城跡 平成24年度発掘調査報告書』2013年
犬山市教育委員会『史跡 青塚古墳調査報告書』2004年
犬山市教育委員会『犬山市の文化財』2008年
犬山城白帝文庫『図説犬山城 改訂版』2018年
特定非営利活動法人古代邇波の里・文化遺産ネットワーク『青塚古墳 邇波里ブックレット.001 2017年
特定非営利活動法人古代邇波の里・文化遺産ネットワーク『青塚古墳 邇波里ブックレット.005 2022年
羽黒地区コミュニティ推進協議会『犬山 羽黒今昔物語』2014年
羽黒地区コミュニティ推進協議会『民話の郷を訪ねて』2016年
大口町教育委員会『小口城跡 大口町埋蔵文化財調査報告書 第5集』2005年
大口町教育委員会『小口城跡範囲確認発掘調査報告書』2012年
大口町歴史民俗資料館『尾張北部の中世城館』2011年
小牧市教育委員会『小牧散歩Ⅰ』2007年
小牧市教育委員会『小牧叢書16 小牧山城―散策コースと小牧・長久手の合戦の砦跡―』1998年
小牧市教育委員会『小牧の文化財 第二十集　小牧の歴史』2005年
小牧市教育委員会『史跡小牧山旧小牧中学校用地発掘調査概要報告書（1）―小牧山城―』2001年
小牧市教育委員会『史跡小牧山旧小牧中学校用地発掘調査概要報告書（2）―小牧山城―』2002年
小牧市教育委員会『史跡小牧山旧小牧中学校用地発掘調査概要報告書（3）―小牧山城―』2003年
入谷哲夫編『ふるさと想い出写真集 明治大正昭和 小牧』国書刊行会 2022年
落合善造『「上末」散策（改訂版）』2021年
永田清成『尾張小牧の地名・逸話ものがたり』風媒社 2019年
小牧商工会議所『こまき物語』2005年
春日井市教育委員会『平成28年度 市内遺跡調査概要報告書』2017年
春日井市教育委員会『平成18年度 市内遺跡調査概要報告書』2007年
春日井市教育委員会『郷土誌かすがい』第6号 1980年
春日井市教育委員会『郷土誌かすがい』第20号 1983年
春日井市教育委員会『郷土誌かすがい』第40号 1992年
春日井市教育委員会『郷土誌かすがい』第41号 1992年
春日井市教育委員会『郷土誌かすがい』第42号 1993年
春日井市教育委員会『郷土誌かすがい』第43号 1993年
春日井市教育委員会『郷土誌かすがい』第56号 2000年
春日井市教育委員会『郷土誌かすがい』第74号 2015年
春日井郷土史研究会『春日井風土記』1989年
田口英爾『龍源山 太清寺小史』2002年

東春日井郡編『東春日井郡誌』１９２３年
尾張旭市教育委員会『あさひのむかしばなし卓ヶ洞の竜』１９９０年
尾張旭市教育委員会『尾張旭の塚』２０００年
尾張旭市教育委員会『尾張旭市の棒の手』１９７９年
尾張旭市教育委員会『白山神社跡』１９８９年
尾張旭市教育委員会『馬の塔』１９８４年
近藤正勝編『本地ヶ原のおはなし』２０１５年
瀬戸市史編纂委員会『瀬戸市民俗調査報告書一　幡山・今村地区』２００１年
瀬戸・尾張旭郷土史研究同好会『せと・あさひのむかしばなし？　機織池（はたごいけ）』２００１年
長久手市『令和３年度長久手市郷土資料室企画展　森長可の武』２０２１年
長久手市『令和４年度長久手市郷土資料室特別展　小牧・長久手の戦いと徳川家康』２０２２年
長久手町教育委員会『長久手古戦場国史跡指定50周年記念シンポジウム　長久手の戦い』１９８９年
長久手町史編さん委員会『大草城跡地形測量等調査報告書』１９８７年
長久手市郷土史研究会『書簡に見る小牧・長久手の戦い『長久手町史資料編六』解説書』２０２２年
長久手市郷土史研究会『胡牀石』会報40号　２０１２年
長久手市郷土史研究会『胡牀石』会報41号　２０１３年
長久手市郷土史研究会『胡牀石』会報42号　２０１３年
長久手市郷土史研究会『胡牀石』会報43号　２０１４年
長久手市郷土史研究会『胡牀石』会報44号　２０１４年
長久手市郷土史研究会『胡牀石』会報46号　２０１５年
長久手市郷土史研究会『胡牀石』会報51号　２０１８年
長久手市郷土史研究会『胡牀石』会報52号　２０１８年
長久手市郷土史研究会『胡牀石』会報53号　２０１９年
長久手市郷土史研究会『胡牀石』会報54号　２０１９年
長久手市郷土史研究会『胡牀石』会報55号　２０２０年
長久手市郷土史研究会『胡牀石』会報56号　２０２０年
長久手市郷土史研究会『胡牀石』会報57号　２０２１年
長久手市郷土史研究会『胡牀石』会報59号　２０２２年
長久手市郷土史研究会『胡牀石』会報60号　２０２２年
小林元『長久手の地名 総集編』長久手町役場　２００２年
小林元『香流川物語　長久手・猪子石の今昔』ブックショップマイタウン　２００５年
柴田義雄『安昌寺史』愛知県郷土資料刊行会　１９８４年
浅井祥雲『長久手合戦　完』服部書店　１９３０年
日進村村誌編纂委員会『日進村誌』１９５６年
日進町教育委員会『岩崎城跡発掘調査報告書』１９８７年
日進町教育委員会『岩崎城跡第三次発掘調査報告書』１９８７年
日進市教育委員会『岩崎城跡第四次発掘調査報告書』２０１１年
日進市教育委員会『岩崎城の戦』１９９４年
岩崎誌編纂委員会『岩崎誌』１９８５年
日進町教育委員会『日進町の地名』２００９年
東郷町教育委員会『文化財物語』１９８２年
東郷町教育委員会『東郷町の地名考』１９８９年
諸輪の歴史編さん委員会『諸輪の歴史』１９７５年
名東区区制20周年記念事業実行委員会編『名東区制20周年記念誌　文化薫る思いやりのまち名東区』１９９５年
小林元『猪高村物語―名東区の今昔』ブックショップマイタウン　２０１５年
伊藤正甫『名古屋区史シリーズ　名東区の歴史』愛知県郷土資料刊行会　２００６年
千種区婦人郷土史研究会『名古屋区史シリーズ　千種区の歴史』愛知県郷土資料刊行会　１９８１年
名古屋国際高等学校社会科編『名古屋区史シリーズ　昭和区の歴史』愛知県郷土資料刊行会　１９９９年
浅井金松『名古屋区史シリーズ　天白区の歴史』愛知県郷土資料刊行会　１９８３年

山田寂雀『名古屋区史シリーズ 中川区の歴史』愛知県郷土資料刊行会 １９８２年
中川区制施行50周年記念事業実行委員会『むかしばなし中川区風土記』１９８７年
武田茂敬『蟹江城合戦物語』２００８年
江南市教育委員会・株式会社アーキジオ『宮後城跡発掘調査報告書』２０２３年
一宮市博物館『いちのみやの戦国武将と史跡』２００６年
一宮市博物館『三英傑とともに歩んだ浅野長政～いちのみやの戦国時代～』２０１６年
愛知県教育サービスセンター・愛知県埋蔵文化財センター『三ツ井遺跡 愛知県埋蔵文化センター調査報告書第87集』１９９９年
愛知県教育サービスセンター・愛知県埋蔵文化財センター『苅安賀遺跡 愛知県埋蔵文化センター調査報告書第93集』２００１年
愛知県教育サービスセンター・愛知県埋蔵文化財センター『岩作城跡 能見城跡 愛知県埋蔵文化センター調査報告書第89集』２０００年
兼山町教育委員会『現代語訳 大通寺本 金山記全集大成』１９９６年
中山道みたけ館『戦国最強の武将と呼ばれた男～槍の才蔵～可児才蔵展』２０１９年
濃尾・各務原地名文化研究会 会報『跡』第6号 ２０２０年
木曽川学研究協議会編『木曽川と共に歩んだ各務原犬山岐南笠松』２０１０年
海津市教育委員会『海津市の文化財誌』２００７年
海津市教育委員会『海津市内遺跡地図』２０１２年
海津市歴史民俗資料館『小牧・長久手の戦いと海津―大阪城天守閣所蔵吉村文書を中心に―』２００９年
海津市教育委員会・関西大学文学部考古学研究室『海津市内遺跡詳細分布調査報告書』２０１２年
大垣市教育委員会『木下藤吉郎 墨俣築城への道』２０１６年
中世城郭研究会『中世城郭研究』第8号 １９９４年
東海古城研究会『城』第２１８号 ２０１５年
三重県教育委員会『三重の中世城館―開発集中地域中世城跡分布調査報告―』１９７６年
愛知県教育委員会『愛知県中世城館跡調査報告１（尾張地区）』１９９１年
岐阜県教育委員会『岐阜県中世城館跡総合調査報告書第1集（西濃地区・本巣郡）』２００２年
伊藤厚史『名古屋市歴史文化基本構想で読み解く 再発見！なごやの歴史と文化』風媒社 ２０２０年
溝口常俊『古地図で楽しむ尾張』風媒社 ２０１７年
愛知中世城郭研究会・中井均『愛知の山城ベスト50を歩く』サンライズ出版 ２０１６年
福井健二・竹田憲治・中井均『三重の山城ベスト50を歩く』サンライズ出版 ２０１３年
三宅唯美・中井均『岐阜の山城ベスト５０を歩く』サンライズ出版 ２０１９年
中井均・鈴木正貴・竹田憲治『東海の名城を歩く愛知・三重編』吉川弘文館 ２０２０年
藤田達生編『小牧・長久手の戦いの構造 戦場論上』岩田書院 ２００６年
藤田達生編『近世成立期の大規模戦争 戦場論下』岩田書院 ２００６年

［著者紹介］
内貴健太（ないき・けんた）
1992年、滋賀県生まれ。愛知大学卒業。2018年より岩崎城歴史記念館学芸員として勤務。専門・研究分野は小牧・長久手の戦いの伝承など。小牧・長久手の戦いに関する多数の講演・講座、連載記事の執筆、番組出演や監修、資料提供を行う。中日文化センター講師。日本城郭検定1級。

［協力者一覧］（敬称略）
石神教親　浅川充弘　廣瀬毅　島田淳　小林秀樹　森下隆史　若林征男
中野拳弥　西松賢一郎　浅野友昭　三輪徹　浅田博造　田口宗純
藤森あかね　井上紀和　佐野元　川出康博　浅井達夫　村田信彦
幅口恒雄　楠昌明　花井昂大　楠敬介　首藤有里　石黒智教　松田篤
長谷健生　後藤昌美　水谷容子　粟野佳代子　小池田奈々
犬山市歴史まちづくり課　小牧市小牧山課　長久手市生涯学習課
日進市学び支援課　東郷町生涯学習課　津市生涯学習課
NPO法人古代邇波の里・文化遺産ネットワーク　亀山市歴史博物館
大縣神社　太清寺　龍淵寺　了玄院　一心寺　真禅寺　龍徳寺

装幀／三矢千穂

＊カバー絵図／小牧長久手合戦図屏風　大阪城天守閣蔵
＊各城跡案内図のベース地図は、地理院地図Vectorを使用した。

家康VS秀吉 小牧・長久手の戦いの城跡を歩く

2023年9月30日　第1刷発行　（定価はカバーに表示してあります）

著　者　内貴 健太
発行者　山口 章

発行所　名古屋市中区大須1丁目16番29号
電話 052-218-7808　FAX052-218-7709
http://www.fubaisha.com/
風媒社

乱丁・落丁本はお取り替えいたします。　＊印刷・製本／シナノパブリッシングプレス
ISBN978-4-8331-4313-4

風媒社の本

溝口常俊 編著
名古屋の江戸を歩く
ふり返れば、そこに〈江戸〉があった——。いにしえの名古屋の風景を求めて、さまざまな絵図・古地図・古文書から、地名の変遷、寺社の姿、町割りの意味、災害の教訓などを読み解く。
一六〇〇円＋税

溝口常俊 編著
古地図で楽しむ尾張
北の犬山城、南は知多半島の篠島まで、尾張地域に秘められた歴史エピソードを、絵図や地形図を読み解きながら立体的に浮かび上がらせる。名所旧跡案内とは一味違った地域再発見の楽しみ。
一六〇〇円＋税

日下英之 監修
街道今昔 美濃路をゆく
かつてもいまも伊吹山と共にある美濃路。大名や朝鮮通信使、象も通った街道の知られざる逸話や川と渡船の歴史をひもとく。より深く街道ウオーキングを楽しむために！ 古写真の今昔対照、一里塚・支線も紹介。
一六〇〇円＋税

石田泰弘 編著
街道今昔 佐屋路をゆく
東海道佐屋廻りとして、江戸時代、多くの旅人でにぎわった佐屋路と津島街道を訪ねてみよう。街道から少し離れた名所・旧跡も取り上げ、読み物としても楽しめるウオーキングガイド。
一六〇〇円＋税

堀江登志実 編著
街道今昔 三河の街道をゆく
信仰や交易の道として信濃や尾張、遠江などと行き交う13の街道を紹介。旅人の気分になって、往時をしのばせる寺社仏閣や路傍の地蔵・道標などを訪ねてみませんか。地元学芸員が紹介する街道歩きの楽しみ。
一六〇〇円＋税

千枝大志 編著
街道今昔 三重の街道をゆく
時代を超えて継承されてきた歴史の息吹を感じながら、そこで育まれた物語を訪ねよう。三重県内のそれぞれの街道および地域の歴史に詳しい研究家・学芸員が案内する街道歩きに最適の1冊。
一八〇〇円＋税